U0520032

中华现代学术名著丛书

财务行政论

胡善恒 著

商务印书馆

图书在版编目(CIP)数据

财务行政论/胡善恒著.—北京:商务印书馆,2023
(中华现代学术名著丛书)
ISBN 978-7-100-21865-8

Ⅰ.①财… Ⅱ.①胡… Ⅲ.①财务制度—研究 Ⅳ.①F233

中国版本图书馆 CIP 数据核字(2022)第 223200 号

权利保留,侵权必究。

本书据商务印书馆 1934 年版排印

中华现代学术名著丛书

财务行政论

胡善恒 著

商 务 印 书 馆 出 版
(北京王府井大街 36 号 邮政编码 100710)
商 务 印 书 馆 发 行
北京通州皇家印刷厂印刷
ISBN 978-7-100-21865-8

2023 年 1 月第 1 版　　开本 880×1240　1/32
2023 年 1 月北京第 1 次印刷　印张 12⅜
定价:80.00 元

出版说明

百年前,张之洞尝劝学曰:"世运之明晦,人才之盛衰,其表在政,其里在学。"是时,国势颓危,列强环伺,传统频遭质疑,西学新知亟亟而入。一时间,中西学并立,文史哲分家,经济、政治、社会等新学科勃兴,令国人乱花迷眼。然而,淆乱之中,自有元气淋漓之象。中华现代学术之转型正是完成于这一混沌时期,于切磋琢磨、交锋碰撞中不断前行,涌现了一大批学术名家与经典之作。而学术与思想之新变,亦带动了社会各领域的全面转型,为中华复兴奠定了坚实基础。

时至今日,中华现代学术已走过百余年,其间百家林立、论辩蜂起,沉浮消长瞬息万变,情势之复杂自不待言。温故而知新,述往事而思来者。"中华现代学术名著丛书"之编纂,其意正在于此,冀辨章学术,考镜源流,收纳各学科学派名家名作,以展现中华传统文化之新变,探求中华现代学术之根基。

"中华现代学术名著丛书"收录上自晚清下至20世纪80年代末中国大陆及港澳台地区、海外华人学者的原创学术名著(包括外文著作),以人文社会科学为主体兼及其他,涵盖文学、历史、哲学、政治、经济、法律和社会学等众多学科。

出版说明

出版"中华现代学术名著丛书",为本馆一大夙愿。自1897年始创起,本馆以"昌明教育,开启民智"为己任,有幸首刊了中华现代学术史上诸多开山之著、扛鼎之作;于中华现代学术之建立与变迁而言,既为参与者,也是见证者。作为对前人出版成绩与文化理念的承续,本馆倾力谋划,经学界通人擘画,并得国家出版基金支持,终以此丛书呈现于读者面前。唯望无论多少年,皆能傲立于书架,并希冀其能与"汉译世界学术名著丛书"共相辉映。如此宏愿,难免汲深绠短之忧,诚盼专家学者和广大读者共襄助之。

商务印书馆编辑部

2010年12月

凡　例

一、"中华现代学术名著丛书"收录晚清以迄20世纪80年代末，为中华学人所著，成就斐然、泽被学林之学术著作。入选著作以名著为主，酌量选录名篇合集。

二、入选著作内容、编次一仍其旧，唯各书卷首冠以作者照片、手迹等。卷末附作者学术年表和题解文章，诚邀专家学者撰写而成，意在介绍作者学术成就，著作成书背景、学术价值及版本流变等情况。

三、入选著作率以原刊或作者修订、校阅本为底本，参校他本，正其讹误。前人引书，时有省略更改，倘不失原意，则不以原书文字改动引文；如确需校改，则出脚注说明版本依据，以"编者注"或"校者注"形式说明。

四、作者自有其文字风格，各时代均有其语言习惯，故不按现行用法、写法及表现手法改动原文；原书专名（人名、地名、术语）及译名与今不统一者，亦不作改动。如确系作者笔误、排印舛误、数据计算与外文拼写错误等，则予径改。

五、原书为直（横）排繁体者，除个别特殊情况，均改作横排简体。其中原书无标点或仅有简单断句者，一律改为新式标点,专名号从略。

六、除特殊情况外,原书篇后注移作脚注,双行夹注改为单行夹注。文献著录则从其原貌,稍加统一。

七、原书因年代久远而字迹模糊或纸页残缺者,据所缺字数用"□"表示;字数难以确定者,则用"(下缺)"表示。

目 录

序 ··· 1

第一编　绪论

第一章　一般理念 ··· 7
第二章　预算之本质 ··· 11
　第一节　预算在财政统制上之性质 ······················· 11
　第二节　预算在法理上之性质 ···························· 16
　第三节　预算在政治上之性质 ···························· 19
　第四节　预算在行政上之性质 ···························· 20
第三章　预算语意之来源 ····································· 21
第四章　岁入岁出之意义 ····································· 23
第五章　财务制度与宪政之发展 ····························· 30
第六章　我国预算决算史 ····································· 41

第二编　预算之编成

第一章　预算编制之机关与程序 ····························· 50
　第一节　预算编制之机关 ·································· 50
　第二节　预算编制之程序 ·································· 53
　第三节　英国预算编制之程序 ···························· 56

v

第四节　美国预算编制之程序 …………………………… 59
　　第五节　法国预算编制之程序 …………………………… 64
　　第六节　日本预算编制之程序 …………………………… 66
　　第七节　我国预算编制之程序 …………………………… 68
第二章　预算种类 ……………………………………………… 76
　　第一节　总额预算 ………………………………………… 76
　　第二节　特别会计预算 …………………………………… 78
　　第三节　追加预算 ………………………………………… 79
　　第四节　非常预算 ………………………………………… 82
　　第五节　继续费 …………………………………………… 83
　　第六节　纯计预算 ………………………………………… 83
第三章　预算时期 ……………………………………………… 85
　　第一节　预算期间 ………………………………………… 85
　　第二节　预算年度之起讫 ………………………………… 87
　　第三节　预算编制时期 …………………………………… 91
第四章　预算数额之计算方法 ………………………………… 96
第五章　预算书式 ……………………………………………… 103
　　第一节　预算书式之体裁 ………………………………… 103
　　第二节　各国预算书式 …………………………………… 106
　　第三节　美国预算书式 …………………………………… 115
　　第四节　我国预算书式 …………………………………… 122

第三编　预算之议定

第一章　议定预算之意义 ……………………………………… 135
第二章　审议时期 ……………………………………………… 139

第三章　预算议定之程序 …………………………………… 141

第四章　预算议定之范围 …………………………………… 150

第五章　准款程序 …………………………………………… 154

第六章　两院之议定权 ……………………………………… 156

第七章　预算之成立与不成立 ……………………………… 158

第四编　财务行政

第一章　财务行政之职权 …………………………………… 163

第二章　各国财政部之机构与职权 ………………………… 171

  第一节　我国财政部 …………………………………… 171

  第二节　英国财政部 …………………………………… 172

  第三节　美国财政部 …………………………………… 178

  第四节　法国财政部 …………………………………… 178

  第五节　德国财政部 …………………………………… 179

  第六节　日本财政部 …………………………………… 183

第三章　收入行政 …………………………………………… 187

  第一节　收入程序 ……………………………………… 187

  第二节　我国收入行政 ………………………………… 188

  第三节　英国征收行政 ………………………………… 200

第四章　支出行政 …………………………………………… 205

  第一节　支出程序 ……………………………………… 205

  第二节　英国支付制度 ………………………………… 208

  第三节　我国支出制度 ………………………………… 212

  第四节　日本支付制度 ………………………………… 217

第五章　国库制度 …………………………………………… 219

目　录

第六章　国库之掌管 …………………………… 229
第七章　财务行政之管理 ……………………… 235
第八章　各国财务管理制度 …………………… 240
　　第一节　我国财务管理制度 ……………… 240
　　第二节　英国财务管理制度 ……………… 247
　　第三节　美国财务管理制度 ……………… 251
　　第四节　法国财务管理制度 ……………… 253
　　第五节　比利时财务管理制度 …………… 254
第九章　人事费与物品费之管理 ……………… 255
　　第一节　人事费之管理 …………………… 255
　　第二节　物品费之管理 …………………… 257
第十章　科目流用 ……………………………… 263
第十一章　预备金 ……………………………… 274
第十二章　非常准备金 ………………………… 284
第十三章　特种基金 …………………………… 289
第十四章　预算盈绌之处置 …………………… 291
第十五章　会计整理期限 ……………………… 295
第十六章　各年度岁入岁出之划分 …………… 300
第十七章　年终出纳之整理 …………………… 304
第十八章　决算报告 …………………………… 310

第五编　财政之监督

第一章　监督之目的与类别 …………………… 327
第二章　审计之职分 …………………………… 329
第三章　各国审计制度 ………………………… 332

第一节　我国审计制度 ·················· 332

第二节　英国审计制度 ·················· 338

第三节　日本审计制度 ·················· 339

第四节　美国审计制度 ·················· 340

第五节　法国审计制度 ·················· 342

第四章　审计之效力 ·················· 343

第五章　决算之审议 ·················· 345

附录 ·················· 347

胡善恒学术年谱 ·················· 杨志勇 351

中国财政治理现代化的早期探索成果

——胡善恒先生的《财务行政论》导读 ·················· 杨志勇 356

序

财政困难,乃一般感受之通病,若欲化难为易,则须于运用之方,制用之道,有典有则。国家财政,不患竭蹶,但怕收入支出之无度,因财政秩序紊乱,而至于亡国者,古今中外,何可胜数。顾财务行政之健全,并非易易,而有赖于两事,其一为制度,其二为运用制度之人员,两者又有相互为用之关系。制度之机构,贵乎周密而简明,又有力量灌注其间,执其事者,严格遵行,克负其责,方能发挥充分之效能。反之,如有正心诚意奉公守法之人,以治其事,则制度有不适当之处,亦可随事改正。制度者,随人意而制作,而人意赖智识与经验以完成,两者相较,则人的关系,实居主要。本书专论制度,盖亦期望在合理制度之中,陶冶人才,收两者并进之效。

抑财务行政与他种行政,有一根本不同之点,他种行政,如教育实案之类,有成绩可以表彰,投一分劳力,获一分效果,而财务行政,乃在补苴罅漏,从消极方面以求寡过。若云欲使财务行政有可表彰之成功,非是立意矜夸,即不免乎聚敛与浪费。财务行政所讨论之事象,乃为此等过失与罅漏,几无从引起论者之快感,事实如此,真是不幸。每见时贤之论财政,辄喜传递名辞,不求甚解,或以恶语相骂,以抒忿恨,然倘无防止贪污之切实办法,果于实际,有何裨益?其实处理财政,亦须有高尚伟大之人格者,始克负此重责。世之以整理财政见称者,如格兰斯顿之于英吉利,密克尔之于德意志,博央加赍之于法兰西,其为人也,莫不对于国政,具有庙谟深算,真知灼见,至思想之精审,立身行己之严律,雄才伟略,皆有过人之节。故能确立国家财务之大经大法,树后世不拔之基,即或国家陷于危急,而财政仍不失维持之道。他若法国之□有,英国之邱其尔,其于财政,允称干才,而以为人恣暴,不容于众,所定计划,终不能用。理财之难,其难如此。著者不敏,窃比于告人为善之义,探索各国之成规,稽其成败得失之纪,著为是书,使有志于国家财政之整理者,知所采择焉。

本书分析财务行政制度,逐层检讨,每论一制,先叙其原理,次考各国施行各制之效果,以为佐证。各国政制,各有不同,情形互异,常有一国之良法美制,而在他国不能合用者,南橘北枳,地各异性,未可拘执。但法有常规,物有常理,藉各国制度比较以观,不难辨别其臧否,本书所论,一本此旨。至于我国财务制度,方在演进之中,而以中心思想未树立,中枢制度不固,究竟对谁负责,如何负起责任,洵为当前之疑问,以故治其事者,鲜不彷徨罔两。本书对于此等问题,一一指出,详加说明。现行制度,尚待行通,得失之处,难于判断,然从因求果,亦可逆料,按之近事,令人失望,法穷则变,伫待将来。

从来关于国家财务行政之著述,有颜曰预算论者,有称为政府财政者,有称为财务制度者,迄无一致之名称,试按附录所列书名,即可知之。政府财政,未免宽泛,预算,失之太狭,而财务制度又与私经济相混。财务行政,当以预算及财政法规为根据,至如何执行,则有各部分之处理制度存在,极为重要,本书所述,于此特详。至于预算之议定与财政之监督,固为别种权力之行使,然可视为财务行政之延长。若以广义释之,此等过程,俱称为行政,亦无不宜。

本书称曰财务行政论,盖包括国家财务处理制度之全部,其他经费收入赋税,公债之讨论,则另有专书。

本书所论,既在阐述财务行政之义理,故引用之法规,有既经废止者,有现行有效或无效者,有经立法院通过国民政府公布而尚未决定施行者。至法规全文,则有各机关之法规汇编在,无须附录。

十年之前,拉斯基教授,曾嘱著者作一各国财务管理之比较考察,谓财务行政,为英国之特产,值得介绍,又承道尔顿博士予我指导。当时居英,时期之久暂难定,搜求年余,兴趣转变,复遭搁置。生平未离开学校,自知缺乏实际经验,不敢草率成章,从前集稿,多不合用,荏苒至今,始偿夙愿,不禁感慨系之矣。

胡善恒
民国二十三年四月序于中央政治学校

第一编 绪论

第一章　一般理念

近代国家,皆以稳定财务行政之秩序为急图,而财政秩序之是否稳定,俱可从预算观察出来。国家行政俱照预算执行,则百政之施行,有条不紊,国家信用,亦以之增高,故预算与财务行政之研究,在财政学中占重要地位。预算云者,为国家根据财政计划,规定财务行政在一定期间内之经费与收入之公文。国家职务殷繁,其支出之经费种类与数量皆甚多,不可不对于各项支出,酌量情形,规定数额。同时在收入方面,亦须考量各项收入数额,使收入数额与支出数额相符合。预算规定之后,责成各行政机关遵照执行,不得逾越范围,然后决算数额与预算数额得相符合。财政秩序如此维持,庶于履行各项政务之际,依照预定程序进行,不感财政之困难而受挫折。然收入与支出之符合,预算与决算之符合,并非轻易可以办到,其中所含问题多端,当于本书中讨论。预算定义

近代文明国家,皆有预算制度,最初预算制度之施行,盖有待于两个前提存在,其一为经济的,其二为政治的。就经济之关系而论,古代财政,向人民征收实体财货或勤劳,种类甚多,支出方面,亦惟此实体财货与勤劳会计记账,甚感不便,收支双方,无从对照作总结之计算,则预算制度无从成立。洎至货币制度发达,货币为度量一切价值之准绳,国家之收入与支出,俱以货币计算,只有本位货币数字,无复种类复杂之货物数字,然后收入支出之数,始得确立预算制度之两要件

正确,预算之编制,始底于成。

再就政治之关系而论,在宪政未行之国家,虽有预算,而预算之效力,终不能实现出来。在宪政国家,各种治权分立,行政部负编制预算之责,立法部议定,方为成立,再由行政部遵照施行,施行之结果,须由监察部审查,然后行政部所负施行预算之责任,方能解除。预算自编制、议定、施行,以至审查终了,数项程序,须由数个有独立权限之机关,分任各方面之职责,然后财务上之流弊,可以免除。若是宪政未立,一部预算,由行政部编成议定,施行,以至于审查,施行时可以便宜行事,遇有弊端,可以自行掩护,则虽有预算,实等于无。故真正预算制度之确立,并非易事。

预算之效用

国家财政之必须有预算,并须遵照执行,因其有几样财政上不可缺少之效用,分析之,得下列六端:

第一 维持财政之秩序 在私人经济使用之资本,数额稍大而关系复杂时,即难免浪费之事发生,多有制定预算,以为生活上或营业上之规程,严守确定之秩序,然后营业方得安全。国家财政,收入与支出,较之私经济范围,远为广泛,情形尤为复杂,是更须有预算之必要。国家财政之紊乱,当由支出之无度,虽有如何丰富之收入,亦必陷于竭蹶。若有预算规定,或量入而为出,或量出而为入,一切收入与支出,俱按照预算执行,无或逾越范围,凡列入预算者则照办,无则禁止动用,是不仅可以谋收支之适合,亦且使财政计划。按照预定程序做去,俱得实现。

第二 便于财政之整理 国家财政上各种制度设施,恒苦难于完备。就其大者而论,一方面人民常感负担之太重,而欲求轻减,他方面国家于履行各项职责,又苦于经费之拮据。收入方面常苦少,支出方面常苦多,以此收入双方,欲求均衡,不免感遇无穷之困难。若欲减少支出，必须将各项支出之性质，分别加以考察，定其轻重缓急之顺序，凡可以节撙或可以延期举办者，俱分别施以裁减，然后支出可以减少。至于收入，或改良征收方法，节省征收费，或择取合理之税源，提高其税率，而后收入可望增多。凡此收入与支出各方面之得失，俱可从预算考察出来。

抑财政制度之整理，常须经若干时期，逐步改革，始能成功，非咄嗟之间可以立致，预算即是立定逐期改革之程序。而且财政中各项制度之设施，与环境有关，不必尽能如立法者之意愿，完全实现。社会生活，乃一极富于变动性者，财政改革，亦不可不适应社会生活情形。预算之功用，即在能立定整理之计划，逐步推行。

第三　使财政公开　今人每谈到财政，辄以财政为不可解之谜，对于管财政者，若不胜其疑惑，此种揣度之发生，胥由财政之不公开。人民总是感觉负担之重，而不知国家经费何以必如许之多，皆因不明了国家财政情形，遂发生无穷之误会。舆论界之批评，可以作为整理财政之资料，在国家固应欢迎，并须与以鼓励，以补当局见解之所不及，并使经理财政者，知所警惕。但国家行政事务发生之利益，有有形者，有无形者，此等利益，不能以人民所负担之经费相诠证。在有形之利益，尚可查计，至于无形利益之政务，殊难判断其利益之多寡。舆论界之批评，常以利益为标准，而此项标准，常缺乏正确性。又国家财政，当以发展共同生活为主旨，其从个人或一部分人之立场发出之批评，难免不有偏私之见，转滋误会，或竟至影响于政治，不可不防。预算能使全部财政内容，向国民公开，复说明其原委，任人民自去研究，作公平之讨论与判断。财政上之设施，即或于一部分人民有不便之处，亦可以获得世人之谅解，财政当局之责任，得以卸除，而其制定财政计划之苦心，亦得以大白于天下。若欲有所改革,亦可以获得世人之同情,而减少无意义之非难与阻碍。

第四　表明财务行政上之责任　私人经济行为,以增值利润为目的,其收入支出,因于己身有利害关系,必严加较量,力谋节省,不敢疏忽。至于财政上之支出,常有难于考核之处,经理收入与支出者,但求责任之能卸除,即有糜费与不实之处,辄以与己身无直接利害关系,任意滥用,国家乃不免蒙受损失。因此之故,国家财政不可不有预算,以谋收入与支出之正确无误,经理收入支出者,依照预算执行,方可解除其责任。

第五　证明国家之信用　国家财政,俱按照预算执行,自无不足之患,国家信用得以增高。现在一般判断国家财政之能力者,皆从决算之收支是否平衡上着眼。即或预算不足,或因临时事故发生,支出增加,收入减少,不得不发行公债,以资弥补,或平时为谋出纳之适合,而须借款或发行短期债券,若是人民明了财政情形,相信政府有按期偿还本息之能力,国债亦得以容易募集。预算有增进国家财政信用之效力,平时若能实行,即偶遇财政困难,亦容易解决,国家不致蒙受过大之损失。

第六　便于监督　预算之施行,与国民全体有重大关系,务求施行中无何不正当或错误之处。平常人民不了解其中事由者,鲜能发见其错误,故国家尝另设监督财政之机关,以当审计之责。然审计机关之考核账项,必须有所根据,于是不得不有预算。预算成立之后,可为事后监督之张本,否则国家虽设有审计制度,终无法实现其职分。

第二章 预算之本质

各国预算制度及其发展,各有不同之途辙与意义,学者之见解,亦不一致。兹先从财政统制上考察,再究其在法理上、政治上与行政上各方面之意义,庶预算之本质,可以圆满表现。

第一节 预算在财政统制上之性质

预算是国家会计之张本。国家在一定期间内收入与支出之运用与限制,若非事前有详细之根据,则全部国家经济之统制,将失其枢纽。预算上所表明者,虽为各项收入与支出之数目字,然可以从数之多少,衡量各种收入支出之轻重关系,统制之内容,俱从此中表现出来。预算为财政统制之根据

最初预算制度之施行,为限制暴君昏主对于人民作无餍之诛求,于是由人民代表承认,每年只供应一定数额之费用,不得向人民多征。预算制度之施行,以英国为最早,英制起源,即是如此。此种办法,其意义盖在限制供应之数额,政府收入,既仅有一定数额,自当视行政上之轻重缓急,分别支出,于是不敢浪费人民之资金,是为从收入方面以达到统制。然政府是否以所收之资金,投之于国民有益之用途,使用时是否合于经济原则,有无浪费之事,皆昔日从岁入上统制

未尝过问。当此之时，人民对于国家之观念，尚未完全明了，以财政为专属于朝廷所有之事，支出数额之多少，与人民没有关系，单从人民供应方面着想，自以愈少为愈于人民有利。此种观念，即在经济学理发达之初期，尚是如此。亚丹斯密至以所取于人民者以愈少为愈妙，认为财政上最重要原则之一。国家所需经费，人民只出一定数额，在此范围以内，由朝廷包办，如何支出，人民概不过问。

<small>现在从收支双方谋统制</small>

现在之预算不然，以为从收入统制财政，其功效究小，并进而从支出方面加以统制。现在财政，乃全国国民生活之所系，各种经费之支配，与各阶层人民有关系，与社会全体有关系。某种巨额经费，若在国民全体看来，认为重要，不能以数额甚巨而避免，在小额经费，若无支出之必要，亦不能以数额很小而支出，要于各项经费之支配，俱须从总体上较量，作通盘之筹划。凡必须支出之经费，人民自当供应，不能以不供应而阻碍国势之发展。

<small>实际上有从支出统制之必要</small>

揆之现在各国财政实情，亦有不能不从支出方面以行统制者。现在经费膨胀至巨，年有增加，苟不审查各项支出之内容，加以统制，势必膨胀更巨。人民往往觉得经费支出之巨，至可惊异，政府若无预算揭示人民，亦无以卸除为国之责任。是知现在之预算。着重在经费之考察，又为供应此巨额经费起见，不能不对于各项收入，加以选择，以期施于人民之负担，在可能范围以内，能极力缩小为是。

<small>预算在财政统制之意义</small>
<small>为适应各种事态之总计划</small>

我们把握了现在国家预算统制之意义，兹再从此意义，作如下之分析：

第一　预算是财政之计划　预算是根据于财政方针编制，而财政方针，系依照当时社会经费政治各方面之情形而决定。规定之后，各种行政事项，即依照既定程序做去。凡列有预算者，依照规定数额执行，有一定范围，未列入预算者，即不能任意举办。平

第二章 预算之本质

时预算,着重在行政秩序之维持,与国势之增进;战时预算,着重在军费之供应,不致欠缺。若有经济恐慌,收入减少,救济费增加,则当有打破或度过恐慌之计划。其他各种事业之经营,如铁道土木工程等建筑,此等局部计划,亦当包含在全部计划之内。故预算中所包含之计划,须能适应国家在各种变动之事态下之需要。

第二 预算计划 通常以施行一年为期,但此一年期财政计划,不能离掉历史上之关系,实含有长期间之性质。各项收入支出数字之预测,须参考上数年度之决算,换言之,数字之预测,须从以前货币购买力所换得之结果,视是年度所需之结果量与货币购买力,来规定预算之数额。〔为长期间计划之一片断〕

各项事业经费之设定,须考究此项事业继续既往之情形。新生事业,从前毫无基础设备者,则新的设备及行政费用,不免加大,而有设备可藉用者,费用可以减少。恒久事业,如系继续历来情形,则费用与从前略同,如系有所扩张或裁缩,则经费有增有减。诸如此类,每年经费之设定,不能全抛弃既往之情形。又经费数额增加,则收入方面亦势非增加不可。国民每年所得,其于国民所有之财产及其劳动力,财政收入,取之于国民所得者,当察考从前国民所有之财产与所得之情形。财政负担,对于人民生活,是否为增厚,抑为减损,即可从此中判断。若是陡然增加收入,难免不侵害人民之财产及其劳动力,则以后国民所得,不免因之减损。至于某种赋税归某阶层人民负担者,数额之增减,即影响于此阶层人民之生活,各阶层间财产之分配,亦发生变动。是收入方面亦不能撤掉历史上之事实。

预算之计划,不仅与从前相连贯,并且与将来相连贯。国家是永久存在,财政在一年中之计划,自不能不为国家将来,留有余地步。前面所述财政收入及于人民之负担,若某年太重,损及人民之财产与劳动力,常有非后来数年所能恢复者。经费方面,亦是如此。某年期内,某项经费数额太巨,可以分摊于后数年度,使各年度负担与利益,得维持相当之平衡。公债之作用,即为弥补此中缺点。若是负担加于本年,而效果现于将来,则于现在人民之经济,到底不合算。理财家之能事,即在能够照顾到将来。

一定期间所行之财政计划,既须瞻前,又须顾后,不是以短期间为限,则此一年之计划表现于预算中者,可以说是国家长久计划在一定时期之横断面。各项数字之规定,俱含有财政计划之意义存在,期望在此期间,能完全实现。

<small>为各方面预算之协调</small>　　第三　**预算之支配是协调的**　预算在编制时,各机关只看到本机关事业之重要,要求本机关预算之扩增,合集起来,致经费总数极巨,此为预算无统制必然之结果。任何事业之扩张,可以无止境,若不参照一事业与他事业之关系,率尔决定数额,任何国家之财政,不能如此武断。收入既有限量,各项事业经费,只能在此限度内支配。各项经费之支配,当考察各项事业在当时各别的重要性。平时人民之生活,若某阶层人民生活有欠缺者,当予以直接或间接的补足,农工商各种事业,当予以平均发展。若国家处于强邻之中,平时即须注重军备。社会秩序不安宁,则当于警察设备之外,还求教育之普及。

欲求预算在各方面之协调,不可不有统制之力。通常预算由代表人民之机关如国会议决。国会虽有统制之权,而欠缺其能,大都以支配之事,委之为行政部之责任,由行政部拟定方针,给予信任。行政部既负有此项责任,当求所以编制之道。美国以总统为

行政首领,大总统操统制支配之权。英国以度支总裁负财政专责,度支总裁有统制支配之权。法国有预算部,而预算部有其职而无其权,仍不能收财政统制之效果。统制之名与实,必须相合,而后有效。若我国以编制预算之事,委之于国民政府主计处,而国民政府主席,并不负行政上之责任。支配预算之权,本在中央政治会议,在中央政治会议,各部部长皆为委员,可以出席,力争各自之经费,而总编制预算之机关,不与会议,可知其支配经费之决定,乃出于各别之势力,而无通盘筹划之统制力存在。财政部长负财政专责,在财政困难之际,有统制财政之权,而无其职,不可谓非我财政制度上之重大缺点。

第四　预算是有弹性　预算是以数字表现一定期间之财政活动,各项数字,皆有合理之根据。事项与数字之规定,固期望其能确实实现,遵照执行,然所规定者,为限制活动之范围,不得超过限度以外。执行时各事项之不变更,数字之不超过,各事项间之不流用,皆有确定性存在。顾此项确定性,并非绝对的,仍有弹性。在执行期满,总希望尚有若干余存。如有余存,并非至于用尽,方为符合预算之规定。预算既为预定的,在执行期间,如果国家发生重大变故,则各方面之经费预算,都不免于裁减。至其他临时小事项发生,不能不支出者,亦只能就同部预算中,节省其他事项之经费,非不得已,不宜提出追加预算。为于确定性中具有弹性之运用

预算在确定性中,欲运用其弹性,不是行政部可以任意措置,于此又须有细密之统制。在数额很小者,各机关有决定之权,在数额稍大者,必须经总制财政之机关之核定,然在此范围内之活动,仍不能突破预算规定之数额。若是超过,仍非由立法部准许不可。故预算之弹性,有层层之统制,以确定其运用。

<small>以增进效能为目的</small>　**第五　预算之统制在着重效能**　预算统制之内容,有其目的存在,即从施行之成绩上考察财务行政之效能。财政学上之原则,为以最小费用求得最大社会利益,各项经费之支出,务求能符合此项原则为是。行政费用,常因办事之方法不同,而有效能大小之殊异。在此限定的经费数额之内,不可不对于支出方法,作比较之考察。效能之估量,属于技术方面,无从申述。

<small>制度之统一</small>　依照上述理论,可知一国之财务行政,不可不求统一,是曰统一的原则。若具体说来,有以下四端:

一　预算之统一　国家之岁入与岁出,皆当编入一部预算之内,分立之预算,即是违反此项原则。故我国预算法第十一条规定,"各级政府,每一会计年度之一切所入及一切用费,均应编入预算。"

二　会计之统一　国家之一切所入,皆应列入岁入,一切费用,皆应列入岁出,不可无故设立特别会计。

三　国库之统一　国家之一切收入,皆应归入一个国库,加以保管。

四　支出之统一　国家一切经费之支出,皆应由一个支付机关掌管。

第二节　预算在法理上之性质

<small>在法律上之性质有三说</small>　从法理方面观察,预算之成立,必须经过立法部通过,为各国预算制度中同然之程序,通常立法部所通过之他种案件,皆为法律,则预算是否与他种法案相同,有同样之效力?关于此点,从来有三种不同之解释:

（甲）　预算即是法律说　主张此说者,有 Prof. Carre de Malberg 等。其意谓预算之性质,不当仅看收入与支出相对之关系,尤当注意于支出方面。此等支出数额,是由国家最高权力机关规定,期于将来在一定时期内遵照施行。并须与将来各项收入之总数相等。是预算为将来财务行政上必须遵守之计划,其性质与他种法律之有强制性者,完全相同。

（乙）　预算有时是法律有时是行政说　主张此说者,有狄骥（Prof. Duguit）谓支出预算,决非法律,不过是一种行政手续;至于收入预算,有时可谓之为法律,有时不过是行政。因为立法部议定某年某项收入之数额,在此一年间,庸或可以实现,但无必然性。究其实质,预算是法律之规定,可以谓为法律,至于将来收入数额之预定,仍不过是行政手续。

（丙）　预算不是法律说　近代德法意各国学者,多主张此说。

（1）　就收入方面而论,收入有赋税收入与非赋税收入两种。非赋税收入,如官产业收入,皆系财政当局假定之数额,并无法律之性质存在。赋税收入,诚哉有法律为之规定,然所规定者,为一定时期内征税之情形与手续,征收员依照办理,俾国库获得收入,而立法部通过之收入数额,另系一事情,并非责成征收机关,非依数征齐不可。征收时依据之条件,是为征收法规,收入预算本身,既未具有法律之性质,自不能谓为法律。

（2）　就支出预算而论,支出可分为偿还从前的债务之支出,与偿付将来的债务之支出。国家从前所欠各种公债,到期非偿还不可,其数额有一定,立法部不能加以裁减。立法部既不能加入何种意志,另行决定一数额,自不能谓为法律。至于将来的债务,皆系国家履行其职务时发生,如各种行政费用之类,此等费用,经行政机关规定之后,立法部绝对不能加以裁减或否决。盖行政费用与行政相应发生,费用之多寡,惟行政部明了行政情形,于是决定数额,立法部不明了需要情形,自无法加以变更或修正。是支出预算之规定,乃系由于行政,并无法律之意义存在,充其量只能视为预算之条件。

现在一般论者,以预算为不是法律,更从法律之性质以考较预算。法律为规定权利义务之关系,而预算不是如此。法律为规定人生行为之准则,而预算只是财务行政之根据与标准。法律有强制执行之力,而预算不能强制收支之数额非如规定之数额不可。法律之效力有永久性,而预算以一年为期。法律之解释与判决,为属于司法机关之权能,而预算为行政部执行后,由立法部听取报告。诸如此类,无论在形式上,抑实质上,皆与法律不同,因认预算为不是法律。

预算之法律性　　上述三种不同之主张,各有其观察点,故结论不同。若执一般法律之性质以度量预算,则预算实不能谓为法律。但我们所应绅绎者,为预算自有其法理性存在。

第一　预算必须经人民之代表承认,其由行政部自行决定而未经立法程序者,只能谓为行政部自定之预算,而非法定预算。

第二　法定预算,既经人民代表承认,人民负有供应之义务,而从经费之支出上享受利益。惟此项权利与义务,并无对待之关系。

第三　预算由行政部请求,经立法部通过承认,行政部负有遵照执行之责。在岁入方面,须遵照征收法规,以期收得预算规定之数额,在岁出方面,则不得逾出规定之范围。故岁入预算数额为标准,而岁出预算数额为限制。

第四　行政部须以施行之结果报告立法部,如有不确实之处,立法部得加以谴责,或表示不信任。

学理上之讨论,既如上所述,但各国在宪法上之规定有不同,预算制度有不同,有明白规定预算为法律者,如德国新宪法之规定,有没有作明显之规定者。各国情形,留在第四节再述。

第三节　预算在政治上之性质

从政治上观察,国家预算,必须经过立法机关议决后,方能成立,若非经过立法手续,而由行政部自定预算,自由施行,则行政机关可以自由变更,不能称为法定预算。宪政国家之预算,都须经过民意机关通过,方能认为有效。欧美诸国,如英法等,其确定预算制度,成为政治活动史之发端。人民要求国家之收入与支出,必须获得人民代表之同意,不能由政府任意支出,或向人民作非法之征收,则预算含有政治上之重要意义,可想而知。

立法机关之审查预算,不仅是计算数目,作表面之审察,实在是作政治意见之审查;立法机关之批评财政,是用政治眼光,加以批评;立法机关对于预算有修正权、否决权、创制权;预算最后之决定,由于在立法机关内得多数之赞成;立法机关由人民代表组织,预算案之通过,即是尊重大多数人民之意志。无论财政当局根据于何种财政政策以编制预算,必须经人民代表认可后,始为有效,否则一经否决,财政当局之政策,即无由实现。即在施行之时,人民作严密之监督,亦为人民行使政治上之监察权,故预算含有政治之意义。

> 在政治上之性质

第四节　预算在行政上之性质

在行政上之性质　从行政上观察,预算在执行时,免不了随时发生变动,预算之规定,虽极严明,然遇事务变动之发生,政府不得不假以权宜,在预算之数额与范围以内,政府可以根据其行政权,斟酌损益,务使变动之来,不致影响预算上所预定之结果。譬如收入预算,照平时状况来编制,若某种税源,因社会变动,或因产业变更,税收短少,于是政府不得不节撙支出。或原定支出数额,因情势之阻碍或变迁,无须举办者,即不必有是项支出。或临时发生变故,而发生新支出,致支出增加,政府必须设法增加收入,或减少他项支出,以期收支适合。故预算在立法机关决定之大范围内,尚有行政之措置,存乎其中。预算之编制,大都由各行政机关主办。行政机关之编制预算,系根据于行政事项,并且于规定预算数目中,留有行政活动之余地。故预算无论在成立之前或成立之后,常有行政行为,夹杂在内。预算只能作为财政之预定计划,不能认为必然之计划,故综理财政之财政部长,责任至为重大,不可不慎。

第三章　预算语意之来源

　　预算一语，在英文法文为 Budget。考 Budget 一字之来源，最初拉丁语中有 Bulga，传于法语，于是有 Bouge 及 Bougette 等字，其意皆为皮袋钱囊。诺曼人十字军远征圣境，习得此语，归国后，传之与沙格逊人，于是英语中有 Budget 之语，而其意义，仍为皮袋钱囊，并非现在之所谓预算。后来英国财政大臣出席议会，说明其财政法案，因其性质重要，常将关于财政法案之各项文件，置于皮袋，便于携带，于是有财政皮袋之意义。又因其中所贮各种文件，皆关系于朝廷财宝，于是又有朝廷财宝之意义。直至十八世纪预算制度行将确立之际，乃径以财政大臣携带之皮袋，用作现在之所谓预算。

名辞源流

　　至于预算之意义。称之为公共团体之收支提案，则起源于法国。从前法国之财政文件，多谓之为 État，此字乃从拉丁语之 Redius, Reditus, Pensio, Fiseus Redius 而来。沿用既久，凡关于国家之条规记事，以及政府之财源行政计算报告之类，皆名之曰 État。至于财政预算案之意义，乃系从此等意义转借而来，在十六世纪，即已通用。一六○一年，财政大臣对于财务行政提案之要点，即称之为 État de Roy，或曰 État de Prevoiyance（王家之计算或曰预算书）。在大革命时，预算之语辞，即已通俗使用，学术文字，亦偶尔通用，但在政府公文，尚未正式采用。后来地方自治团体（Commune）成立，其财务政令，间有采用预算语辞者。一八○二年，自治团体称财务

意义之起源

文件为预算,而自治团体之议员在决定书中,则称之为收支计算书,各地方随意立名,各不一致。从来对于此等案件,有称之为 État de Roy(王家岁计)者,有称之为 Prespectus des Dépenses(支出预定)者,有称之为 Crédits Provisoires(预定信用)者,有称之为 Apercu annuel des recettes et des dépenses(出纳岁计书)者,又有称之为 Tableau des recettes et des dépenses(出纳表)者。至一八〇六年,政府提案,始有 Budget de létat 之名称。至拿破仑时代,Budget 一字,用作国家出纳概观,渐流用于社会。

　　预算之意义,以法国引用为最早,始则各自治团体试用,后经国家采用,遂在英法两国,成为国家财政预算之专名辞。降至近代,其意义更为扩大,凡私人经济收入支出之数,含有双方适合之意义者,亦称之曰预算,如家庭预算(Family Budget),营业预算(Business Budget)之类,是不限用于国家财政之范围。最近各国浸以私人公司营业预算,为一专门研究。

第四章 岁入岁出之意义

一年度预算中所列岁入,原所以供一年度预算中所列岁出之用,故岁入与岁出,两相对待。然所谓岁入岁出,其性质与范围,果为如何,常有解释之必要,庶可以免除混淆之弊,财政之实情,乃能明白表现出来。岁入岁出之概念,在经济上、财政上及会计上,各有所不同,须明晰辨别。有三种意义

国家岁入云者,为属于一会计年度之各种收入,有如下列各类。岁入之类别与分析

一　强制收入　如赋税、罚款、赔款、强制征发、强制劳役,无人继承之财产归入国库者。

二　公价收入　如官产孳息、官业代价、行政规费、官产出卖。

三　两性收入　(强制兼公价)如独占事业收入。

四　自由收入　如捐款、遗赠。

五　信用收入　如公债、纸币、保证金、邮政储金之类。

此五类收入,或为货币,或为证券,或为有经济价值之财货,兹就三种意义加以分辨。在第一类强制收入之中:

1. 罚款、赔款及无人继承之财产收归国库者,在经济、财政、会计同为岁入。

2. 强制征发及强制劳役,皆为征收人民之财富,为经济岁入,而因其不能计算其确实货币数,不为财政与会计上之岁入。

3. 赋税收入之中,尚有退税部分,其总额为会计上之岁入,除

去退税部分,方为经济及财政之岁入。

在第二类公价收入之中:

1　四项收入,其总额皆为会计上之岁入。

2　官产官业除去成本,如原料费、资本跌值之类,是为经济上之岁入。官业除去成本,官产不除成本,是为财政上之收入,因官产视为国家之设备,其费用列入国家之经费,而收入则视为财产之附带收入。

3　行政规费,在经济上与财政上,同以行政为国家应有之设备,其费用俱列作岁出,故规费收入,俱列为岁入。

4　官产之出卖,卖价为财政上之岁入,其因出卖所存之利润部分,方为经济上之收入。

在第三类两性收入之中:

1　独占事业,在岁入之意义,与官业相同。

2　特赋为财政上会计上之收入,其事业余剩部分,方为经济岁入。

第四类自由收入,同为三种意义之岁入。但未达于国库之捐款,径由捐款人拨作公共事业之用者,虽为国家经济上之收入,而不为财政上、会计上之收入。

第五类信用收入,为国家之债务,将来仍须偿还,然亦应加以区别。

1　四种收入,皆为会计上之岁入。

2　国债纸币收入,除去本年度内须偿还者之外,皆以之供经费之用,故为财政上之岁入。此项本年度不偿还部分,因其为增加国家之资本,亦为经济上之岁入。

3　保证金与邮政储金,例有特别会计,不能动用,拉入普通会计,故不为财政上之岁入。其拉作普通会计之用者,视同国债。

第四章　岁入岁出之意义

4　保证金数额常小,而邮政储金数额常大,常利用之作生产之用,除准备金外,其用作生产部分者,当视为经济岁入。

依此分析,所谓岁入云者,乃因各种意义,有可作为财政岁入者,有不可作为财政岁入者。同属于一项收入,复因其处理不同,而有作为岁入与否之别。然无论在三种意义之出入如何,所谓经济岁入、财政岁入、会计岁入之划分,实厘然有别,并不相混。兹以所论,以比较我国《预算法》上之所谓岁入。

《预算法》中之所谓收入,并非经济上之岁入,亦非会计上之岁入,而应为财政岁入。我预算法第六条所称"岁入者,谓一会计年度一切所入之总额,与应退还之收入,及其上年度之结存",亦即此意。若加以分析,是包含三种收入。预算法中之规定

1　所入总额,包括上述五类收入,惟从中除去转账部分及退还金,如专卖收入之须除去生产成本,赋税收入之除去退税部分,如此者是为财政意义之收入。

2　上年度结存,归于本年度者,是应作本年度岁入无疑。

3　应退还之收入,如契约保证金、官吏保证金、退税部分及本年度财政部发行之短期债券或库券,为供出纳维持之用,须于本年度内偿还者,是皆为行政上之债务,非财政上之收入,但为会计上之收入。

各种收入之情形极繁赜衍变,诚有非简单条文所能解释周到者。若欲考究我《预算法》之所称岁入,当见之于《预算法》附件一岁入来源别科目表,方可明了。据科目表所列举之经常门及非经常门共十八类所入之事项,除最后二类外,各类所入之中,皆除去其转账部分之收入及退还金,则是为财政收入。然因其列入应退还之收入,是又包含一部分会计收入。专卖收入,其性质本与国营

事业相同,而未除去其成本,以全部收入作为岁入。但我国现时无专卖事业,尚无何关系。又如售价中所含成本部分,及信托管理收入,则非财政收入,而为会计收入。

岁出之类别与分析　至于国家岁出,乃属于一会计年度充国家之需要之各种费用。从来财政学者于经费类别,树立各种不同之分类标准,迄无妥当而又彻底之分划。兹为讨论便宜起见,引用我《预算法》附件系十一岁出政事别科目表所列之类别。其第一门政权组织及其运用之支出,其中一部分,为我国之特殊费用,其第二门治权组织及其运用之支出,分为四类如下。

一　关系国家福利政事之支出　分国务、行政、立法、司法、考试、监察,五纲。

二　关系国民福利政事之支出　分教育及文化、卫生、经济及建设、营业、救济,五纲。

三　关系国族福利政事之支出　分国防、外交、侨务、移殖,四纲。

四　关系各政事尚未摊定之支出　如财务、债务、补助、退休,及抚恤、损失、信托管理、退还金、预算准备金之类。

此四类支出,或为对人费,或为寻物费,或为事务费,或为事业费,或为经常费,或为非经常费,或为岁定经费,或为继续费,或为恒久费。而支出之形体,或为货币,或为实物与勤劳。凡此皆为国家执行政事每年度必须从国库支出之费用。

各类经费,已如列举,兹再从经济、财务、会计之意义,加以辨别。

一　以经济意义而论,凡可以发展国势,增进国民之生产与储蓄,促进各地各个人作平均之发展者,皆为经济支出。依此意义,则杀人放火残害生灵之战争,虽有损害国民生产力之处,而在发展国势上,往往视为必要,从前以战费为非经济之支出者,现在皆认为有支出之必要，是经济的支出。战费而可列为经济之支出，则其他各种支出，凡与国家与国民有关系者，皆可视为经济的费用。

又经济之意义，有经济与不经济之分，以费用数额与成效之大小相比。凡以最小费用而能发生最大效果者，是为经济的支出，且为财政学上之原则。惟国家政事效能之大小，乃比较之词，苦无确切之标准。例如平时，国家当增加教育经济卫生建设事业费用，缩减军备费，乃为经济，然至战时，反以节减此等费用，移作军费，以蕲战争之胜利为经济，是又因国家所处时局情形，而有不同之观念。

凡此所谓经济的，或非经济的，或不经济之支出，乃藉政治的或行政的见解，以为辨别之标准，姑置之不论。若就预算中所列各种岁出，从国家经济之见解加以辨别，则是费用之支出，无论为对人费，或对物费，为事物费，或事业费，任何费用，在时间之经过中而消耗者，是为支出，其形成为资产而其价值仍属于国家所有者，则不为经济的费用。依此标准辨别，则所谓费用者，当从支出总额中，除去资产存在部分，方为费用。因之国营事业之投资，收买谷米粮食而储藏，皆不得为经济意义之费用。至私人或私人团体之集资，作公共事业用或救济用之捐款，虽未列入预算，要亦为经济的费用，故经济意义之费用，与预算中所列岁出之数，大有出入。

二 财政意义之岁出，为举办各种政事之费用，如行政、立法、司法、考试，乃至征收、偿债、国防、外交、建设、国营事业之类之支出皆是。此等支出，无论其为消耗，抑成为资产，皆属之。其从国库支出之费用，变成某项政事用之资产者，既系充此项政事之用，不能改变移作他用，是为财政意义之岁出。如国营事业之投资、国家所出资本之类，本年度内不能收回者，是亦为财政上之岁出。

亦有许多支出机关或事业，同时发生收入者，于计算岁出时，是否应当除去其收入部分，则当视各种机关或事业之性质而不同。如国营事业，其经费可以作无限制之增加，收入亦随同增加，因其有营业损益之关系，各国概划作特别会计，使此等事业之成绩，能单独表明出来。至属于普通预算中之政事机关所收之规费，如登记费、诉讼费、学校学费之类，概不从支出中除出。此等收入，系取自人民，列为岁入，则支出亦列为岁出，两者分别处理，然后可以从其支出数额，考较其在财政上之意义。其附带发生之收入，在财政上非不计较，然以国家设置此等机关或设备之目的，不在谋收入，若在谋收入以资维持此事业或机关本身之存在，则司法机关当励人民之作奸犯科以涉讼，学校当重征学费，是违反维持社会秩序普及文化之主要目的。此等规费，取自特定受益人，含有依利益原则之收入，亦即所以限制人民之任意享受此等利益，庶可以减少经费。此等收入与支出，既各具有其特质，在财政上当分别讨论，故其数额，亦当分开，不当夹混。

至于国债，情形特别。每年从岁入项下偿还之数，是为岁出。然亦有岁入无剩余而成为借债还债者，是不能谓为岁出。但国债基于信用而发生，凡偿债基金之设置，按照发行条件之还本付息，皆为保持国家之信用，此等基金之设置，与本息之偿付，既不可变更，故须确定之于预算中。此等列入预算偿还之基金，为坚定国家之信用者，虽系借债还债，亦视为财政上之岁出。至平时为维持国库出纳所发行之短期库券，或本年度中公债到期须偿还而有新公债之发行，凡此公债收入支出之数，另有国债计算书处理，以明了一国之负债状况。

三　会计上之岁出，则为将一会计年度支出之数，无论其来源,或出自国库,或出自支出机关之收入,或暂时之付出而将来仍可退还之数,皆必记入账内,作为岁出。退还之数而计入岁出,是会计上岁出之数,大于财政岁出之数。换言之,即非财政之支出,亦必计入账内。同时国有财产之实体物直接作某种用途而非以金钱购办者,又不计入。如国有森林,直接以之供公共建筑用者,则不计在会计岁出之中。又如救济费之支出,其来源出自私人捐助,在财政上当视为经费,而在会计上因其非出自国库,亦非各机关之收入,亦不列作岁出。

此三种意义之岁出,各有其范畴,常有不相一致之处。预算中所称之岁出,固应以财政上之所谓岁出为主,然犹恐有不实不尽之处,通常皆于会计法中作详密之规定。我《预算法》第七条之规定,谓:"称费用者,谓除去转账部分及退还金之支出,称岁出者,谓一会计年度一切费用之总额,与退还金,及预算准备金。"是岁出中包括三端:

<small>预算法中之规定</small>

一 预算准备金 虽有时不必动用,而不必支出,仍保存于国库,然预算上既特置此项数额,专充准备之用,是为财政之岁出无疑。

二 退还金 如各种保证金之发还,其收入既计入之于岁入,则其支出亦应计入岁出之中,是为非财政收入而须计入岁出中者。

三 费用总额 每事项之费用,并非其支出总数,而系除去转账部分及退还金,其支出之后而仍收回者,则不视作费用。例如透付、误付或垫付之款,将来仍转账收回者,则非一事项之岁出。各种费用,俱列举于附件二"岁出用途别科目表"。其中如信托管理一类之支出,则非财政上之支出,而为会计上之岁出。

第五章　财务制度与宪政之发展

<small>财务行政与宪政</small>　　财务制度之起源,与宪政之发展有关系。当欧洲国家成立之际,王权伸张,国用增繁,赋税加重,人民以为王室挟其强权,侵害民权,并以王室向人民征收钱财之后,可以随所欲为,政治上之势力,乃日长大。遂谓操财权者即是柄政权。欲管制王室之政权,莫若控制其财政,于是争求立宪政治之奋斗,乃以管理财政为起点。其后预算制度施行,宪政始树立基础,而在宪政发达之始期,纯系借用预算运动之名义,观于各国宪政与财务行政制度之发展,即可明了。

第一　英国

<small>英国宪法上之根据</small>　　英国古代习惯,英王无任意向人民需索之权。一二一五年有名的《大宪章》(*Magna Charta*)第十二条之规定:

> "英王对于全国人民,不得无故征税,或求补助费,遇有征收时,须经全国人民代表会通过,惟以营赎英王本身,及其长子列为武士,其长女首次结婚,所需之用费为限,其数额须在合理的限度之内。"

照英国之惯例,英王遇有征费之必要时,首须送达召集书与人民代表开会,并于召集书中,述明召集会议之情由,若是情由不合条款之规定,代表可以不应召开会。英王非获得人民之允许,不能向人民自由征费。是人民从管理国家收入以管理政府行动之惯例,早已存在。

英国自从封建制度崩溃之后,王室要总揽一切特权,而人民代表复主张人民之权利,在历史上演出不断之争执。人民以为若是王室可以随意向人民课税,是侵犯人民之权利,酿成专制政体,无论如何,非人民所能容忍;凡一切供应,非经过人民共同允许,不认为有效,可以抗不缴纳。此种精神,流传至于现在,每次预算提出议会,形式上仍为英王向人民之代表请款供应,由代表人民之议员议决通过。下议院所有宪政上之财政权,最重要者,有三点如下:

一 允许课税之权,提高现行税率之权,以及变更各时期赋税之权;

二 允许发行各种公债之权;

三 允许支出之权,凡关于某用途及某时期之用款,皆须一一经议会允许。

至关财务行政之详密法规,有一八六六年之《国库审计部法》,及一九二一年之《修正国库审计部法》。

第二 法国

法国古制,与英国相同,有同样原则存在。一七八七年人民权利宣言中,即确定人民管理国家收入之原则。当时巴黎议会议长,有一段说话,向法皇声明,谓: 法国之起源

"法国君主立宪之原则,为一切征收,须经供应款项之人

民同意。是为皇国之根本法律,不能随陛下之心意,自由变更。皇家议会,从来自信对于征税事项,都能顺从民意,诉于人民之热心,不愿用武力对待。"

_{与宪法中之规定}　一七八七年之后,法国共有十八种宪法,但各种宪法中,皆规定人民代表有管理财务之权利。在十九世纪中,无论政治上之纠纷如何严重,到现在无论党派之意见如何分歧。而对于财务一层,仍然严守一七八七宣言中规定之原则。据人权宣言第十四条之规定,谓:"全法国人民皆有权利,或由自己,或由其代表,核定公共经费之需要,考核其用途。决定其数额,以及征收时期等事项。"至于法国预算制度之根据,载在宪法者,约有三点如下:

一　国民代表,应有权监察收入之用途,行政部应严格遵守代表之意见。(第六条)

二　任何赋税、费用或补助金,未经国民代表之自由承认,不得成立。(第五条)

三　行政长官及其他官吏,如有侵犯此项法律之行为,无论此等行为受自上级官厅之命令与否,皆应负责。(第七条)

第三　美国

_{美国宪法上之根据}　美国关于财政之根本大法,载明于联省宪法及各省宪法之中,人民对于收入支出,有完全之管理权,并从财政之管理,以左右政府之政策。联省宪法中关于财政之规定,约有四点:

一　"陆军经费之概算,最长期间,不得过两年。"(第一章第八节第十二项)关于此点,现在看来,关系似很微细,然在十八世纪

时，认为重要。当时，美国置有常备军，军费至巨，人民不愿负此沉重之负担，尤恐政府利用之以增长政府之势力。美国独立后欲树立一健全的民主主义国家，凡有造成一种特殊势力以危害国本者，皆为之预防，加以限制，故有此规定。

二　"除法律上规定应行指拨之款项外，不得向国库提取任何款项。"（第一章第九节第七项）此项规定，以一切经费之支出，其权皆操之议会，由议会通过，成为法律后，始得支出，行政部不得侵害人民之固有权。

三　同章又规定"凡关于款项之收入与支出之经常文书及会计，俱应据实公布。"此项规定之目的，在使财政公开，且为预算之根据。规定之结果，凡财政之经营与计划之权，皆操之国会，而财务行政长官之权力，为之削减，几等于奉行国会决定之预算案之机关。全部预算，皆由国会自由决定，虽有时财务行政长官可以贡献意见，而国会诚恐因此增大行政官吏之权力，常作相左之决定。全部实权，皆操之国会供应委员会主席之手。

四　"凡关于收入之法案，皆须由众议院制定，参议院得提议修改，与他种法案相同。"（第一章第七节第一项）收入之中，以赋税收入为最重要，课税之权，经此项规定，须由众议院提出，众议院为人民所选出之代表，则课税之权，不啻操之于人民之手。

后来在一九二一年六月十日颁布《预算会计法》，行使新预算制度，设立预算局，隶属于财政部，编制预算，送交议会议决，然后施行。此次新立之制度，仍系根据于宪法之规定，认为美国财政紊乱之原因，是行政部未能负责，总统为行政首领，应将此项责任，加于其职权内，故于预算法中规定，"由总统编制预算，提交议会。"总统办理预算事项，乃为设立预算局，预算局向总统负责。从前议会

新预算制度

编制预算之各种弊端,自有此专门机关办理之后,得以湔除。而且以预算编制,本为行政事项,此次改革,适为实行宪法之规定。

第四　德国

<small>德国宪法上之根据</small>

<small>联邦宪法之规定</small>

德国在一八五〇年普鲁士宪法中,即规定凡关于公共收入与支出,俱须由人民代表投票决定。规定虽严,而人民代表管理之制度,未经设立,终等于具文、财政出纳、政府全权独揽,人民无可如何。一八七一年德国联邦宪法成立,关于财政者,有以下几条规定:

一　帝国之一切收入与支出,须每年有预算与决算。（第六十九条）

二　列举帝国收入之各种泉源。（第七十条）

三　普通支出,以每年同意一次为原则,但有特殊情形者,可以数年一次。（第七十一条）

四　国务总理每年须向国会报告财政支出与收入之情形。（第七十二条）

德国国会管理预算之权,照宪法规定,细绎之,只有其形式,而无其实质。预算编制之后,并不必经国会议决,即可施行,人民代表对于预算,仍不能参预意见,仅由国务总理于会计年度终了后,向国会报告其事。此外各种法律之中,亦无关于国会议决预算之规定。则宪法中所规定者,不过是规定预算之行政,而国会关于预算之根本大权,仍未树立。德国宪法学者,曲为解释,谓国会不能对于国家行政费用不予以供给;支出方面,可以分为两种,其一为任意费,其二为必需费,按照第七十一条之规定,国会对于后种经费,非同意不可,而对于前种经费,仍有自行决定之余地。但无论如何,宪政之运用,不可使国会对于预算案无否决权,国会可以从预算统制政府之一切政策,若无此权力,是国会失掉统制之力,而议会制度,亦失掉其固有精神。

　　一九一九年八月十一日德意志共和国宪法颁布,关于预算者,有以下之规定: 共和宪法之规定

一　每会计年度,当预测联邦之总收入及总出支,编为预算。预算于会计年度开始前用法律定之。

　　对于支出之同意,以一年期为原则,但有特别情形者,得延长期间。此外凡超过会计年度及无关于联邦之收支,及其管理者,不得规定于预算法上。

　　上议院(Reichsrat)非得下议院(Reichstag)之同意,不得增加支出金额,或新设项目于预算案中。(第八十五条)

二　法律案由联邦政府及联邦议会提出之。联邦法律由联邦议会议决之。(第六十八条)

三　联邦政府提出法案时,须得下议院同意,政府与下议院意见不一致时,政府亦得提出法案;但此时须将下议院之意见,一并提交上议院。(第六十九条)

四　财政总长对于联邦总收入及总支出之用途,当于下次会计年度内,向下议院及上议院提出决算,要求解除联邦政府之责任。决算之审查,另以联邦法律定之。(第八十六条)

五　联邦所有铁道之预算及决算,为联邦总预算及总决算之一部,但铁道当视为独立的经济企业而管理之。铁道经费当合铁道公债偿还之本息,由其本身收入中支付之。并当设立铁道基金,偿还金及基金之数额并基金之用途,以特别法律定之。(第九十二条)

此次宪法,对于从前各缺点,有确实之预定。以预算为一种法律,在施行之前规定。立法程序,由政府及议会提出,必须经议会通过,是议会对于预算有否决权。议会若得下议院之同意,得增加支出金额或新设项目,是议会有创制权。议会有此两种权力,则预算制度之根基,始得确立。

第五　日本

<small>日本维新时情形</small>

日本在明治维新时,财政制度,仍如旧幕时代,无所谓预算制度。明治二年(一八六九年)发布"出纳司规则书",告诫政费之不得滥用。明治二年,以财政形势危殆,由大藏省事务总裁大隈重信调查真相,始作一财政报告,公布国民。明治八年,发布岁入岁出预算表,直至明治十二年,始有决算报告公布。自后年年有岁入岁出预算表,以命令颁布,作为政府财务上之心得,而非正式之预算。

<small>会计检查院之设立</small>

明治十三年,设立会计检查院。十四年,统一各种财务法规,制定会计法。自是之后,由大藏省调查各省(即部)岁入岁出,作成总预算案,提出于大政官,大政官以之交会计检查院审议,即为确定施行。在此时为止,还是误解会计检查院之作用。十五年修改会计检查院章程,改其职务,从预算规定之事前检查,为施行时之现计检查及施行后之决算检查。又从前各机关经费,由大藏省每月分发一次,与我国现制相同,是年又加以变更,由大藏省保管现金,各机关长官为处理财务,发出收支命令,由大藏省统一出纳。十八年又以日本银行为国库机关。

明治十八年,制定岁出入预算条规,及岁出入科目条规,预算由大藏省大臣调制,内阁决议,天皇裁可,以敕令公布,至是始渐有统一的预算制度,然尚无经过议会议决之规定。二十二年颁布《宪法》,其中第六章规定会计,并同时颁布《会计法》及《会计规则》,有详细之规定。 <!-- 预算条规之颁布 -->

议院法及议事规则中,又规定议会议定预算之手续。依议院法第四十一条之规定,议院会议时,对于预算修正案之提案,须有三十人以上之赞成,始能成立。依此规定,议会中若是提案人足法定人数,亦可以作增加预算之提议,比之欧洲各国规定,较有活动之余地。预算之提交议会协赞,实始自明治二十四年。 <!-- 民主预算之开始 -->

第六　中国

我国在专制时代,无所谓预算制度,在前清末年,预备立宪,方开始酝酿。光绪三十四年由宪政编查馆奏准,在九年立宪期内,自第三年起试办各省预算。宣统二年,度支部拟定预算册式及例言二十一条,并附比较表,通令京内各衙门及各省财政局,依式填就。是年秋,汇编宣统二年总预算,由资政院议决颁行,是为我国第一次办理预算。 <!-- 我国清代之始施预算 -->

民国肇造,辛亥年各省代表集会于武昌,议决中华民国临时政府组织大纲,是年十月十三年公布。其中第十条规定参议院之职权,关系于预算者有:(1)议决临时政府之预算,(2)调查临时政府之出纳,(3)议决全国统一之税法三点。 <!-- 辛亥年政府组织大纲 -->

民国元年三月十一日公布中华民国临时约法,复有规定如下:中华民国之立法权,以参议员行之(第十六条)。 <!-- 约法之规定 -->

参议员由各省选派(第十八条)。

参议院之职权有:(1)议决临时政府之预算决算,(2)议决全国之税法,(3)议法公债之募集及国库有负担之契约。

此两次根本大法之中,俱有关于预算及收入之规定,须经各省代表议决,方为有效。第以时局倥扰,迄未执行。政府既未编制预算,参议院自无从议决。实则当时有许多政治问题尚未能解决,更无暇论及预算。

天坛草案规定　民国二年,国会成立,依照临时约法之规定,组织宪法会议,选举宪法起草委员,起草宪法,即今之所谓《天坛草案》。中经袁世凯之叛乱。迄于民国五年九月至六年六月,经过二读。后来虽未完成,不发生效力,然所规定,尚称缜密,明日黄花,亦可资参考。其中列有会计专章,足征其重视财务行政,所作规定如下:

一　新课租税及变更税率,以法律定之(第九十五条)。

二　募集国债及缔结增加国库负担之契约,须经国会议定(第九十七条)。

三　凡直接有关国民负担之财政案,众议院有先决权。

国家岁出岁入,每年由政府编成预算案,于国会开会后十五日内先提出于众议院。参议院对于众议院议决之预算案修正或否决时,须求众议院之同意,如不得同意,原议决案即成为预算(第九十八条)。

四　政府因特别事业,得于预算案内预定年限设继续费(第九十九条)。

五　政府为备预算不足或预算所未及,得于预算案内设预备费。预备费之支出,须于次会期请求众议院之追认(第一百条)。

六　下列各款支出,非经政府同意,国会不得废除或削减之:(一)法律上属于国家之义务者,(二)履行条约所必需者,(三)法律之规定所必需者,(四)继续费(第一百〇一条)。

七　国会对于预算案不得为岁出之增加(第一百〇二条)。

八　会计年度开始而预算未成立时,政府每月依前年度预算十二分之一施行(第一百〇三条)。

九　为对外防御战争,或戡定内乱,救济非常灾变,时机紧急,不能牒集国会时,政府得为行政紧急处分,但须于次期国会开会后七日内,请求众议院追认(第一百〇四条)。

十　国家岁出之支付命令,须先经审计院之核准(第一百〇五条)。

十一　国家岁出岁入之决算案。每年经审计院审定,由政府报告于国会,众议院对于决算案否决时,国务员应负其责(第一百〇六条)。

十二　国会议定之预算及追认案,大总统应于送达后公布之(第一百〇七条)。

后来民国十二年曹锟做总统时代颁布之宪法,即系钞录此项草案,在会计一章之规定,与上相同。其他袁世凯当国时之约法,湖南、四川、浙江、广东之省自治法,皆有关于预算之规定。统观此等已颁布或未颁布有效力或无效力之宪法中,皆于预算作明晰规定,凡属国家岁出岁入,非经人民代表议决承认之后,政府不得施行。

我国现行预算制度之根据,首当考之《国民政府建国大纲》,其中规定:"各县对于中央政府之负担,当以每县之岁收百分之几为中央岁费,每年由国民代表定之。其限度不得少于百分之十,不得

_{国民政府之预算根本法}

加于百分之五十。"

<u>训政约法之规定</u>　二十年六月一日颁布训政时期约法，其中规定：国家岁入岁出，由国民政府编定预算决算公布之（第七十条）。在国民政府组织法中，又有同样之规定（第八条）。在此项规定之内，包含二事，一为提出于立法院之预算案：应经国务会议议决，其二为立法院有议决预算案之职权。现在我国尚无人民代表机关之制，亦无人民之预算，故我国预算之性质，与各国根本不同，就其整体看来，全系行政部之预算。行政部自可自由规定一切制度，即不履行规定，亦无人过问。

<u>主计处之设立</u>　国民政府为编制预算及决算，于二十年一月，设立主计处。又于二十年十一月二日，颁布预算章程，及办理预算收支分类标准。二十一年九月二十四日，颁布《预算法》，凡九十六条，关于预算之编造、核定、审议、成立及执行，皆有详细之规定。（施行期尚未决定。何以不施行？或云不合某机关之脾胃，不知然否。实则一种制度之行通，不是简单的问题。）

第六章　我国预算决算史

我国办理预算之情形,自民国成立以来,因政治变化太多,预算之编制,时作时辍,年复一年,虽有所编制,亦未能遵照施行。其可考者,具述于此。

民国元年,政局秩序未定,财政部仅编制各月临时预算,后又编订民国二年上半年预算,先后提交参议院议决;然预算范围,仅限于京内各衙署之支出。是年十二月,中央通令各省,于各省财政司内,设立预算决算处,并赶编二年度自二年七月一日至三年六月三十日正式预算书。二年七月,财政部汇总核编,计岁出岁入,均为六万四千六百三十五万八千一百零九万元,咨交众议院议决。八月,国务会议又议决,预算应由各部查照大政方针,详细修正,限十一月内送达国务院,其实行期间,定自三年一月起至六月止。十一月财政部颁布修正预算标准,十二月各部修正预算册,先后交齐,财政部汇总,岁入为五万五千七百零三万余元,岁出为六万四千二百二十三万余元,不敷之数,为八千五百二十万元,咨交众议院议决。民国以来预算办理情形

三年度预算　财政部于二年九月拟订章程,改良办法,由国务会议议决,通令全国各衙署遵照办理,三年夏季,财政部特开财政会议,各省选派熟悉财政人员到京,讨论办法,一方面整理岁入,他方面剔除浮靡,由部分省核定。三年度预算,除省县地方款项之外,中央部分,岁入为三万八千二百五十万余元,岁出为三万五千

七百零二万元,尚有盈余,经财政部呈准通行。

四年度预算 以会计年度改为历年制,五月,财政部规定编制办法,由部编订四年上半年概算,其五年度预算,以各处所未造送之四年度预算表册改造,送部编定,其已造送者,如按诸事实,与五年度收支款项,无大出入,由各该处详细声明,即由部将四年度表册核编为五年度预算,以期迅速,由财政部通电各省查照办理。十一月财政部汇编五年度总预算册告竣,咨交参政院议决,岁入为四万七千二百十三万余元,岁出为四万七千一百五十一万余元。

八年预算,曾经国会一度通过公布,全国收入,约在四万五千万余元,未见实行。自斯以后,财政更形紊乱,无预算之可言。

十四年 财政整理会征集中央及各省区自编之部分预算,于是年十二月编印成帙,名曰编暂国家预算案,计全国岁出为六万三千四百三十六万余元,岁入为四万六千一百六十四万余元,收支两方,相差甚巨。论其资料,尚称完备。

国民政府在广东成立时代,设有预算委员会,颁布审计法及施行规则,规定各机关于每月一日以前,依议决概算定额之范围,编造本月份支付预算书,送审计院审核。当时财政困难,军政等费,为数至巨,乃由预算委员会先行支配各机关经费数额,再由各机关依支配额数编制支出预算,使各机关皆量入为出,以求确实。

十六年六月,拟定是年度预算编案例言,凡十一条,于七月十三日呈报国民政府照准,并规定十六年度预算,由民国十六年七月一日起至十七年六月底止。是年七月二十八日,财政部又公布会计则例,凡三十八条,并附表式。又是年十月四日,国民政府公布财政监理委员会组织条例,成立财政监理委员会,以便审定各项预算,惟时值北伐,饷用浩繁,预算未能实行。

十七年,财政监理委员会改组为预算委员会,十八年二月,预算委员会又改组为财政委员会;其目的同为核定预算事宜,惟将财政委员会之权力提高,以行政院院长为主席,以便从财政上计划预算。十七年度各机关预算,先后经预算委员会及财政委员会核定者有三百余起。有各机关十七年度岁出预算一览表公布。

十九年二月,国民政府颁布试办预算章程共五十一条,中央政治会议,诚恐是年度预算,未能如期成立,于二百三十四次会议,议决救济办法两项。

1 各机关预算,在十九年度开始时,未经核定者,可照十八年度核定案执行之,新事业之预算,由中央政治会议核定之。

2 财政部仍应催各机关赶造十九年度预算。

在十九年度以前,财政部设有会计司,办理预算编制事项,或经国务会议,或经特别委员会,或经立法院通过,在通过之前,常有所修正。

二十年四月,主计处成立,直接隶属于国民政府,凡从前财政委员会及财政部会计司关于预算之事业,移归主计处办理。主计处成立后,着手编制二十年度预算,颁布二十年度国家预算编造程序,二十年度地方预算编造程序及编制二十年度概算应注意事项,及编制大纲,经二月六日国府会议议决,遵照十九年度试办预算章程补充办法编造。二十年十一月二日国府颁布预算章程及办理预算收支分类标准。主计处自成立以来,即着手编制二十年度预算,由主计处催请中央各主管机关,通饬所属,限期编造第一级概算,再由各主管机关分编各类第二级概算,汇为总概算书。是年十二月,经中央政治会议核定,并经立法院审议通过于二十一年四月二十八日由国民政府公布施行。岁入岁出双方,经常临时二门,合计各为八万九千三百三十三万五千零七十三元。收支之能适合,由于岁入方面列有公债收入一万八千万元,以为弥补。较之民国元年及民国十四年预算数额,增加半数,经费膨胀之速,洵为可观,而依赖公债收入,是否可靠,又为极大之疑问。又此次预算颁布之日,距会计年度之终了期仅余两个月,各机关如有超过数额者,到此时已无法紧缩,实际上此项预算,未能遵照施行,等于具文。

二十一年无预算,因一二八上海变乱发生,国府迁都洛阳,各机关人员,忙于迁徙,自无暇办理预算。二十二年预算,六月二十日,中央政治会议通过十三类假预算,由国民政府,于是月三十日颁布施行,并未经行政院核定,亦未经立法议定,有法而不遵守,是徒法不能以实行也。二十三年度预算,在三月由主计处通告各机关办理。

我国预算之未能施行,其原因甚多,最重要者有二:其一,为无年不有战事,军费紧急,财政穷于应付,从有预算,未能遵行。其二,为各机关尚未有奉行预算之习惯,收入支出,随时应付,各机关虽列有预算,而司库者并不能依照放发,财政机关常责备各机关之不守法,各机关惟向财政部请求发款,终于预算制度,不能确立。

至于决算,十八年度财政报告书,于二十年三月,由财政部长宋子文氏提出于政治会议。(见二十年三月十六日《时事新报》)十九年及二十年两年度财政报告亦由宋氏于二十一年四中全会时提出(见《中行月刊》第三十一号。)兹将四个年度国库支出数列之于下:

会计年度	支出总数	举债总数	百分比	军费总额	百分比	债务与赔款	百分比
十七年	434百万元	80百万元	18.4	210百万元	48.3	160百万元	36.8
十八年	539百万元	101百万元	18.7	245百万元	46.5	200百万元	37.1
十九年	714百万元	217百万元	30.4	312百万元	43.7	290百万元	40.6
二十年	683百万元	130百万元	19.0	304百万元	44.4	270百万元	39.4

又二十二年十一月主计处编成民国二十年度中央会计总报告,由国民政府公布,收入数为784,884,029元,支出数为784,372,188元,收支相抵,共计结存511,840元。是与原来预算893百万元之数,少一万一千万元,从可证明原来之预算,有至大之伸缩性,减少之数,竟占八分之一。减少之原因,最大者,由于二十一年二月内债之重订,债务费减少,其二,为国难期间,政费之发放数减少。按之现在我国财政情形,中央各项税收。只有六万万元,支出预算,只能以七万万元为限,尚不免于借债,若超过此限度,必感困难。故希望在最近数年间,预算税制既未改革,国民经济又无进展,当严守此项标准为是。至财政部之报告数少于中央会计报告之数,则由于前者以财政部所管辖者为范围,至此外各机关收入径作支出之用者,皆列入中央会计报告。此项会计报告,根据暂行决算章程办理,内容亦不正确,既未规定年度终了出纳整理之范围,则各机关自不免于塞责了事。又况决算编成之后,中央政治会议尚有追加二十年度岁出临时概算之案,亦未包括在内。

第二编　预算之编成

预算之程序有四：即编制、议决、施行与监督，经过此四项程序，预算制度全部，始算构成，若是缺短一项，便失去预算制度之效力。譬如钟表之大小轮齿，互相衔接，脱去一轮，即行中断，失掉钟表之功用，便成废物。预算之效力，亦为如此。以下各篇，依此程序，加以讨论。

预算编制，为国家之岁出与岁入，编成一本文书，以便送交立法部（本书所谓立法部，指人民代表机关而言）议决。在经立法部通过之前，皆可谓之为在编制期中。

预算之编成，为实行预算之第一步程序，欲求有良好之预算制度，不可不慎之于始。如果编制得宜，则于将来议决、施行与监督，可以减少困难。故于编制之际，须确立一定原则。每届预算编制时，悉遵循此等原则办理，则无论其工作如何繁剧，亦可化难为易。预算编制之重要与本篇讨论之范围

在预算编制，欲行讨论之事项甚多，归纳起来，不外乎三点：（1）为编制之机关，（2）为编制之时期，（3）为如何编制三项问题。本编就此三点，逐层讨论。

第一章 预算编制之机关与程序

第一节 预算编制之机关

<small>编制机关</small>　　预算之编制,应由何机关办理,方为适宜,是为预算编制首当讨论之问题。据各国成例,有两种办法:

一　由行政部独任编制之责。

二　由行政部与立法部合同编制。

<small>以由行政部编制最为合理</small>　　照第一种方法由行政部(本书所谓行政部,指负行政责任之内阁,或如我国之行政院而言)。独任编制之责说来,预算之目的,在使收支双方能适合,又决定之后,须遵照规定数额执行支出,不可使支出超过收入而发生预算之不足。如欲达到此两项目的,自以行政部当编制之责,较为适宜,其理由有如下列数点:

一　行政部对于财政之支出与收入,有实际之智识与丰富之经验,可以适应国家各部行政之实情,与行政之政策,察其轻重缓急,而决定确实数额。

二　行政部根据于经验与智识编制预算,使收支双方维持平衡,庶收入与支出不致发生差额,而有预算不足之虞,或收入超过支出,而有巨额之余存,使人民负担国家不需用之经费。

三　预算由行政部编制,可以增重行政部之责任心,行政部感觉其所负责任之重大,乃不敢设无用之经费,或过当之数额。当平常支出时,遇事节约,免贻预算不足之患,而后财政基础,始克巩固。在立宪政治发达之国,行政首领,对于立法部负有施行预算之责,如果编制时而有疏漏,致财政计划施行时发生障碍,立法部可以摘发,提出不信任案,更换行政首领。立法部之监督,既如此之严,则行政部于编制时,乃不得不慎重将事。

四　行政部之组织是编制预算最适当之机关,上有中央机关总其成,下有各部各机关乃至各地方之行政官署,分任其责。各机关各知其应办事项之缓急与必需之费用。各种经费之支出,都是与行政有关系,支出种类如此之繁夥,可以说是除行政部而外,没有他部明了其中情形,能如此之详实。

预算编制,应由行政部办理,其理由既如上述;然行政部之编制预算,又有两种方法: 行政部编制预算有两法

1　总编法　由行政首领或财政部长监督各行政官厅编制预算,汇集总册,提出立法部。

2　分编法　由各行政机关各自独立地编成预算,径向立法部提出。

两种方法比较起来,实以第(1)种方法为优。如果由第(2)种方法编制,各机关只知道本机关主管事业之扩张,多设项目,要求巨额经费,至于岁出总额几何,国民经济所能负担之能力如何,各官厅无从知悉,加以考虑。若是有此种情形存在,不仅各机关经费累积起来,为数至巨,而且立法部议决预算时,对于各官厅随意编成之预算,很难检查其要求之金额,是否合于各机关实际之必需,无从加以信任。如果答应,必使经费膨胀至巨,如果不答应,则行政部对于立法院通过之数额,不负责任。分编法

総编法　　　第(2)种方法既有此缺点,所以近来各国,多采用中央统一编制法。此项方法之主要意义,即是行政首领对于立法部负总的责任,而不必各机关分负责任。在立法部能力之所能及,只是如此,无从顾到各机关各别的责任。中央统一编制之程序,即是每年在议会开会两三个月之前,各机关将次年度岁出预算编成,送达财政部或预算总编核机关。再由总编核机关,审查各机关所列预算,是否与政府之行政方针不相违背,有何种新事业应当举办,允许该机关增加经费若干,或某项应减,以期节省支出。再由行政首领会议商决,视事业之缓急,与以增减。财政部长负筹款之责,如其收入数额,已达国民经济能力所能负担之限度以上,可以要求各部节减经费,如果经费不可节减,亦须由财政部提出增加岁入之法,如何计划,其总的责任皆在行政首领与财政部长。所以当财政部长者,不仅须通晓国务之全部,又必须明悉各官厅事务之详细情形。在削减某部经费时,不仅晓以财政上之理由,又必晓以其他各方面之理由,使各部长官,皆能心服而无憾。财政部长立在此种地位,故其权力,在财务行政上应比他部长官为强,使各部不致作过分之要求,然后行政部方能收到统一意志与行动之效果,否则行政部本身必陷于分裂之局。行政部能统一政府之意志,人民之代表,自然亦认为这样的行政首领,堪以负责,与以信任。所以要人民或其代表信任政府当局,必须政府有健全组织,给予人民堪以信任之道。

行政立法两部合同编制法之弊　　　第二种由行政部与立法部合同编制之法,其主要意义,以为预算既须由立法部议决,由立法部向人民负责,则于议决之前,立法部不可不明了其中详细内容,脱有疏漏,或有糜费,是无以对人民,最慎重之法,是立法部自任编制之责,又恐不明了行政之实情,于是与行政部合同编制。以行政部之经验与立法部之财政方针,合并拢来,可以编成一部健全预算。又有一种意义,以为预算之决定,是立法部固有之权,按之治权分立原则,立法部当有独立的主旨,不可拿行政部编制之预算,作为立法部之意见方案,径行通过承认,于是立法部乃自行编制预算,而嘱托行政部代为征集材料,送交备考,及议决之后,交行政部遵照施行。

依照此种方法,议决之权在立法部,行政部编制之预算,无论是各机关各自径送立法部,或由行政部汇齐后送交立法部,只是供立法部之参考,立法部要显示其固有权力,可以另行决定数额。

1 在此种制度之下,行政部之编制预算,可以骈构项目,虚列经费,即有错误,可不负责。

2 再则立法部之组织,议员皆立于平等之地位,有平等之权力,无人负何等总的责任,相互推诿,在所难免,则其所编制之预算,即或真正健全,所谓由立法部总负其责,究不实在。

3 又立法部编制之预算通过后,责成行政部施行,实际上当发生无穷之扞格。

4 而行政部之地位,在财政职分上看来,是处在立法部之下,将何以维持行政部固有之权力?

总此四种弊端,此种方法,各国皆弃而不用。预算编制之权,当属之于行政部。

第二节 预算编制之程序

行政部如何负责编制,始有健全之预算?其中经过,可分为三大步骤如下:

第二编　预算之编成

内阁作总决定　　1　一国施政方针与政策，经内阁商决，其有应行变更或增办之建设事业，须遵照立法院通过之法律办理。在全国每年总收入之中，对于各种事业之经费，如何支配，在内阁必须先有所决议。总负筹划财政之责任者，厥为财政部长。某部事业，议决须增加，财政部则示以可增加之限度。如内阁议决实行紧缩政策，则财长提出各部应当减少之程度。在历史上看来，各国经费，总是逐年增长，到了总经费增长太多，收入不够，则内阁提出全部紧缩之政策，以减少总经费。故每年编制预算之际，总有变更发生，究应如何变更，俱须由内阁先行议决，而后各部遵照办理。

各机关分头编制　　2　行政部在全国有各种大小机关，施行各种职务，各机关所需经费，惟本机关知悉详细。而且各种事业如何办理，可以节省经费，使所用经费，能发生较大之效益，行政人员，当就其所知，加以详细考虑。各下级机关编制完竣之后，送呈其主管上级机关，再转呈于主管部院。各部院对于下级机关之预算，再加以详细审查，人员有无滥设，经费有无糜费，并考察其所列经费，与该部行政方针，有无违背之处。或因某种事业，急应扩充，增加经费，于是将他种事业之预算缩减。各部院皆设有专员，禀承长官意见，办理审查预算之事项。各下级机关之预算，汇齐审定之后，经各主管部院行政长官许可，即认为此项预算，系根据于长官之行政方针而编制，由主管长官负责。

　　通常各部院长官，皆忙于政治问题，鲜有余暇，对于预算作精细审查，若有遗失，而责其负责，在事理上为不通。因此之故，各部院关于预算事项，皆由常务次长负责，遇有困难，或于上年度预算所有变动，则商承部长。常务次长对于部长负责，部长乃可向内阁负责，内阁乃可向立法部负责。

3　总预算编制之责当在财政部,或他种特定机关,在我国现为主计处,美国为预算局,法国为预算部。各部预算汇齐于财政部,由部中之会计司禀承财政部长专办预算。财政部对于各部预算数额,无论巨细,须逐项逐目审查,有无与法律违背之处,有无可增减之处,如有应行增加者,其理由何在。增加数额是否实在,是否有可节省之余地,数目之计算,有无错误。诸如此类,皆系对于各部预算,作一次精密之总检查。平常各部,皆企图本部经费之扩大,对于本部所辖各机关之经费,多所优容。至财政部之审查,因其与收入有关,苟有可节省之处,财政部即可免除筹措一部分经费之责任。因其有利害关系之不同,财政部之审核,当较为实在。如果各部预算内容,没有错误,其总数又不致超过预定数额,则由会计司报告财政部长,经其核准,是为财政部长负责之总预算。_{财政部之汇编与审核}

惟在会计司审查之际,对于各部预算经费,难免不无反对意见发生。会计司长可以召集各部有关系人员商论。如不获结果,可以告明财政部长,转向主管部长商议决定。至部长之间发生争议,可以提出内阁会议解决。

财政部长对于编制预算所负之责任有三:(一)为编制总经费预算,(二)编制全部收入预算,(三)代表内阁向立法部提出总预算案,并加以说明。议会之批评与社会之舆论,俱集矢于财政部长,财政部长不仅对于财政负责,尚须对于人民负责。财政部长所负责任,既如此之重大,则于预算之编制,不能不授予权宜,各部部长乃至行政部首领,皆不可不尊重财政部长之意见,而财政部长之地位,在内阁中乃无形地提高。_{财政部长之责任}

各国政治制度与权能之分配,各不相同。我们讨论原则之后,尚须说明各国施行之制度,以资证明。行政部编制预算之程序,大都相同,惟于预算创制权,可分为三类。英国完全属于行政部,美国从前属于立法部,后改属于行政部,法国及大陆各国,则由两部合同编制。

第三节　英国预算编制之程序

国会对于财政提案之限制

英国以预算编制之权,专属于行政部。行政部以朝廷(Crown)名义,向国会请款,国会就其所请数额,与以"准款",并不于其所请范围之外,另有提议。国会以预算之创制权,为行政部所专有,不欲加以干涉。诚恐议会有此权力之后,各方面要求增加经费,将无以维持财政上之平衡。一七〇六年国会在议事法上(Standing orders)曾自加限制,有以下之规定：

> 下议院除经由朝廷提议而外,关于任何公共职务所需款额,前来请者,不得接受,并不得作何动议,在议案中有何补助费,或使公共收入有何负担。

一八六六年议会又通过一议事法,其中意思,与上述者略同,即除朝廷编成之需用数额而外,不得接受他人之请求,议会内亦不得作此类事项之议案。英国下议院之权力很大,但是他们自加限制,不得由国会增加支出或减少岁入。以为此等事项,须全权委托于内阁。英国议会自愿放弃此种权力之理由,即由于信任内阁,决不致无端增重人民负担,若是有此种事情存在,则内阁必遭人民不满意,而归于倒台。

视为内阁之专有权

第一章 预算编制之机关与程序

上述办法,其理由至为充分,可以减少一切弊端,然实际上此种限制,终难完全实现。国会中颇能严守惯例,没有何人公然提出增加经费或编制某预算之事。然谓预算之编制,完全能由行政部负责首领之意见而决定,亦非尽然如此。有时度支总裁受某一部分舆论之压迫,不得不增加预算,亦为情理中所应有。不过英国历任财政部长,尝自知其责任在减轻人民负担,方能获得人民之同情,所以常常发出议论,说某项经费之增加,非出自本人之意见,以求人民之谅解。其实除少数守财心重之财政部长而外,大都知道经费之膨胀,是不可避免,而且在现代国家职分发达之际,一党登台执政,非施行他们所主张之事业不可,终觉得建设事业之重要,驾乎财政之上,人民对于经费膨胀,纵有所非难,不难从事业之成绩与重要,获得人民之同情。若是舆论之表现,有某种事业,非做不可,内阁亦审查其对于国民社会之重要性及其是否符合党之政策,常以朝廷名义,请求准款。

<small>内阁之财政计划亦认可各方面意见</small>

如此看来,英国预算之编制,固为内阁之专有权,然内阁之增减经费,系根据于(一)经费在国家之重要性,(二)党之政策与(三)舆论之表现三者。往往在党之政策认为应需之经费,若财政上之困难甚大,致召舆论反对,仍不敢径行提出,乃不得不于事先把舆论制造出来,以党之政策相号召,求人民之拥护。

国会以预算编制之权,委托于内阁,内阁复以此项职权,专属于财政部,划清职权,以明责任。各种经费之请款,俱须由财政部提出国会,各机关预算,亦俱须经财政部核准。财政部中设有专办预算之秘书,其地位甚为重要。各机关预算,俱须按期送至该处,经其详细审核,有无错误与浮列。关于经常经费,必以之与上数年相比较,新经费,必须审查与法律是否符合,数额是否计算确实,凡

<small>财政部之核定各机关预算</small>

有违法或不实在者秘书有裁减之权。经其审核完竣,认为可行之后,即成为财政部之预算。

内阁之总决定　　各部要求经费之数额,如与财政部核准之数为多,因而引起争论时,关于经常经费,仍以财政部之意见为最后之决定。若系关于政策上之行政经费,如新兴事业、海陆军费之类,可以提出阁议。但关于此类重大事项,大都在编制预算之前,早已将经费有所决议。故因经费所引起之争端,究竟很少;财政部在审核各部预算时,得以收敏捷之效。即或提出阁议,最后决定之权,仍在首相,而首相仍然多是维持财政部之决定。

军部预算　　至于海陆空军三部预算,性质稍微不同,各由其部长向国会提出说明。但三部要求经费之数,仍须先经度支总裁核准,然后三部依照此数,编制预算,并须将预算送财政部,详细审核,在原则上与各部并无不同之处。惟以三部设备,年有变更,各项经费亦因之有增加。而且关于军事之设备,非有专门智识,不易了解,或系军事上秘密,不愿明白详载。财政部虽加以详细审核,终属能力有限,不实之处,在所难言。因其难于详细审核,而经费为数又至巨,为国会及人民深所注意,故除由度支总裁将预算总数向国会提出外,复由三部部长向议会作负责之提案与说明。若是后来有所变更,仍须先经财政部核准。

两院预算　　各部预算,皆由财政部汇齐,惟上下两院之经费,由各院自行编制,由议长面交度支总裁,插入全部预算之中,不复经财政部审核。两院预算,比之全部经费,数额很小,各方面亦不加以计较。惟据国会财政委员会中人所谈,两院经费,有许多浪费,其中不无实情。然英国国会自知其中情形,常引以自戒自惕。实在说来,英国国会之浪费事情,要比他国为少。

第四节　美国预算编制之程序

美国预算制度,自开国以来,到一九二一年为止,可以说是引用立法部与行政部合同编制之制。自一九二一年新制度施行之后,于是全部编制工作,由预算局负责办理。其改行新制之理由,即因旧制有流弊甚多,兹将旧新两制,依序说明,以资比较。 _{美国}

据美国宪法规定,凡美国国款,除遵照议会所通过之法律有规定者外,不得向国库中支取。开国之初,哈密尔顿(Alexander Hamilton)为财政部长,于一七九〇年一月五日,曾编成一次预算案,提交议会。书中详列是年期内预测之收入数额,及各项支出数额,另外又有说明书,说明当时财政情形,筹款意见,以供议会议决预算之参考。后来议会采用原案通过,算是美国财政史上第一次之健全预算。 _{初制}

自一七九四年以后,国会将财政长官负责编制之办法取消,改由议会办理。议会中从前仅设有一个筹款委员会,至是改设八个委员会,凡各部经费预算及收入概算,分为十四个预算案,由八个委员会分头办理,编制完成,然后提出议会议决。当时政务不繁,经费较少,引用此制,尚无不便。而且当时议员,皆有建设新兴国家之精神,对于此种繁剧工作,不辞劳苦。从前财政部长每年必以收支适合之预算案提交议会者,至是以每年各部预算书送交议会,作为两院参考资料。据议会意见,以为如此变更,为理想上最完善之制度,预算案全由立法部编制,不羼入行政部之意见,庶三权分立之原则,可以贯彻。 _{一七九四年改由国会编制}

一八八四年七月七日法律之规定:"财政部长,应以每年国家预算表及遵照其意见所编制之意见书,送交议会。""一切预算表及概算之数,如有不足,尚须议会委员会考虑审查者,均由财政部长送交议会。财政部须将预算书之编制分类,详加拟正,并加索引,印为一册。"一九〇二年三月三日法律规定:"财政部部长及其他机关长官,应指示其部员或职员,每年制就该机关支出之预算书,于每年十月十五日以前,送达财政部部长。如有不及赶办或不及期送到者,则由财政部饬人代为编制,以其意见,概算该机关支出之数,制为预算书,依法于十一月一日以前,送交议会。"一九〇九年三月四日法律又规定:"财政部长于收到各部预算之后,应即估定是年政府收入之数,如果支出概算(经常或临时)之总数多于预算收入之数时,财政部长应依照法定手续,将一切预算送交议会,同时将一切预算及其说明书送呈总统,由总统向议会报告政府财政状况,并提出其意见办法,供给议会参考,使支出预算如何减少,而不致阻碍政务之进行,庶支出预算,适合收入概算。若总统认减少支出有碍于政务之进行,为不可行,则必提出发行国债计划,或举办新税,使收支双方适合。"

发生弊端　　此种制度施行之结果,发生许多弊端如下:

1　财政事务由议会决定,行政部只能贡献意见。

2　行政部各机关所列概算数额,皆系各机关希望获得之数,上级机关,并未加以审查,亦未视其行政上之需要,加以修正,故所列数额,往往甚巨。

3　各机关编制之概算,呈送主管部长,各部长以之转交财政部长,各部各局之间,各有其独立权。往往几部各设有同一职务之机关,而有重复之弊,或一机关隶属于数部,而数部互相推诿,无专管之上级机关,各机关因得浮设经费。

4 当议会之各委员会编制预算时,各机关遂施行其包围政策,或炫耀其计划之伟大完善,或于议会外作私人之要约。委员会委员之大部分时间,俱耗于阅看各局各机关之计划书,无暇从财政着想,求一具体计划。即有欲制立一完整计划者,亦不免于互相推诿。各机关所索之经费,经议会允许之后,任其流用,无人负责,即有糜费,无人过问。

5 议会中各委员会编制预算,以其结果报告大会通过。各委员之间,没有联络,预算之数,亦无限制。

各委员会惟图增加其所管之预算,以市惠于行政部,耗虚国帑,非所顾惜。支出既无一定之计划,则收支双方,自无法获得平衡。

6 支出法案,可以随时向议会提出,并无截止之限期,直至年会闭会之际,方能知道是年经费总数。行政立法两部,从无一张收入支出之总平衡表,可以作为舆论界批评之根据。

美国此种预算制度,实等于零。国会编制预算,而议员不负责任,驯致有层层的糜费,其弊比无预算制度为尤甚。国会议员,亦深知其中弊端,然而不顾将编制之权交与行政部者,其所持理由,但谓美国制度,最合乎民主主义之原则。若是采用英德两国之制度,而不知英德两国,在独裁政治之下,其支出之数亦大,人民竟莫敢谁何。美国在历史上牺牲无数人命财产,打倒独裁政治,不应再自蹈覆辙。美国一般议员之心理,总以政治关系甚大,财政事小,不愿改弦更张,舍弃其旧有之权利。制度若不能改革,即健全的预算,归于无望。

议会中人,多有感觉制度之不良,为议会本身不能负起责任。编制预算之责任,不肯交与行政部,并不是议会真有多大之权力。

实因议会中各个人之潜伏势力太大,欲想揽权,又不负责做事,致酿成此种结果。人民方面,很少对于国家支出,加以注意,只知经费支出,是经过议会议决,大致不错。人民相信议会,殊不知议会自己亦须俟会期终了,方知经费总数。美国近百年来,经济发达,财政收入充实,不发生困难,故无人演成问题,引起人民之批评。

<small>一九二一年新制</small>　　美国预算制度之不健全,为朝野所深知,适逢欧战之后,经费陡增加若干倍,非节用不可。经过数年的酝酿,至一九二一年,哈丁总统任内,始水到渠成,建立新预算制度。是年六月十日,会议通过国家预算会计法。依照该法之规定,预算编制之责,完全付托于总统。而于财政部设立一预算局,其正副局长,由总统任命,正局长年俸一万金元,副局长七千五百金元,编制各项预算事宜,直接对于总统负责。至是预算编制问题,始算解决。

预算局编制预算之职责如下:

（甲）预算局须详细审查各机关之(一)现有组织及行动,及其进行职务之方法,(二)关于职务之概算经费,(三)特种职务之分派,(四)职务之汇集,并作为报告,晋呈总统,以便总统根据于力求公务上之经济与效能之原则,加以修正,再提交议会。

（乙）预算局须将关于预算收入支出之法律,汇集之,晋呈总统。总统对于此等法律认为有更改之必要者,说明意见,提交议会。

（丙）议会委员会遇有关于收入或经费规定之法律问题,预算局须予以帮助及备咨询。

（丁）预算局遇必要时,得向各机关征取报告,预算局长或其

第一章 预算编制之机关与程序

他人员为征集研究报告起见,有检查各机关文书、簿册、记录等之权。

(戊) 各部各机关内须设置预算员,禀承长官命令,编制每年度该机关预算,及各项追加预算。

(己) 各项各机关长官,须于每年九月十五日以前,将编就之该部预算,送达预算局。

(庚) 各部各机关到期而未送到预算书者,由预算局代为编制,并附其该机关工作说明书。

依照上列各点,可以看出预算局关于编制之职务。除此之外,每年于一六两月,开两次政府财务会议,由总统召集各部各机关财务行政人员训话,发表每年编制预算之财政政策,并报告上年办理预算之情形与效果,俾各机关遵照改良或节省。在最初六个月(一九二一年七月至十二月底)之预算,各机关所请求之经费,共为4,550,000,000金元,经预算局核减为3,974,000,000金元,计减去576,000,000金元,约占原要求额百分之十三是其成绩,斐然可观。其第一任局长,为素负盛名之道维斯(Dawes)某次于财务会席上,说明其编制预算之繁难,曾举数事。有海岸测度所列有建筑拖船二只,概算费一百万元,后查知海军部有拖船多艘未用,于是召海军部管理人员,嘱其拨两艘归海岸测度所使用,以节省经费。而海军部管理人员不肯,后与海军部秘书长交涉,始允拨用。不料船久未用,机器损坏,需修理费万余元,道氏嘱海军部人员,由海军部经费中拨款修理,而该管理员又不肯,待后商经海军部秘书长,始如法办理,国库遂减少支出一百万元。又有一次财政部搬场,雇用汽车,需费二千三百余元,后经道维斯商议,借用参谋部汽车,只费一千二百元。结果在财政部节省一千一百元,参谋部

施行后之成绩

得收入一千二百元,而国库得减省经费负担三千五百元。诸如此类,虽属小节,而累积起来,为数至巨。计六个月中,各部划拨财产之数,达一万一千二百余元,国库从中节省三千二百余万元。凡此关于经费财产之筹划,皆属细节,但须有才能精细者,负责办事,化除各项阻碍,方能期其成功。可知预算编制之事,决非议会议员,单从政策着想者所能胜任。

第五节　法国预算编制之程序

法国预算编制权　　法国预算制度,预算由行政部编好,送达议会。审查之时,议员可以任意作增加某项预算,或减少某项收入之提议,是议会与内阁之预算创制权,比肩并立。然以最后之决定在议会,内阁之创制权,不免因之减损。此种制度,有二大弊端:其一,为议会能于预算案作不负责之增减。其二,为不能维持双方之适合。预算提到议会之后,总是增加,致内阁无从负责整理,在议场内又发生无穷之争论。此种情形,会内会外人士,都认为有改革之必要。纳税人会,曾发出宣言,主张废止议员在预算上之创制权。一九〇〇年三月,各议员为企图增加预算,争论不休,后来为维持议会秩序起见,乃通过一个决议:

> 照预算法之规定,任何一项经费预算,经过三读之后,不得再加入追加预算,以增加经费。
>
> 凡关于薪俸、年金、养老金或其他新事业,机关之数额及其范围之规定,既经成为法律,发生效力之后,不得再用补充

第一章 预算编制之机关与程序

或追加预算之形式,作增加之提议。

此次决议,对于经费之增加,有了限制,然于减税之创制权,仍然存在。就事实上看来,只要经费有一定数,收入亦非有此数不可,则关于税收之争论,可以减少,若并此而加以限制,在议会则认为减损议会权力之处太甚,未能通过。近数十年来,每年议会讨论预算,辄发生无穷之争论,而岁入方面,关于赋税所引起之争论尤多。盖议会中各党,各代表某部分人民,各不愿其被代表者负担重税,如能减轻其所负担之税,即可以表示其代表人之成绩。以故历任内阁,大都以所提赋税案不获通过,而至于倒台。

法国财政部部长之地位,与他部部长同等,并无特出之权力。每年各部部长编成预算之后,送达于财政部部长,财政部部长汇集之,审查之,并作成岁入预算,完成一部总预算,送达议会,对于各部预算之编制,并无管理之权。惟因其有编制岁入预算与总预算之责,可以通告各部部长。不得增加经费,否则将无以维持预算之平衡。每年财政部长在开始编制预算时,即在报章上登载通告,声明当年之财政情形,各部不可增加预算,即或有须增加者,而各部总预算之数额,须与上年度相等。假使有某部提出预算数额过大,至不能维持预算之平衡,财政部长可以在阁议席上力争,或拉拢与党阁员,给予帮助,或请内阁总理出面调停。财政部长之势力与地位,与他阁员平等,每逢发生争执,即以人的关系,拉拢帮助,或以感情言辞,说服对方。此种制度,在他国决难存在,而在法国各维持平等地位,居然能运用圆活,实为法国国民性使然,他国不能仿效。

从前财政部长编制预算之责任

法国财政部既不能对于他部编制之预算,加以审查或核减,自然没有负责审查预算之人。各部预算,由各部部长自行负责,财政部所办关于编制预算事项,可以分为两端,其一为经理编制之预算,其二为筹款。在法国财政部长之立场看来,各部支出预算,既不由彼负责,所负责任,惟在收入,然所负收入之责任,亦为有限,不能责以非筹得一定数额适合各部预算经费数不可,财政部固不能干涉各部之预算,然各部非向财政部领款不可,彼时国库司遵照当时之收入情形,发给各部经费,以为控制。即或发款误期,各部亦不能加以非难。此种共和真精神,当亦为他国所不及。

一九二六年改设预算部法国预算,每年在议会中讨论时,必发生政潮,而影响于内阁之生命,一九二六年,乃设立预算部,将财政部所管关于编制预算之职务,划归预算部,原冀有此专管机关财政部长可以卸去一部分责任。现在各机关预算,统由预算部总编。此次编制制度之改革,仍于既存之事实,无所变更。预算部长之总编预算,其对于各部,与从前财政部长情形相同,其地位与势力,既逊于财政部长,则核查各机关预算之权,更不逮财政部长远甚。议会中成为争论之焦点,仍为岁入预算,而岁入预算,仍由财政部长负责。故制度改革之结果,既不能分卸财政部长之责任,反使预算之编制,转不若由财政部主持时之有效。耶兹(G. Jèze)教授,深感于法国预算无负责之创制者,有一极沉痛之评语,谓为"无父之子"。

第六节 日本预算编制之程序

日本预算编制集中于大藏省日本预算编制之权,在行政部,由大藏大臣负责办理。据会计规则第六条之规定:"大藏大臣调查岁入之景况,根据各部之预定经费要求书，调制岁入岁出总预算。"日本之大藏大臣，不仅任编制预算之责，其他如预备金之支出，决算之调制，国家之会计，皆为负责者。

日本预算编制之程序，第一，于每年度开始时，即由大藏大臣将编制次年度预算之方针立定，提出阁议决定，以示各部。第二，各部遵照内阁决定之预算编制方针，编制概算，由大藏大臣查核之后，编成总概算，提出阁议决定。第三步，再根据内阁决定之概算，编成正式预算。从概算编成预算，尚须经过覆审制度，其中手续，颇为详密。编制之程序

覆审手续，须经过四个阶段。第一，各部大臣，就其主管事务所需之经费，及发生之岁入，调制岁入概算书及岁出概算书，送达大藏大臣。第二，大藏大臣就各部岁入概算书制成岁入全部概算，再就岁出概算书加以查核，编成次年度岁入岁出总概算书，提出阁议决定。第三，阁议决定之后，各部大臣各照其支配之经费概算额，在此限度以内，调制预定经费要求书，岁入方面，则依照概算数额，再作精密之调查，调制岁入预定计算书，同送达于大藏大臣。第四，大藏大臣审查各部预定经费要求书，是否不超过概算决定之数额，始确立岁出总额。再审定岁入预定计算书，使岁入数额与岁出相适合，并编成岁入预算明细书。两方确定之后，方编成岁入岁出总预算。覆审手续

概算之查定方法，由大藏省对于各部要求之经费，依其岁出概算，逐款逐项，加以审查，并调查事业之缓急，与计划之当否，分别加以允许、否决或削减。岁入官厅提出之岁入概算，亦就各项岁入，加以调查，毋使过大或过小。如果岁入财源不充分，则只有对于经费施以削除或轻减，务使岁入岁出双方，能够适合，以完成预算。

预算编成之后,大藏大臣提出阁议决定,再以日皇敕旨,提出议会。议会通过,日皇裁可,始行公布。

第七节　我国预算编制之程序

<small>我国北京政府时代由财政部编制</small>　　我国在北京政府时代,预算之编制,为属于财政部之职权,财政部汇集各机关预算,提交国会。照《天坛宪法草案》之规定,众议院有先决权,国会对于预算案,不得为岁出之增加,以尊重内阁之责任。却是宪法既未发生效力,预算制度亦未成立,我们无容说明。

<small>国民政府成立情形</small>　　国民政府成立以来,以岁出较之往年增加若干倍,而岁入之大宗来源,仰给公债,至公债亦不易发行,当局以财政困难,欲施行预算,以谋岁出之节减,而以政局变化,军事倥偬,有志难遂,仅于十八年由财政委员会核定十八年各机关岁出预算。当时各机关尚无编制预算之习惯,送到者仅三百余起,而未送到者尚多,亦为有名无实之预算制度。

<small>二十年由主计处统一编制</small>　　十九年蒋中正任国民政府主席,负行政首领之责,欲树立预算制度,乃设立主计处,隶属于国民政府。其中设有岁计局,专办编制预算之事,盖师美国之新制。我们欲论述本国之预算编制制度,当以主计处为中心。

设立主计处之理由为十九年中央执行委员会举行第三届第四次全体会议,通过刷新中央政治,改善制度,整饬纲纪,确立最短期内施政方针,以提高行政效率,制为方案;其中第八款为限期成立主计处,直隶于国民政府。主计处遂于二十年一月起筹备,四月成立。主计处关于编制预算之职权,据主计处组织法所列载者,有下

列各端：

一　筹划预算所需事实之调查事项(第六条,一)。

二　各机关概算预算及决算表册等格式之制定颁行事项(第六条,二)。

三　各机关岁入岁出概算书之核算及总概算书之编造事项(第六条,三)。

四　依照核定总概算书编造拟定总预算书事项(第六条,四)。

五　拟定总预算书经核定后之整理事项(第六条,五)。

编制预算之程序,为国民政府通令所属各机关,编就各该机关次年度岁入岁出概算书,称曰第一级预算,于先年十一月底以前送达各该主管机关。各主管机关须对于第一级预算加以审核,加具审核意见,汇编各分类岁入岁出概算书,是为第二级概算,于一月十五日以前送达主计处。主计处审核第二级概算,分类签注意见,汇编为总概算书,呈国民政府转送中央政治会议。中央政治会议依据收支适合原则,核定岁入岁出概数,将核定总概算书连同议决案,送由国民政府发交主计处。主计处再依照中央政治会议之核定,编制总预算案。在编制期中,所有各机关编制之资料,概称为概算。二十年度之预算,即依此种程序编制。_{编制程序}

二十一年九月《预算法》之规定,其编制程序,大致与预算章程之规定相同,惟规定较为细密,并补充其缺点。关于编制分为三个步程：(一)为预算之筹划,(二)为概算之拟编及核定,(三)为预算之拟定及核定。_{二十一年预算法之规定分编制为三步}

一　预算之筹划　国民政府于每年七月内,决定次会计年度之施政方针,令行全国各机关,遵照筹备其施政计划,并各依其计划,拟编收支概算。各机关由主计处派遣办理岁计事务人员,筹备

第二编　预算之编成

各该机关之施政计划,编拟收支概算,将财务上增进效能与减少不经济支出之办法,报告于该机关。如对于该机关所属各机关间,认为有财务上应合办或统筹之事务,研究其办法,建议于该机关。

设置驻派人员　　此种办法,可以使各机关与主计处得有连络,统一编制,洵有必要。惟此项人员,必须有编制预算之一般智识,又须于驻在机关之行政有经验,否则不免为有名而无实。如欲使此项人员与主计处合作,明了各年度编制预算之计划,可以仿照英国办法,召集此等人员常常开会,研究增加行政效能之事项,亦可以仿照美国之财政事务会议办理,定期开大会,由财务负责长官,宣布编制预算之计划与意见。

　　二　概算之拟编及核定　　主计处于每年七月,通知各机关拟编次年度概算。概算之拟编,依机关隶属之体系,分为各级。国民政府五院各与所直辖机关及其所属各级机关之预算,是为第一级,国民政府五院本身及其所属各级机关之预算,是为第二级,国民政府五院直辖各机关所属之各级机关预算,是为第三级,第四级以下之各级机关单位,依次递推,等级之顺序,与预算章程所规定者相反。拟编之手续,先由主办人依据其主管长官所主张之数额及理由编就,再按照科目逐项依据其自己主张修正之数额及理由,分别签注意见,由主管长官呈送上级机关。上级机关对于下级机关之概算,由主管长官及主办人会商,假决定其概算之各数额,连同本机关之概算,拟编其机关单位之全部概算,主计处汇集各第一级机关单位之概算编造中央政府总概算书,呈国民政府委员会转送中央政治会议核定其概算数。岁入岁出之概算,俱按来源用途各分为门类纲目,中央政治会议之核定,以各门各类为止。如岁入总额不敷岁出时,由财政部拟具办法,经行政院呈请国民政府转送中央政治会议核定。

三 预算之拟定及核定 中央政治会议核定概算后,各机关单位,即依据是项概算数,编成拟定预算,其手续与拟编概算同。惟拟定预算之数,不得超过概算核定之数。第四级以下各级机关单位之拟定预算,由第三级主管机关编成,以期敏捷。主计处汇集各机关拟定预算,成为拟定总预算书。从前国民政府主席负政治之责,此时政治制度改由行政院长负行政之责,故拟定总预算书送经行政院会议核定。但行政院之核定权,在中央政治会议之下,故第四十二条规定,对于行政院之核定权,加以限制,不得为内容之修正。行政院之核定,在三月上旬,去编制概算时已远,距施行期较近,在此时际,国情难免不有变动,故同条又规定如因发生重大新事实而须修正内容时,属于行政院所属范围者,由行政院修正之,属于其他第一级机关单位者,由该机关将其修正案送交行政院编入。但此等内容之修正,如有增加数额之情事,仍须再经中央政治会议通过。如此核定之后,由行政院咨送立法院审议。

综观我国预算之编制,是采用行政部编制之制度,而且是中央集中制,宜乎我国预算编制,当有极好之效能,但事实上却非如此。大凡一种制度之运用,不可过简,亦不可过繁,简则难免疏忽,繁则增多行政之手续,减少行政效能。英美日各国预算制度之能有行政效能,皆由于赋与总编制机关以核定预算数额之职权。预算之核定,不是仅从岁入岁出支配数额之数,由各机关自行编制预算,尚须从各机关所列各纲各目之数,逐层加以审核。此种细密审核,只有专任机关,方能做到,故各国不仅赋之以审核之职,而又赋之以核定之权。此项机关对于行政首领负责,行政首领亦对之信任。

我国总编制机关的缺点

我国主计处为编制总预算之机关，有其职而无其权，若谓主计处对于国民政府主席负责？则国民政府主席不负政治上之责任，若谓主计处对于负行政责任之行政院负责？则主计处为直隶国民政府之机关。有职而无权，是否能尽职，真成疑问。我国有此机械，但是配置错误，所以效力不能发生。

合理制度应交还财政部　　如欲有合理的政制，在我国应当把预算总编制之职权，交还财政部，主计处无存在之必要。考财政部之职权，本为计划全国财政，并执行之，因之全国各机关之财务行政，都应由财政部管理，才为正当。各国政制上之弊害，及行政效能不能增进者，厥为但知各机关地位之较量，而不知权力之分配。欲维持各机关治权之完整，遂谓一机关不得受平等机关或下级机关之拘束，于是各机关之财务行政，不受财政部之控制。如果如此分划事权，则各机关不当用考试院所考选之人员，不当用交通部所设之电报电话，亦不当用铁道部之铁路运输，而应自作设备。各机关之行政，既须有互助互制之效，完成整个的行政组织，则各机关应从职务上划分，而不应各机关彼疆此界。

　　现在各机关之财务行政，不许财政部过问者，诚恐财政部从财政以掣阻各机关之行政。其实财务行政与各机关行政，有其权界存在。各机关长官各有其主管部之行政权，财政部所管制者，乃为此等行政事项之财政，加以限制，至财政以外之行政，财政部不得干涉。财政部之管制，以预算为根据，而预算之编制，系经主管长官会商之结果，在编制与执行时，同受预算规定之限制，何有于权力之冲突。即或于编制预算时意见冲突，尚有负行政总责者为之决定。

　　美法两国，因宪法上严守三权分立之精神，治权分化之结果，

第一章 预算编制之机关与程序

遂使各部各机关亦造成分化的局势。法国之设立预算部,美国之设立预算局,乃为一个补救办法。然救济之效力,仍为有限,远不及英日两国制度之敏活。我国政制,并不是五院绝对的分开,治权之行使,只是各有方面之不同,断非一院不许他院之行使职权到来。若是一院之职权不能在政府各机关行使,安能向人民行使? 若单向人民行使,则各机关之设立,只是宰制人民之工具罢了。一机关不受政府他种权力之节制,而可以独立地对付人民,势必变成官僚政治,专以压制人民。若果如此,则预算何必须人民之代表承认? 何必须监察机关审计? 何必有预算?

预算之编制与财务行政之统制,两者不可分开,分则两部分之效用不全。预算之编制,期在遵照执行,编制之事,若划归主计处,则主计处可以不问将来施行时之困难,而遵各机关之要求为之编制。财政部对于预算之编制,既不负责,将来执行时亦可不负责,驯至财政紊乱,有预算而等于无预算。预算之总编制与财务行政若能合为一,同划作财政部之职权,则财政部所编制者,财政部担负有执行之责,不得推诿谢过于人。预算编制与财务不可分离

一国元首之职权,对外为代表国家,对内为维持各种治权之运用,而使其能调和平衡。若是元首自任行政之责,又以之代表国家而对外,则对内与对外各方,都失掉弹性,往往使政治陷于僵境。关于政治制度之理论,非本书之所讨论,但从此项理论,可以窥知财务行政不应由元首负责,而应由行政院中之财政部负责。按之我国实际情形,亦为如此,财政部长为行政院副院长,政府财政之出纳,皆经其手,苟非经其核准,各部各机关经费,皆无从领得。事实上既为如此,又何必将财政部应有之职责,划归主计处? 责任系统必须分明

概算决定之机关,为中央政治会议,中央政治会议为我国一切核定审议都难实在

政治之策源地,故概算非经其核定不可,此项核定概算,即为预算之根据,以后行政院会议之核定,与立法院之审议,皆不得超过其所规定之限度。惟中央政治会议之核定,乃从大处或政策上着眼,而于细密项目,无暇顾及,只能信任主计处所编制者为可靠之根据。关于此点,必有人说,若以主计处所编制者为不可靠,则财政部所编制者,焉能恃为可靠?此项疑难之答复,极为容易,有三层理由:(一)主计处不负执行管理之责,当不知执行之困难,其责任心未免弱减,(二)主计处立于财务行政与他种行政之中间地位,难免不曲徇他机关之要索,(三)主计处照预算法之规定,只有汇集各第一级机关单位概算预算之职,并无核减之权;即或赋与此项权力,主计处亦无力运用。主计处既无力编制负责之概算预算,不过是等因奉此之机关,何不将此项职务交与有力量之财政部去办理?

中央政治会议虽有核定概算之实权,然其所根据者,乃为一不负责任之概算数,将来立法院之审议,亦系根据于同一不负责任之概定预算数,预算之不能健全,不言可知。概算在主计处时,既悄悄越过,在中央政治会议时,各部行政长官大都为其中委员,有很强之发言权,亦不难通过,及至立法院审议,立法院亦为对于任何方面不负责,又不难通过。如此成立之预算,只是形式上之官样文章,大家敷衍一番,并无实质上之财政统制存在。

<small>财正部亦难负责</small>

财政部对于如此成立预算,教他如何整理财政,依照规定,或如《预算法》第三十七条规定,岁入"总额不敷岁出时,由财政部拟具办法,经行政院呈请国民政府委员会转送中央政治会议核定之,"财政部奉最高机关之命令,要加多筹款,弥补预算,各种收入无可增加,只有以发行公债之唯一办法,奉答严命,此种实情,可以二十年度预算,用来证明。通预算总额八万九千三百余万之中,列

<small>现在之结果</small>

入一万八千万元之公债,占总数额百分之二十,试问财政部能否办到发行如此巨额之公债?所以结果下来,财政部唯一之对付方法,是"你们规定的预算,我不负奉行的责任,到了你们向我要钱的时候,我就饷以闭门羹,和公开的懒账,减的减,拖的拖,使你们大家疲于奔命;看你们要钱不要钱,做官不做官"。长官有势力者,每月可以多领几文,无势力者,少领几文,有钱者能做事,行政成绩,可以表彰,无势力的,即无成绩之可言。而财政部在此麻乱局面之下,又有现金在手,大可浑水捉鱼。

此种实情,我可以归纳地说,在预算编制时,各机关惟恐受财政部之掣肘;拼命不放松,到执行时,一步一步都屈服于财政部统制之陛下。早知今日,何不当初于统制预算时,抓着财政部负责答话,以后即以财政部允许之数额,责令财政部筹足,以免长年奔走于财政部长之门,而荒芜本机关之行政。

应急改正

第二章　预算种类

预算有下述几种,兹分别说明之:

第一节　总额预算

<small>总额预算</small>　　总额预算(Comprehensive budget),为全国各项岁入岁出之数,无论巨细,概编制之于一部预算书内,成为一部整备预算,使读者一目了然于国家财政之全部情形。此种预算系根据于统一主义,又名曰一般会计预算(Universality)。其优点如下:

1　各种收入与经费,逐项记明,分别排列,收入之中,不夹带支出,支出之中,不夹带收入,可以却除收支上之含混。

2　收入与支出,既经逐项骈列数额,可以逐项审查,是否适当,引起财政人员对于经费之支出,力求节省。

3　从收入与支出总数,可以知道全国财政全部之发展状况,便于作总制计划,以策将来。

英国预算之编制,自一八四八年以来,皆采用此制。岁入方面,各项税收,皆将实数列载,即各机关附带收入,如各机关出卖无用物品之收入,官书局出卖印刷品之收入,乃至各博物馆门票之收入,皆一一列入杂收入项下。其他各国如意大利、比利时、法国等皆用此制。

我国民国三年公布之《会计法》规定："国家之租税及其他之收入为岁入，一切经费为岁出，均应编入总预算。"此项规定，在原则上仍是采用总额预算。

二十年《预算法》之规定："各级政府每一会计年度之一切收入及一切费用，均应编入其预算。"（第十一条）又第十三条之规定，预算应具备三种：（一）总预算，（二）机关别之分预算，（三）基金别之分预算。总预算以政府全部岁入岁出编成之，仍应具备机关及基金别之总略。（第十四条）预算法之规定

但此项总额预算之原则，又有许多例外。如第十七条之规定："总预算应以其各分预算之岁入岁出总额编入，但其营业预算部分之编入，以盈余或亏空之净额为限，其信托预算部分之编入，以受信托政府所入及费用之实数为限。"此项例外，不能视作打破总额预算之原则，营业预算部分及信托预算部分可以因营业之发达及信托之增加，数额可以增大，而此种增大之数额，并不与财政之预算有关系，有关系者，还是营业预算之盈余或亏空之净额，可以并入国库，或须由国库填补之数，乃列入总额预算之内。

例外规定之后，复诚恐总额预算之原则打破，乃于同条加以限制，"营业分预算及信托分预算，仍应分别编入其岁入岁出之总额。"至为"收入而经营之政府专卖或独占事业之收支，不得列入营业预算。"

总额预算之原则，照条文之规定，诚不难厘别，然在实际上，不无困难。如邮政虽属于独占事业，各国皆视作国家普通的行政，因邮政所办理之事务除传递外，尚有他项行政由邮政局办理，故各国皆以邮政局预算列入总预算，而我国反不能符合预算法之规定。特殊情事

第二节　特别会计预算

特别会计预算　　特别预算（Specialization, Special funding budget），为某种事业就其范围内所有收入与支出，成为一部预算，将该事业之损益，表现出来，使世人明了该事业之经营情形。特别预算为使该种事业成为独立会计，有破坏总额预算之嫌，然亦有于总预算之外，再编制各种特殊事业之特别预算者，使总额预算中规定该项事业之收入及经费，得以解释明了。此种特别预算，仍保持统一之原则，归入总额会计之中。特别预算之设置，要不外乎下述四种理由：

设置之理由　　1　财政上之理由，如国债整理基金、货币整理基金，特种存款或捐款之类，常有设置特别会计之必要，加以特殊保障，使其不受国家一般财政之牵连，致召摇动，以巩固特种事业之信用。

2　特种经济活动之理由，如保险基金、专卖局、印刷局、铁道事业、造币厂、兵工厂及其他官产官业之类，用以考察此等事业之业务状况。

3　行政上之理由，如大学、图书馆，或特权区域，或特种事项，如赔款之类，因行政上之便宜，而设置特别会计。

4　国防上之理由，如海陆军费、经费之数浩繁，又有各种机密之支出，不便明了发表，财政部亦无法加以管理。

我国特别会计　　我国会计制度，凡各种行政事项，皆按照总额预算制度编制预算，至带有特种收入或特种支出者，则另立特别会计与预算。属于第一端者，如关税、盐税、统税之收入拨作借款赔款，或公债之基金者，皆有特别会计。属于第二端者，如铁道会计、邮政会计、邮政储金会计、有线电报会计、无线电报会计，各报告于其主管机关。铁道部交通部之行政经费,仍列入总额会计之内,而各路支出收入之数,因其为一种建设事业,又各有其债务关系,故立特别会计。属于第三类者,如各国庚子赔款,依照协定,退还我国者,皆指定特别之用途,有美、法、意等国庚款委员会,各设特别会计。凡各机关领用此等款项者,各向其委员会报告。大概说来,中国会计制度,经费由财政部指拨者,皆归于总额预算,其他国家有契约或条约之拘束者,皆各立特别会计。此外又有基于第四端特种情形而设立特别会计者,如海军部对于海军经费,总司令部对于陆军经费,副司令部对于北方海陆军经费,各有其特别会计。经费之来源,虽取自财政部,而支出浩繁,势力伟大,固非财政部所能严密管辖,惟有任其自由而已。

特别会计预算,有破坏统一预算之弊。立法机关对于总额预算,常能细为审查,严加管理,而对于特别预算,因其为特别,未免懈忽。然此种特别会计之设置,大都基于事实之必要。各国皆有此种制度存在。惟在财政有秩序之国家,特别会计,仍须包括于总额预算之内,而无秩序者,侵成为独立的预算,不受财政部之节制,亦不受立法部之管理。假使一国财政,各立门户,决无法整理。从前英国亦有此种情形,后来综合为一。日本至今属于特别会计者,有一百四十余种之多。凡是特别会计,皆是表示特种势力之存在。_{特别会计之弊端}

第三节　追加预算

预算编制后,已提交立法部,在立法部通过之前,或在立法部通过之后,发生变动,或系发现从前所列经费数额之不够,或系按_{追加预算}

照新通过之法律，举办新事业，须有新经费之设置，于是编制追加预算（Additional budget）。追加预算云者，所以补充前次编制预算之不足，而用以维持新的收支之平衡，成为新的总额预算。追加预算既系补足从前编制之总额预算或特别预算，故称两者为本预算，表示前后两种预算之关系。

须严加限制　　预算之编制，经财政部核准后，经立法部通过，不得变更，即各门类纲目之间，经费亦不得流用，限制綦严。若是某项经费发生不足，必须编制追加预算，报告财政部，得其允许之后，方能流用。英国制度，各部预算经费，如有流用之必要者，必先经财政部之核准，若不同意，仍不能流用。盖恐各部视某项经费有余，务必以他种名义支用完尽而后已，其中难免耗费之弊。若流用之后，仍不够用，总数仍超过原定数额，必须增加经费者，惟有提请追加预算。此项追加预算，仍须先获得财政部之同意，由财政部提出国会，其程序与本预算相同。财政部对于各部之提请追加预算者，限制须严。往往各部于提出预算时，观望立法部对于该部之空气，对于某种经费之列入，难望通过，遂将本预算缩减，使议会无可摘驳之处。及本预算通过之后再要求追加预算，将全部预算分做两部提出，以避耳目。或乘议会行将闭会之际提出，使议会无暇审查，遽与通过。此种手段，近于公开的欺骗，在政治遵行轨道之国家，决不肯用此下策，自隳信用于将来。

因此之故，追加预算应当严加防制，非万不获已，不可使用。要知追加预算之提出，须经过编制审查通过等程序，手续麻烦，扰乱行政上之程序，亦且打破预算之统一的效力，斲伤总额预算之精神。财政部因有追加预算，无法统筹财政之全局，议会亦无法加以严密的监督。

第二章 预算种类

追加预算之发生,既系由于社会政治经济上之变动,若欲避免此种手段之滥用,第一须预算之编制距施行期不远,以求预算之确实,第二行政部之意志须统一。凡有新生事项,宁可延在下年度举办,列入将来之预算内,不可紊乱既定之预算。苟能如此,则追加预算之事,可以减少。避免之法

追加预算既有上述弊端,各国皆加以严格之限制。我国预算法第七十二条之规定,惟"第三级单位以上各机关有下列情事之一时,得提出追加经费预算"。我国关于追加预算之规定

一　本机关或其所属机关因不可避免之障碍,不能依限送达其拟定预算时。

二　本机关或其他所属机关依法律增加其职务或举办新事业致增加费用时。

三　依法律增设新机关时。

四　所办事业因发生重大变化致支出超过法定预算时。

五　上年度岁出,依法已发生而尚未清偿之债务转入本年度时。

至岁入方面,"因发生重大变化致法定岁入有减少之形势时,财政部得请求提出追加岁入预算。"(第七十三条)追加预算之拟定审议及执行程序,与总预算相同(第七十四条)。

照上述规定,对于追加预算之限制,不能不谓为失之稍宽。如第一款之规定,因不可避免之障碍不能依限送达其预算者,依第三十四条之规定,应由主计处代为拟编,是此款规定,不啻与各机关以方便之门,而打破总预算。至第二三两款之规定,尤不应该。如果要维持一年度预算之秩序,新机关之增设,与职务之增加,纵有必要,亦须延至下年度办理,编入下年度预算。凡未列入一年度预失之稍宽

算之经费,纵临时通过一法律,不应因此打破一年之预算。若是可以如此随便提出追加预算,则何贵乎有一年之预算计划。

第四节 非常预算

非常预算之意义　　非常预算(Extraordinary budget)原与平时预算(Ordinary budget)相对待。平时预算,本包含经常临时二项,每年度无继续性而数额又不能确定之岁入与岁出,已列入临时部分。然往往国家临时发生非常变故,如战争灾难之类,需有巨额经费之支出,未列入既经成立之预算中者,是不能不提出非常预算。此等事变之发生,大都出于不及预测,若能早作预测,是可以作为临时预算,编入平时预算之中。如大战前德国准备向协约国作战,一九三二年日本侵占我国东三省后准备对付世界局势之到来,于是将战争费用之一部编入平时预算。至未能编入平时预算中者,不能不另提非常预算。

　　在非常预算,仍必使与平时总额预算相合,以维持岁入岁出之适合,但以非常事故之经费突增,不能不与岁入方面求增加之外,尚须对于平时原定之经常与临时经费,施以裁减,以维持新的平衡。故遇有非常预算发生,常不免变动既定的预算之全部。

我国之规定　　我国《预算法》中对于非常预算之规定,在国家发生(一)国防紧急设施(二)重大灾变(三)紧急重大工程时,须有大宗支出之必要,则办理非常预算。非常经费之支出,以国库后备金充之,不足时由财政部提出非常收入预算。非常预算之程序,与当年预算相同,并得以非常预算施行条例规定一切(预算法第七十五、七十六、七十七条)。

第五节　继续费

政府为举办特种大事业,如铁道之建筑、海港之开辟、军备之扩张、官厅房屋及一切公共建筑之土木事项,须有大宗之经费。当建筑开始时,即须将建筑经费,拟定预算,并确定经费之供给,以免中途经费发生不足,至于停顿,而使国家受经济上之损失。此种建筑事业,常须经过数年,始得完成,故可于开始时,预算总经费数额,及各年度分年准备之数额,经立法部一次议决之后,以后按年支出。〔继续费之性质〕

我国《预算法》关于继续费之规定,依设定之条件或期限,按年继续支用(第五条第二款)。在一会计年度终了时,未经使用部分,得转入下年度使用。建筑制造或其他工事,应在一会计年度内完竣者,如因事故而不能完竣,其原定经费,视为继续费。在会计年度结算时,得移作下年度是项事业之经费,是为第二十二条之例外(第七十一条)。〔我国之规定〕

日本宪政第二十八条规定,"政府因特别之需要,设定继续费之年限,得提出议会,请求协赞。"又会计法第二十八条规定,"数年为期方能竣功之工事制造及其他事业,得作为继续费,决定总额,每年度支出残额,递次归入下年度使用,以竣功年度为止。"

第六节　纯计预算

在总额预算,为将一切大小项目之收入与支出之数额,凡属财政之收入,则列入收入预算,凡属财政之支出,则列入支出预算。〔纯计预算之意义〕

纯计预算不然，仅列各款收入支出之纯数，收入项下，将赋税征收费除外，官业官产收入，将行政费生产维持费除外，作为纯计预算。支出项下，将附带收入除外，如司法预算项下除去诉讼费，博物馆支出，除去门票收入之类。

两种预算比较起来，纯计预算可以表现政府实行之政务，判断一项行政之成绩，然收支详细情形，若不罗列，政府在财政上之责任，不能明了表现，议会监督，仍无详实根据，所以各国都采用总额预算制度。

第三章 预算时期

预算之时期,在预算本身,有时期之长短,与时期之起讫两问题。又预算之编制,及施行后之整理,各国在预算法上,皆确定其时期,按期办理,然后行政程序,不致紊乱。兹逐项加以讨论(整理期列在第四编)。

第一节 预算期间

预算时期(Budget period)之长短,有一月者,有半年者,有一年者,有数年者。普通皆为一年,因称为预算年度(Budget year),又因其为财政账项一年作一结束,称之为财政年度(Fiscal year),我国通称为会计年度,亦系表示一年一结算之意。(我国通称之会计年度,及预算法上之会计年度,皆指一年十二个月之期间,但本书称此为预算年度,再加上整理期间,方为会计年度,读者注意。)

预算期间之长短,关系至为重要。各种预定行政事项,乃至每项预定之经费数额,皆系预测将来情形,作为规定。将来情形是否发生变动,有无举办之必要,有无变更计划之必要,规定之数额是否够用,收入预算是否实现,诸如此类,皆须在编制时预测确实,否则预算之规定为一事,而施行时不能按照预算,又为一事,则预算

期间长短须依便于预测而决定

第二编 预算之编成

失其价值,何贵乎有此预算?预算之期限,要能在可以预测确实之范围内,不可过长,亦不可过短。过长则情形变化太多,难于预测确实,过短则一项行政计划,截成数段,难于贯彻,而且办理预算之事太频繁,必有碍于一切行政之进行。故预算期限最适当者,为一年制。

多年制   采用多年制者,如战前德国联邦之军备预算为七年,其他各邦,短者二年,长者六年不等。其采取多年制者,另有其理由存在。在德国以为军事计划,不是一年之内所能完成,若取一年制,难免中途不发生变动,而影响于预定计划。其作七年之预算,以表示非贯彻到底不可,其适用之处,多系特种继续事业。至各邦采用多年制者,则因邦议会系两年或三年之久,始召集开会,议决预算。诚恐年年召集,将增重经费。而且地方行政事业,在平顺状况之下,少有变动发生,只要经费之支出,遇事节撙,亦可以数年不变更。然国家全部行政,每年有兴有革,时期过长,究感不便,不能适应情景之变动,自应以一年预算一次,将全体从新估定一番为妥。若某种行政,如建设事业之类,非数年不能完成者,倘使每年从新估定一番,难免不受阻扰,自可作几年完成之计划,在开始建筑之前,即预定各年度进行之程序,而将此项经费之预算,分别包含于各年度全部预算之内,中途无何变更,庶两方可以兼顾。

数月制   一月或数月制之预算,称为十二分之一预算,我国民国元年初行预算之际,亦系每月编制预算一次。其采用此制者,亦有原因,如国家多故,变动太多,一年预算,不能确实,故为每月预算。或以一年度预算,未能成立,乃于成立之前,暂行每月预算。此项每月预算,仍系以一年制为原则,因称之为十二分之一之预算。

现在各国预算,皆采用一年制,有不期然而然者,究其理由,有:

1 便于预测 国家每年所办事项,不外经常与临时两类,经常事项,每年无多变更,经费亦有定数。惟临时事项,最难预测,每月预测一次,自较确实,然每月变动太大,不如每年平均计算,较为确切。

2　便于计划　行政事项,常非数月所能完结,一年期间较长,可以作成一年之计划。行政事项,若能依照计划,实行于一年,不中途纷更,其效果如何,方有明显之表现以供考核,以便下年度改良。

3　合乎季节　每年季节循环,周而复始,国家收入与支出,常与季节有关系,一年为期,恰是财政秩序之一个段落。

4　合乎民情　私人经济,皆每年一结算,财政与私人经济有关,一年为期,两者方能衔合。

第二节　预算年度之起讫

预算何日开始,何日终了,据各国所采用者,有下述四制: 年度起讫

1　历年制　即自一月一日开始,至十二月三十一日为终了,比国、荷兰、奥国、瑞士、南美诸国,皆采用此制。我国民国五年,亦曾采用历年制。

2　四月制　即自四月一日开始,至次年三月三十一日为终了,如英国、德国、丹麦、日本,皆采用此制。法国前为历年制,自一九三〇年起,改用此制。

3　七月制　即自七月一日开始,至次年六月三十日为终了,如美国、意大利、加拿大、西班牙、葡萄牙、挪威等国,采用此制。我国在民三会计法之规定,采用七月制,沿用至今。

4　十月制　俄国从前采用历年制,现改以十月一日为开始。

预算年度之起迄，关系至为重要，决算是否能符合预算，悉于此中卜之。各国所定日期，各有不同，大都沿用惯例，或有特殊理由，不愿纷更，若有变改，即影响于预算全部。在此四种日期之中，以四月制最为合理，兹说明其理由如下：

> 四月制较为合理

一　在私人经济结账之后。私人结账时节，收支交割之数必多，金融立呈紧急状态。私人经济结算，皆以年末为期，市场上有紧张之象，财政上之收入与支出，为数极巨，若在同一时节结算，必增加紧张，或引起社会经济之恐慌。故国家结算，应待人民经济力舒展之后，最为适宜。

二　四月前收入较丰，可供结算。国家收入，大部分仰给于赋税，人民纳税，如地税所得税之类，有其定期，其他无定期者，如消费税之类，在各月份亦有淡旺之别。各种产业之经营，大都有季节之关系，农业最为显明，其他各业，虽可常年经营不息，然亦直接间接受农业之影响。农业之经营，种稻者，从四月开始，至九月收获，种麦者十月开始，至次年春收获。在开始之后，农民需用成本，逐月加多，到收获出卖之后，始有收入，纳租纳税，并添置各种生活用品。每年一七两月，为农民资金充裕时期，届时征税，最为适当，国库收入，此时较为丰富。工商业人民，大都年底结账，在一二两月，资金常有余存，届时征税，最为适当。春秋两季，比较起来，春季收入当多于秋季。赋税收入之情形，既是如此，我们再论财政支出之情形。

国家财政之支出，除临时支出可以等待国库收入较丰时举办者外，经常支出，月月有之，为数甚巨。假定以四月一日为开始，上年度决算收支适合，没有余存，在四月开始之时，即有农业方面之税收，以维持目前之支出，同时筹划六七八三个淡月供应经费之办法。到十月收入增旺，清偿前欠，到一二月而收入大旺，可以尽偿前欠。从前欠款,或自银行借用,或系延期付款,到三月底均可了结清楚,即或不足,亦可乘一二月游荡资本较多之际,发行公债,以筹抵补。

三　不阻碍社会经济之活动　一年财政,常使收入随支出之后,在会计年度开始时,收入可供支出,以后数月收入减淡,势非节制不可以免除经手财政者任意糜费。且国库中终年没有巨额余存,社会资金,常使其流通于社会。庶财政收入,不致阻碍人民经济之活动。

我们再看其他两种制度,即各有其弊端。历年制与私人经济同时结账,其弊已如前述。至七月制之缺点,亦不难从上述三点看出。五六两月,为各种产业发达,需用资金最繁之际,银行放款于农工业者,在此季中为最多,若财政于此时结算,人民纳税于国家者,须仰给于银行,而国家支出,亦仰给于银行。银行若于此时应财政上收入与支出之结算,势非减少其对于人民之资金流通量不可。即或在六七月间银行有力应付两方之需要,然在银行方面,在五六月间信用膨胀过度,在一二三月又呈紧缩。一年之中,大紧大胀,必使市场掀起变动,影响于产业之经营。历年制与七月制之缺点

再则预算之施行,固应遵照预算之规定,不可叛离,然政治上经济上所发生之变动,常不能作确切之预测。例如战事发生,虽已有朕兆,然预算上不能预列一笔战争费用。又如产业衰落,有了征象,收入将减少,然预算编制时,究不能确测将减少几何。预算之目的,当求收支之适合,然在社会、政治、经济日在变化之中,不是收入超出支出,即是支出多于收入。若六月底结算,收入超过支出,是在社会需要资金正盛之际,国库拥有一部分资金而不用,国家坐视社会资金之紧急。若是收入短于支出,国家欲求抵补,则公

债不易发行,即或能发行,必须出高利,于国家已不利益,而市场利率,因资本之需要量突增,必更为高涨,影响于一般营业,负担更高之利息。于国于民,皆增重其损失。

因为上述各种理由,国家欲厉行预算制度,以求收支之适合,同时尚欲维持社会金融,有平顺之活动,以维持农工商业之发展,当以四月制为妥当。例如英德日法各国皆是工商业发展之国,认定预算与国民经济有密切关系,皆采用四月制。英国在一八五四年之前,会计年度之开始期,叠作变更,终不适当,自一八五五年以后,永采用四月制。德国自一八七七年起,日本自明治二十二年起,法国自一九三〇年起,皆变更前制,仿效英国所行之四月制,皆感觉较前为便,在预算年度终了结算时,不易于谋收支之适合。

其他各国至今采用历年制或七月制者,在财政岁入岁出,数额甚少,临时事故不多者,自不成重大问题。其他大国,如美国不采用四月制者,则因美国经济充裕,结算时不感受困难。至今美国学者,常以七八两月国库存款过多为不智。

我国预算年度采七月制,以为年中开始,最为允当,而一般论者,尤多褒之。假使将来我国厉行预算制度,并谋收支之适合,无害于社会金融,方知此制之不妥当。

_{法国变更预算年度之措置}

但预算年度之更改,常牵涉各方面之问题,应有妥当之设制。例如法国在一九二九年达第攸内阁时,以十二月二十七日法律之规定,改历年制为四月制,其引起各方面之问题,作如下之解决办法:

一　各机关经费预算,概于是年度增加四分之一。

二　岁入预算中,在各时季有平均之收入者,如间接税及官业官产收入,不发生问题,其预算亦增加四分之一。直接税不能令纳税人加纳四分之一惟有给予纳税人之纳税,延期三个月,改从前一月一日至十二月底纳税者,于四月一日至次年三月三十一日之期间内纳税。其中依法得享延期之便宜者,仅限于综合所得税部分,其他遗产税及分类所得税,仍随时纳税。至于是年度预算收入短少部分,乃以上年度国库剩余金抵补。

三 一九三〇年度预算编制时期,仍如曩年,惟自是之后,关于预算决算之时期,概延期三个月。

第三节 预算编制时期

我们说明了预算年度之后,又有预算编制时期之问题发生。_{编制期限之重要}预算编制时期,当与预算年度开始之期,相距不远。若是编制过早,及至实行时而情形变更,将不能遵照实行。又预算编制完成之后,尚须提交议会审查,通过之后,方可施行,是为会计年度之开始。行政部之编制与立法部之审查,皆费时日,就原则上说,编制期、通过期与开始施行期,应当相距不远,编制与审查之时期诚能缩短,是可以增加行政上之效能,又可以求预算之确实。

英国制度,每年预算在十月一日即预算开始施行前六个月着_{英制}手编制,财政部当任次长于是日通知各部,将次年度四月一日起至下年三月三十一日之各部预算数额,于十二月一日以前送达财政部,以便编制总预算。其有不及编成细目者,亦必于十二月十五日以前,将大概数送到。过一月十三日以后,即不收受何等经费之要求或变更之请求。总预算编制完竣之后,开阁议决定。国会于二月开会,各项预算,即提出请求通过。度支总裁于每年四月中旬向国会筹款委员会报告其全部财政计划。是编制之期间为四个月自提交议会至施行期间相隔二个月。通半年之久,预算完成,其办理预算之速,为他国所不及。英国行政若是之敏捷,固由于官吏之有训练,然苟非国会与内阁合作,统一意志,与夫编制审查之制度,简洁明细,亦不克臻此(参考第四编第九节)。日本预算,在上年五月着手编制,八月编竣,比英国早五个月。各项预算,自难如英国之正确。

法制   法国预算之编制,距施行之始期最远。从前规定每年预算,在前两年之十月或十一月,即在施行前十四或十五个月开始编制,在前一年之一月或二月提出议会,亦有因发生政治变动而迟至五月或六月始提出者,是为例外。其中原因,约有三点:(1)为法国议会开会在每年十二月,不容变更。(2)为议会审查预算,需有长时间,方能通过。(3)为法国税制从前以土地税为主税,地税之税率,须俟每年经费总数决定之后,共需几何,再分摊于各县、各区、各市、各村、各个人,决定之后,方能征收,是又须经过长久时间。大战以后,法国财政困难,税收不足,每年须举行新税或增高旧税,而每年议会中讨论增税案,各党争执最烈,常有因税案而倒阁数次者。每年税收虽有所增加而收入终不甚充分,故每年皆有税案之讨论,需时甚久。第一第三两点既无法变更,第二审查程序又无法缩短,议会中虽屡次提议修改,终归于不能通过,以致法国预算常牵延数月之久。

美制   美国《新预算法》之规定,各机关预算,须于九月十五日以前送达预算局,过期者由预算局代为编制。议会与大理院之预算,须于十月十五日以前送交总统。总统于每年议会在十二月初开会时提出,由议会审查通过,自七月一日起为会计年度开始施行期。是编制期之开始,在施行前八个月之久,美国自施行新预算制度后,预算由总统负责编制,时期尚有缩短之可能。

日本制度   日本编制预算之期限,据其岁入岁出预算概定程序中之规

定,为:

一 岁入事务管理厅调制每年度岁入概算书,于上年度五月三十一日以前,送付大藏大臣。

二 各部大臣调制每年度岁出概算书,于上年度五月三十一日以前,送付大藏大臣。

三 大藏大臣检案各厅之岁入概算书及岁出概算书,将出入双方对照调理,以调制岁出入总概算书,于上年度六月三十日以前提出阁议。

四 内阁于上年度七月十五日以前,决定岁入概算书。

五 各部大臣遵照阁议决定之各部经费,就概算数额以内,调制每年度各部预算经费要求书,于上年度八月三十一日以前,送付大藏大臣。

照此项程序之规定,是日本预算之编制,着手于施行前十一个月之久。实则此等期限之规定,不能行通,每年例须延迟二三个月不等。各部概算书之送达大藏大臣处,当迟至七月底,而岁入概算书当迟至九月底。迟期之理由,在岁入方面,概算数额之决定,必须根据于最近之事实,前年度之决算,要到七月三十一日始能整理完竣,前年岁入,至四月底方能知道确实数额。次年度岁入概算数之预定,自当以最近四、五、六、七四个月之支出数为可靠之根据,而前年度决算当在八月底完成,故须迟至九月底始能作成下年度概数之决定。在岁出概算,因日本政治制度有特殊情形存在,军部虽为内阁的一股,然其势力凌驾于内阁之上,近几年来,日本谋军事之发展,军部要求巨额军费,内阁无力直接施以裁减,只好用纡回曲折之法商定,其间往返,很费时日。故大藏省之查定概算,当在八、九、十三个月,到十月底始能编成总概算书。内阁之商决总

<small>实际上未能行通</small>

第二编 预算之编成

概算书,于是顺延到十一日之初旬或中旬。各部遵照概算书编制预定经费要求书送达大藏大臣,当在十一月底。

预算提出之期限,据日本《会计法》第七条之规定,"岁入岁出总预算须于前年帝国议会集会开始时提出。"日本议会在每年十二月二十五日左右召集,开会之后,即行休会,延至翌年一月下旬始开会。预算及与有关系之书册印刷,非有一个多月不能完成,故预算之提出议会,常在新年之后。

我国预算编制之期限,据《预算法》所规定者如下:

我国预算法中规定之期限

一　国民政府于每年七月内决定次年度施政方针,令行全国,拟编收支概算(第二十六条)。

二　主计处应于每年七月内通知各机关,拟编次年度概算(第二十九条)。

三　概算之汇集编造及审核,第三级机关单位之分概算,应于十月一日以前送达第二级机关单位之主管机关,第二级机关单位之分概算,应于十月二十一日以前送达第一级机关单位之主管机关,第一级机关单位之分概算,应于十一月一日以前送达主计处,国家总概算书,应于十二月十五日以前送达中央政治会议(第三十四条)。

四　主计处拟定总预算书,应于每年三月一日以前编造完竣(第四十一条)。

五　行政院之核定拟定总预算书,应于三月十五日以前办理完竣。

六　总预算书应于四月一日以前由行政院咨送立法院审议(第四十三条)。

七　总预算案全案之审议,应于五月三十一日以前完竣,送请国民政府公布(第四十七条)。

我国此等期限之规定,与日本比较,颇有类似之处。但日本迟 很有疑问
期至二三个月之久,在我国将来是否能行通,不能不认为疑问。各
机关出纳之结算期限,在年度终了后三个月,会计整理期限,又六
个月,各机关结束上年度预算之时,即系编制下年度概算之时,两
重工作,同时并行,行政工作之分配,未免太不均匀。且预定下年
度概算数额,无论岁入岁出,都不获应用上年度预算施行之结果以
为根据,则预定之数,岂能确实。我国编制时期不能不延长如此之
久者,亦有原因存在,即主计处概编总概算之后,尚须经中央政治
会议与行政院之核定,其间往返,又多占时日。若欲缩短期间,除
非在制度上另求增进行政效能之办法。

但实际情形,现在无从考证。二十年度预算,自是年四月起着
手编制,至次年四月尾始公布。在初次办理预算,各机关有困难之
点甚多,自无法按照预算章程规定之时期办好。二十一年度主计
处未办预算。二十二年度预算,仅有十三类假预算于是年六月三
十日出现,并未经行政院之核定,至立法院之议定权,更遭蔑视,急
就成章,不得不通权达变也。至二十三年度预算,于是年三月,始
通令各机关编制,或能按期完成,并严守法定程序。

第四章 预算数额之计算方法

各项岁出岁入之数额,必须预算正确,收支双方,俱能适合,执行时方不致发生困难,而后预算方有效力。欲求数额之正确,则计算时当依何标准,引用何法,是为编制预算时最重要之问题。

<small>岁入之性质</small>　以岁入预算而论,官产官业收入与赋税收入,将来数额,果有几何,常依经济社会之景况而有变动,故于计算此等岁入之际,应推测一年度中之变动如何。岁入预算与岁出预算虽同须推察物价之变动,以增减数额,但岁入预算尚有不同之点存在。在岁出方面经费,究支出几何,全在政府掌握之中,可以自动随时酌量情形而支出。如物价变动,为当时预想不及料,政府可于蒙受影响之事项,就其经费,加以增减,使决算不致离去预算之数额,不难办到。至若岁入预算,政府完全处于他动的关系上,若各种事情推测不确,增减之数,发生错误,则一会计年度之岁计预算与现计,无从维持均衡。故于岁入预算不可不特别慎重,求得确当之标准,引用精密之算法。

<small>岁入计算法</small>　现在各国通用之岁入计算法有四,如下:

第一　以前年度实收数额为标准而计算之方法　此种方法,以前年度现计数额为标准,作为下年度预算之数,因其因仍最近前期之实数,遂称之为自动法(Automatic method)。此种计算方法,最为简单,而且如果法律更改,遵照新规定之税率或收入率,与从前

所定之率相比,即可求得新的数额。在一国经济社会少有变动,财政关系很固定,可以引用,不致有何错误。在古代社会未臻发达之际,此种推算方法,可以适用,但在现今经济状况,时常发生变更,即难认为可靠。例如赋税中之人丁税所得税地赋之类,在各年度之中,苟其税率不变,数额当可相差不远。至若官业收入,消费税收入,若用此法,则预算与现计必相差远甚。法国历来引用此法,明知此法之缺点,历年财政部长皆以此法之不可恃,欲有所变更,卒以法国预算之编制,早在施行前十四五个月,任何方法,皆难预测两年后之变动情形,获得若何之正确数额,反不如用此自动法,不羼入推测事情之错误,较为简便。

第二 就前年度实额为标准加以增减之方法(The system of estimating increases and decreases) 此种方法,承认每年经济社会情形有所变更,于是预测下年度之变化情形将如何,以上次实数为标准,酌量将来情形,加以增减。然其缺点,则在社会变动,常非人智所能预料的当,若幸而中,自然现计可望正确,倘不幸变动与预料相反,岂不更加错误,仍不足以维持预算之平衡。人类智识之作用,对于最近将来情形,苟其事实已可证实一部分,可以预测他部分之趋向,在大体上可以获取此种结果,至若岁入数额,总难期其确凿。故此种方法与前相同,亦有缺点。法国在一八五二年至一八七〇年之间,鉴于从前方法之缺点,改用此法。其时法国经济社会发达,间接税收人,迭年至增加四五千万法郎之巨,为编制当时所不及料。此项多余之岁入,使国民多有所负担,引起政府之浪费,于是人民极力非难,乃用此法,较为近理。

第三 以前数年度平均实数而加以增减之方法(Genetic method) 此种方法,以前数年度实数平均之作为下年度预算数,以为下年度事情之变动,纵不如前年度内一样,但总不外乎前数年度延长之情形,再酌加增减,较为正确。英美德各国,多用此法。前数年度之年数,有用五年者,有用三年者。法国一八八二年之预算,采五年制,但现在各国,多有采用三年者。其理由为三个年度以上,距离现情太远,而二年度之平均数,其效力又恐薄弱,不如三年之为适中,其间数年度之变动,可以互相抵杀,是比之以一年度为标准者,当为正确。

第四 直计法(System of direct estimating) 上述三法,为依照上年,或上数年度数字而计算本年度之数。直计法不然,为视察上年度决算情形,推测本年度之变动,而酌量决定各项收入之数额。最善于利用此法者,厥惟英国。英国每年度收入预算案之提出于议会,大都在上年度终了后第二周或第三周时期内。其时已有上年度各项收入之决算,作为可靠之参考。而且上年度每月经济社会情形,都有调查,可以看出变动之趋势,视其影响于各项收入之情形如何,乃酌定本年度收入数额。此种直计法,不是仅推测将来,实在可以说是已经看见本年度情形之一部,所以酌定之数额,比之拘守前年度数额作为标准者,自然较为确实。又英国税收机关,只有内地税局与关统税局,两个机关,都积有经验,并有各种统计,可供参考。度支总裁于决定岁入数额时,亦征求此等负责人员之意见,故其所定数额,大致不会悬远。

要之后三种方法,俱自由与以增减,在理论上诚为适当,然实际上是否正确,全看理财者之明智确见诚心正意而已。往往财政当局,因为某种关系,减轻某项赋税,以博取人民之欢心,于是将他种岁收,虚列数额,在预算表上,可以弥缝过去,及至会计年度终了,不能平衡,使财政失掉信用,至于不可收拾者有之。又或多列岁收，使国库结算时有余存，因得利用者亦有之。故此等自由增减之处，易启弊端，全在财政当局能否诚心正意耳。

我国《预算章程》中关于岁入概算之计算方法，因照各种收入性质，规定各种不同之方法。其第十九条之规定如下：

<small>《预算章程》中之规定</small>

一　属于产销性质之税收，如盐税、烟酒税、统税等，以本管区域内之产销额数计算之。

二　属于进口货物之关税收入，以本管区域内输入输出之状况估计之。

三　属于固定物之税捐收入，如田赋、房捐等，以本管区域内固定物之额数计算之。

四　属于行为税之收入，如印花税等，以本管区域内商市民力之状况估计之。

五　属于营业税之收入，以本管区域内商业之状况估计之。

六　属于沙田官产屯卫田地之收入，以本管区域内沙田官产屯卫田地之额数及清理之状况估计之。

七　属于行政之收入，如登记、检验、注册、牌照诉讼、罚金等，以法令之规定及各机关行政之状况估计之。

八　关于事业之收入如学费及试验场所出品之变价等以各该事业之状况估计之。

九　属于国家及地方营业之收入，以营业状况连同成本估计之。

十　各项收入，如不能以上列各项之规定计算者，以最近三年间实收状况为根据，其逐年递增或递减者，按增减比率，及增减原因估计之，其增减无定者，按三年间平均数，并参酌增减原因估计之。

<small>岁出之性质</small>

岁出预算之性质，与岁入不同，岁入所规定者为一种指导，纵

使收入超过规定之款额,征收员不得拒绝收受。岁出不然,各门类纲目规定之数额,是为支出之最大限度,不得超过,否则付款处可以拒绝发款。此种为某种用途规定于各门类纲目之一定数额之经费,是为支出预算(Appropriation),欲求支出预算之确实,先须明了用途之性质及其情形,或参考与之有关系之文件,或比较前年度之实数,再决定一确实可靠之数额。规定之后,财务行政负责者及立法部尚须加以考察,有无过多或过少之弊,然后成为某种用途之支出预算。

<u>可分为两类</u>　　支出预算由两种,其一为限定的预算,其二为限制的预算,前者如薪俸物品之类,有定额定数,规定之后,非遵照实行不可,绝对不得超过。后者为规定支出用途之条件,凡适合此条件者,非支出不可,因之限制的支出预算之总数,只能预测,规定一数,年底结算,即或超过,亦不能拒绝支出。如失业保险生活费之发给,产业品输出品之奖励金,依具有领受之资格者发给,各年不同,即或总额超过,只有请求追加预算。支出预算既有此两种不同之性质,自应各有防止流弊之方法。

限制预算,在各部编制时,往往因其支出不能限止,于是少列数额,以便加多他种经费,维持该部支配之总数,迨将来发生不足时,再行请求追加,有辞可借,故于审查限制的预算时,不可以为此项预算列数甚少,即以为是节省,而须估量所定数额,是否够用。假使发生不足而有追加预算,则须对于发生追加预算之实情,详加审查。

限定预算与上相反,各部编制此项预算时,因为绝对不得超过,将来若是超过,不得已提出追加预算,亦难望通过,当不免于预算数额中,留有余地,多列数额。故立法院于审查时,应防止此项

第四章 预算数额之计算方法

数额之增大。好在此等经费之支出,有确实数额,可以算出,即或工资率或物价常有变动,亦不难采用适当标准,加以精察之估计。

以岁出预算而论,其数额有已经法律规定者,有已经契约规定者,如官吏俸给公债本利之偿付等类,有确定之金额,可以计算其实数,不发生计算数额之问题。至若其他各种经费,常发生变动者,如何计算,方为允当。现在一般所采用之标准有三: 岁出预算
之计算法

第一　为前数年度岁出实计平均额。

第二　为本年度所需新事业费之据实计算。

第三　为预测本年度物价之变动与工资之趋势,或涨或落,对于各项数额,加以相当之增减。

我国《预算章程》中关于岁出概算之计算,亦系分别各种经费之性质,各作适当之方法。其第二十条规定之计算方法如下: 《预算章
程》中之
规定

一　俸给之计算以各等级中一人为单位,以一人之俸额积算之。

二　估计一人应给之俸额,有规定之数者,以规定之数为标准,无规定之数者,比照同等级之有规定者估计之。

三　积算俸给有一定之员额者,以定额为限,无定数者,以前年度各月平均员额为标准。

四　物件之计算,以各品类中一件为单位,按一件之价值算之。

五　估计一件应需之价值,有规定之价格者,以规定之价值为标准,无规定之价格者,以当时当地之市价估计之。

六　积算物件有规定之件数者,以规定之件数为限,无规定件数者,以前年度各月实际使用之平均数为标准。

七　计算偿还债款之数,其利息本金及其他各项费用,均根据各该契约及法令之规定估计之。

八　旅费之计算,除有特别原因者外,以前年度实支数为标准。

九 根据法律命令契约应行支出之总数,业经确定者,以总数额列入。

十 不能根据以上各项计算方法计算之经费,用比较实在之方法估计之,并将计算所根据之理由说明之。

<small>编制须由行政部负责之证明</small>　总上所述,益知预算编制之责任,非付托于行政部不可,而且行政部非负起此项责任不可,若行政部不肯节省财用,立法部之监督,纵如何严密,终归于无效。假使行政部能负起责任,免除各项不经济,随时制止浪费,虽岁出岁入之预算有不确实之处,当系由于不得已之事故发生。英国预算制度看清此点,立法部以全权付予内阁,内阁自知其责任重大,力求预算之确实。各部经费,经各部编制之后,由主管部长加以审查,送交财政部,而财政部复须计算其数额有无过多过少之弊,数额规定之后,不过作为限制之标准,以后放发经费时,仍遇事审查其支出之是否确实。如此财政部能进一步加以行政之限制,而非如各国制度,有预算规定之后,在其范围以内,完全放任其动用。

第五章 预算书式

第一节 预算书式之体裁

预算之格式,体裁必须明晰,使人一览而明了财政之内容,格式又须划一,各部分预算之各项支出,都有一致之分类,是为编制预算时两个必备之要件。因为预算格式确定之后,立法院便于审查,而且会计记账,即以此为标准,审计部审计,即以此为根据。各国预算格式分类排列之法皆由总编制机关规定,责成各机关遵照办理。非得总编制机关之核准,各部不得自由变更。总机关若认为有变易之必要,必须先征求立法部之同意,有时立法部财务委员会提出变易格式,交总编制机关办理。预算书式须明晰确定

预算书格式,要使岁入岁出之内容,能够完全表现出来,应具备以下各件:几种必备之书式

一 岁入、岁出,国债须分别编制,再总汇起来,成为总预算案,使一年财政之总结果表明出来。

二 岁入预算,依收入之种类,详细列表。收入种类,可以依收入机关而分别。

三 岁入预算,再依收入之来源列表,例如价格收入、强制收

入之分别。

四　供给人所得等级及其所纳数额表，即某种所得之人民负担几何，作成统计之后，于是将来国家有对于某级所得人加以若干直接负担之计划时，方有根据。此项统计，须征收机关办理。但至今各国尚无此种办法，所得税之征收，尚容易办到，而他种收入，颇费调查。

五　岁出方面，各项经费，须有明确之分类，各国制度，大都以职分为标准，再分列属于一种职分之各机关经费。此种分类排列，可以表示国家各种职分乃至各机关一年经费各占几何，以资比较。

六　岁出方面，又须依人事费及事业费分别排列，俸给费去几何，占百分之几，用之于事业者占几成，从此一个机关，因其性质可以推测其成绩。

七　公债方面，须有现在未还本之各种公债各几何及其几何之数额，及本年到期须偿还之公债各几何之明晰表。

八　公债基金之收付数额。

九　特别会计特别基金之收支数额。

十　上述九种预算书，及此外因一国特别情形所列之预算，都须将其前一年度之预算，及前数个年度之决算，同样排列，以资比较，可以看出某项经费或收入是增加或减少，此等变动，是否应该。

十一　各类各目之收入与经费，皆须注明其发生之根据，及规定数额之理由，以便考证，免除误会。

十二　各种书式之外，尚须以文字说明下列各端：

1　上年决算情形，与所获财政上之结果。

2　本年度财政经济状况，较之从前有何变动，收入方面，将有何变革。

3　本年度政府各项政策，应有何变更或建议，以规定经费。

本年度经费与上年度有何不同之点。

4 预算编制有何改变。

5 国债处置情形。

6 将来结果之预测。

预算书中,本应逐节逐目注明情由,然亦有不能注明者,是为例外。其事例如下: _{理由之注明然有例外}

1 凡关于政府政策之事件,或因关系于外交,或因关系于内政,有守秘密之必要者,政府于预算中不便言明,只能列载数额,或注明其大概的用途。议会为维持政府之机密,亦不必加以追问,总信政府投之于正当的用途。有时政府举办建筑事业,若详细规定,一经说明之后,流传外面,当使物价腾涨。

2 各节经费,均应注明用途,并依用途排列,便于稽核。然往往有难于举出用途者,譬如中央政府对于地方政府之协济,究竟地方政府以之供某种用途,中央政府当无法预为规定只得注明性质,而不注明用途。

3 每节经费之预算,按照情由,从数目字推测其经费是否确实。然有时不能推测者,例如含有尽义务性质之事项,其费用较少,而工作成绩较多。往往只能预计大概数目而不能作详细预算者,则事务与数目不必相等称。故关于此类经费,不能恃数目以推测事务。

4 凡继续事业,长互数年始办竣者,预算上可以详列本年度经费之情由,至以后数年究需几何,只能预计大概的数额,有时因与政策有关,不便明言,是只能加以大概之推测。

有时一项事务之预算,系一部代他部办理者,则预算之经费,只可列于一部预算之中,可不重复。其解决方法有三: _{与数机关有关系之预算}

1 若经费之性质难于分别究属何部者,则于支出经费之部,列此预算，以便于记账。

2　甲部代理乙部事务，垫出费用，则列入乙部预算中，以明用途。如日本川河港湾之开浚，本为内政部事业，然因其为工兵团开浚故预算列入陆军部之类。

3　甲部代乙部垫出之费用，即列之于甲部预算之内，惟乙部预算中须注明事项之原委，及由某部代办之情由，报告于议会。若乙部将此项经费偿还甲部者，则甲部应列之于收入预算之中。

第二节　各国预算书式

预算书形式，各国不同，兹述之于下，以供参考：

<u>英国预算
之意义</u>　英国之所谓预算（The budget）含有三层意义：

一　为合计本年度各项经费预算（Estimates）之现情。

二　为现情与上年度之比较。

三　为各项经费预算合计与岁入预算相适合。

故英人每提到预算，即以为必具备此三层意义，成为整备的财政计划。

<u>总预算书</u>　英国总预算书（Financial statement），仅为十数页之小册子，便于世人阅览，明了国家财政之大概情形，每年四月中旬，度支总裁在国会筹款委员会（Ways and means committee）根据小册子所列各项，加以口头说明，是为预算演说，发布其财政政策。在国会议事录中，曾有记录，此外并无文字之说明书，与他国不同。尽如美国预算说明书，为文太长，互二百数十页，往往使人难于卒读，转不若英国办法，在三四小时内（演说辞有长有短，短者费时一时余，格兰

斯顿以财政家闻名,其演辞常至五六小时始毕)。提纲挈领,说个清楚,使听者便于记忆。总预算书之内容,因各年财政情形而不同,兹举一九二五—二六年度之大纲如下:

第一表　为一九二四—二五年度国库支出之实数,及是年度预算数,以资比较。

第二表　为一九二四—二五年度实在收入,以与是年度预算数及前年度实收数相比较。

第三表　为上年度国库岁出岁入平衡表。

第四表　各年度公债到期偿还数。

第五表　为上年度地方政府征收地方税之估计数。

第六表　协约国及英属各领地之贷款数。

第七表　为本年度(一九二五—二六年)岁出预算数,与上年度支出决算相比较。

第八表　为本年度岁入,若根据上年度财政法所得之预算数,以与上年度收入决算相比较。

第九表　各种赋税制度之改革。

　　A 关税及统税　(1)税率变更　(2)新税

　　B 内地税　(1)死税　(2)所得　(3)超额税

第十表　所得税与超额税之负担数。

第十一表　新制赋税收入之预算。

第十二表　本年度依新财政法案岁入岁出之总预算平衡数。

此项总预算书,将上述三层关系,皆明白表明出来。就中前三表为报告上年度收支之决算,与原来预算,有何出入,其出入之程度如何。第四第六两表为表明国家之负债与贷款,明示国家之财政状况。第七表以下,为本年度岁出岁入预算,先预算岁出,继则谋岁入，使两者能平衡，尚有余额，以防不足。凡稍究心于国家财政者，一察此表，则国家财政之全部状况，皆可明了。其他纳税人民，从第九第十两表，即可知其本年度应有之负担，在私人经济方面，亦可自定生活预算。故此项说明书之用途：（1）为宣布国家财政之大体政策，（2）为布告人民准备纳税之税款。

岁入预算　　岁入预算之数，即列在财政说明书表中不再有分的预算，惟每年关于岁入方面，另有财政法令（Financial acts），征收机关，依据此项法令，以谋收入。收入之数，自不能确定，只能概算其数额，载在财政说明书中，即已满足。至于岁出方面，无论细巨，皆须有严格的规定，故不厌求其精详。

岁出预算分为两大项，复分为类（Class）、编（Votes, Chapters）、章（Appropriation subheads）、目（Classified by objects）、节（Details），其详情述之于下：

岁出预算分为两大项，其一为确定基金费（Consolidated fund），其二为供应费（Supply service）。

确定费　　确定基金费之来源，为从前英国设有许多特别会计，取给于各种可靠的收入，保障各种经费，不受他方面之牵扯。关税收入一项之中，负担七十余种基金，其他邮政地税等收入项下，莫不负有特种支出甚多，犹如我国今日之各种教育基金，公债基金相同。此种制度，使财政不能全盘统筹，弊端甚大，一七八七年国会通过确定基金案，将各项特种基金，综合拢来，成立一项。一八一六年又将爱尔兰各项特别基金合并，遂成为英爱确定基金费。此预经费，从前有法律规定其数额，非照支不可，国会无须加以讨论，以节省国会之时间与精力。

供应费分为各部预算　　供应费为各机关之经费，其数额每年变更，国会每年须加以审查、议决，然后成立。属于此类者，有海军费、陆军费、空军费、各项政事费、关统税费、内地税费、邮局费七大部。每大部经费，称曰一Estimate。每部经费，即为预算之一部，须与上年度规定之数额相比较，由主管部务长官负责，根据于决定之政策而编制。一部经费，若为实行新政策，方可增加，若财政紧缩时，须减少数额，统由主管部长官自行支配其内容。

政事费原分为八类(Class)，一九二六年国会提议，分为九类，并列之如下，以资比较：

一　公共建设与建筑　　　　　一　中央政府与财政
二　各部俸给与费用　　　　　二　帝国与外交
三　法律与司法　　　　　　　三　法律与司法
四　教育科学与文艺　　　　　四　教育
五　外交与殖民地事务　　　　五　卫生与劳工保险
六　赡养费无势费及杂项　　　六　商业与工业
七　健康及劳动　　　　　　　七　公共事务
八　不分类事项　　　　　　　八　抚恤
　　　　　　　　　　　　　　九　杂项

上一种分类法，系就主管机关分部，以便各长官分途负责，下一种分类法，系依照事务之职分分类，凡职分相同者，列为一部，便于明了各种经费之性质。至今仍沿用旧法，一因其较为方便，二恐其变更旧制，不能与上数年度相对照，而紊乱历来之系统。每类之中，又分为若干编(Appropriation heads; Votes)，是为编制预算之单位，现在全数约有一百七十余编。

此种分类分编，有几层意义：第一，以一机关或一项事务为单位，可以看出某机关或某种事务之工作，与其经费相比较，是否称值。第二，为分别英格兰、苏格兰、爱尔兰各地方之经费，作一比

<small>分类分编之用意</small>

较。第三,为将社会事业之经费,特别归纳在一类。第四,将官书局公共建筑等归纳于一部,表现消耗及设置之经费。

每编之中,又分为若干章,是为一机关各种事务之各种用费。每章之下,又分为若干目,各依用途目的,分别编列,如俸给、工资、旅费、办公费、其他事项费之类。此等用途所规定之经费,是为基本的支出预算。各章之下,注明此项经费发生之根据,如根据于某次法律案之类,庶国会审查,不致发生误会。兹摘录内政部编预算如第一表。

(第一表)　内政部

一九三一年四月一日到一九三二年内政部及所属各机关经费预算数额
共计 486,891 镑

	1931—1932	1930—1931	增数	减数
内政部	£	£	£	£
A 薪俸、工资与津贴	64,028	62,341	1,687	
B. 旅费、办公费	900	700	200	
C. 特别事务费	4,000	4,200		200
工厂检查				
(I Edw. 7. c22)				
D 薪俸与津贴	87,647	85,432	2,205	
E 旅费与办公费	19,438	19,438		
F 医生费等	15,871	14,902	269	
G 视查询问与仲裁等费	4,000	3,800	200	
爆裂品检查费				
(8 Vict. c. 17 and 46 & 47 vict, c. clxxxiv)				

编与章之限制

编与章各有不同之限制。每编经费,乃照预算支配而规定,国会通过之后,执行时即不得超过,如有超过规定数额者,须得国会之特别准许。至于每章规定之数额,亦不得超过,假使因不得已事故而须于各章间流用者,必须先获得财政部之许可。海陆空军预算,是为例外,各编各章之间,可以自由流用。因军事常有临时紧急事故发生,不能不予以方便。惟其限制,仍不得超过预算总数。

各目之前,冠以字母,以识别其秩序。每目经费,另有详细补充表(Supporting details),罗列各节之经费,如某官吏俸给几何,某项旅费几何、邮电几何、广告费几何之类。此项补充表由各机关送交财政部,财政部根据之加以审查与计算,是否确实,将其总数,列为某目之经费。目之下分节,节之补充表,照例不送交国会,国会财政委员会所审查者,以目为止,免除猥缛之烦。平时财委会从二月起逐目审查,至完竣为止,已费长久时间,实无暇审及各节经费。然若有议员对于经费数目提出质问时,主管长官,即将该目各节之补充表提出答复。详细补充表格式如第二表。

目节之情形

(第二表) 工厂检查

(I Edw. 7, e. 22)

E 旅费及办公费	1931—1932	1930—1931
检查员副检查员劳动咨询员共九十一人	18,500	18,500
报章与广告	60	60
仪器及修理费	80	80
邮电	480	480
搬运照相等杂费	318	318
旅费及办公费合计	19,438	19,438

经费预算全部分为一百七十余编(Chapters,每编格式例如第一表),在一九二六年度预算,分政事费为一百二十五编,军事费为三十余编,征收费为三编。分编年年一律,间有因新法律案发生之新经费,则新加编数。又有因某项经费之支出停止,或两编综合成为一编者,则编数减少。国会财政委员会之审查,系逐编通过。此一百七十余编,总分为四大部预算,即(1)陆军费,(2)海空军费,

(第三表) 分类预算表（原表以镑为单位，本表以千镑为单位）

ESTIMATES FOR CIVIL SERVICES

Abstract of estimates for civil services, classes I to VII for 1926 Compared with 1925

Totals of the several classes.

No. of Votes		Class	1926			1925			Net Estimates, 1926, Compared with 1925		Estimated Receipts (Cash and stamps) not appropriated in aid of votes	
1925	1926		Gross	Appropriation in aid	Net	Gross	Appropriation in aid	Net	Increased	Decreased	1926	1925
			£	£	£	£	£	£	£	£	£	£
17	16	I	7,209	—	—	7,872	655	7,217	—	658	10	57
41	43	II	22,999	9,556	13,142	19,881	8,051	11,830	1,612	—	769	1,157
18	18	III	13,864	1,647	12,216	13,621	1,674	11,946	270	—	979	961
13	13	IV	53,548	210	53,337	52,404	3,156	49,248	4,049	—	2,730	—
6	8	V	8,311	723	7,588	8,610	724	7,885	—	297	452	961
16	14	VI	103,088	1,409	101,678	101,265	1,559	99,806	1,872	—	3,509	5,410
5	5	VII	38,017	5,279	32,737	40,045	5,199	34,845	—	2,107	187	188
10	8	Unclassified	8,315	1,650	6,695	28,522	3,603	24,919	—	18,223	1,529	746
126	125	Total	255,385	21,124	228,048	252,699	24,624	247,699	7,844	21,288	10,168	8824

续表

The amount of the net Estimates for civil services, 1925
(House of commons Paper 35 of 1925) was......   222,609,161
Add-supplementary Estimates for civil services for 1925
(See House of commons Papers) 45,159, and 179 of 1925
and 3, 20 and 21 of 1926.   25,077,726
Transfers from navy votes.   12,350
TOTAL AS ABOVE. . . £   247,699,237

(第四表) 分编预算表之一部分

ABSTRACT OF ESTIMATE FOR CIVIL SERVIOES for 1926

No.	Page	Service	1926			1925			Net estimates, 1926, compared with 1925		Receipt not appropriation aid of votes cash		Accounting department	Net Expenditure 1924 (As per Appropriation account subject to transfers)
			Gross	Appropriation in aid	net	Gross	Appropriation in aid	net	Increase	Decrease	1926	1925		
			£	£	£	£	£	£	£	£	£	£		£
		Class I												
1	4	Royal palace	118,050	10,500	107,550	133,090	12,950	120,140	——	12,590	——	——	Office of works	107,134
2	9	Osborne	22,460	4,825	17,635	21,835	5,365	16,470	1,165	——	——	——	Ditto	15,521
3	13	Royal park	251,455	38,905	212,550	258,660	22,250	226,410	——	13,860	——	——	Ditto	254,277
4	18	....												

(第五表) 一九二六年度预算各类总比较表

SUMMARY.

	Audited Expenditure.							Expenditure as per Appropriation Accouuts 1924 (subject to transfers).	Estimates 1925 (including Supplementaries).	Estimates, 1926
	1913	1918	1919	1920	1921	1923	1923			
Civil Services	£	£	£	£	£	£	£	£	£	£
Class I	3,484	8,076	9,574	12,221	10,404	6,689	6,305	6,702	7,127	6,559 (1)
Class II	4,157	13,875	13,876	19,627	17,834	10,994	11,663	9,765	11,830	13,442 (2)
Class III	4,552	7,155	14,244	19,903	22,017	14,447	10,906	11,256	11,946	12,216 (3)
Class IV	19,465	26,145	43,145	59,231	63,452	55,449	48,528	48,723	49,248	53,337 (4)
Class V	1,517	2,064	2,626	4,693	30,972	13,139	17,896	8,165	7,885	7,588 (5)
Class VI	13,501	60,015	130,567	136,974	133,427	106,404	100,374	99,474	99,806	101,678 (6)
Class VII	5,991	10,762	14,847	49,124	45,892	34,993	34,677	35,080	54,845	32,737 (7)
£	52,670	128,095	228,881	301,765	323,500	237,119	230,352	219,168	222,780	227,561
Unclassifled		567,220	328,426	147,050	114,424	53,480	15,869	9,010	24,919	6,695
Total civil services £	52,670	695,315	557,308	448,816	437,925	290,599	246,221	228,179	247,699	234,256
Revenue departments	28,652	49,187	57,599	74,485	79,836	61,266	60,010	61,898	65,255	66,384
Naval, military and Air forces (Grants to officers			585							
Grand total	81,323	744,503	615,498	523,301	517,761	351,866	306,232	290,078	312,954	300,641

注：原表以£为单位，全数详列，本表缩短，以£1000为单位。

(3)政事费,(4)征收费四部。政事费因方面较多,所费审查时间较长,乃每编印成一册,到后来再总订为一部预算书。每部之中,分为三部分。

1 例言 解释是年度编制预算之大概情形,列明本年度与上年度经费数额之比较,再说明逐编之情形与变更,使审查得有所根据,立辞赅括,便于读阅,不似他国说明书之有长篇大论。

2 每部预算中之分编分章总数表,例如第三第四表。

3 列本年度各类预算数,与一九一三年及本年度前八年数额表,以资比较,例如第五表。

英国预算书,有详者、有略者。最初所述之总预算书,(即财政说明书)将全部财政状况列入,最为简单。其次各大部,如陆军费、海军费、空军费、政务费、征收费,各有一册经费预算表,列载各类各编为止。第三,各编预算,又有单行小册,列载之数,至各目为止,俟后再装订成帙。

第三节 美国预算书式

预算之意义,在美国之解释,与英国稍有不同,此种不同之处发生于美国沿用制度之特质。美国之所谓预算,含有三层意义如下: _{美国预算之意义}

一 为报告前年度之财政状况,

二 预测本年度之状况,

三 为根据本年度应行改革各点而编制预算之财政状况。

美国预算,以总统统率全部行政人员,在上年经费财政,其收 _{预算法中之规定}

入与支出各几何,情况如何,作为报告;按之下年度财政情形,加以说明,复根据此等情形,加入下年度收支两方应兴应革各种提议,制为财政方案,而后成为预算案。一九二一年新预算法中,作下列之规定:

总统须于国会开常会之第一日向国会提出详细与简明的预算如下:

(a)依其公正的意见,对于下年度维持政府所需各项支出之预算数;但美国国会及大理院之预算,须于每年十月十五日以前,送达总统,由总统编入预算书中,而不加审查。

(b)总统对于下年度政府收入之预测书,(1)提出预算时所行之财政法,(2)关于岁入之提案。

(c)上年度政府岁入岁出之决算书。

(d)本年度政府岁入岁出之预测书。

(e)上年度各项每年的、永久的或他种经费预算之数额,及其余存之数,归作本年度支出之用,至本年度十一月一日为止之情形。

(f)下列各种平衡表:

 1 上会计年度终了时之国库情形。

 2 本会计年度终了时国库之预测情形。

 3 照预算计划到下会计年度终了时之国库情形。

(g)国家所负各种债务之主要情事。

(h)他种必要的财政说明书及数字。

倘使下年度预算中,根据于本年度现行财政法规定之收入预测数,加入本年度终了时之余存,可作为下年度之用之数额,比之下年度支出预算为少时,总统须于下年度预算中,向国会提出新税,或举债,或他种救济方策,以补预算之不定。

倘使国库下年度预测收入加入本年度预测余存,比之下年度支出预测数为多时,总统须作处置余存之提议,以适应公众利益。"

上列各种书式,已极详备,在第一年初行新制之时,国会犹以审查新预算之际,若无所比较,将无从审查,于是又规定总统须提出两个预算书。其一为根据现行财政法所预测下年度岁入岁出之预算书,称为"The budget",其二为根据总统之建议所作成之下年度岁入岁出预算书,称为"The alternative budget"于是国会方可以比较。前者为旧制之预算书,而后者即为新制度发生之预算书。但是国会之审查预算,还是根据于第二种预算,而第一种预算,仅备参考。至今总统提出两本预算,竟成为惯例(W. F. Willoughby: The National Budget System pp. 70–71)。

美国预算书分为两大部分,第一部分为预算说明书,以文字说明国库(1)前年度岁入岁出情形,(2)本年度岁入岁出情形及(3)下年度必需经费预算及新预测之收入情形,长百余页。第二部分为政府各机关之详细预算,长一千三百余页。预算书之内容

第一部说明过去现在及将来之财政情形,极为详细,共分为若干节。将一九二八年预算,分为三十节,其纲领如下:

第一节,说明上两年度终了及本年度国库情形,预测新预算照新法案规定,其结果将如何,将四个年度之财政状况,源源本本,说个明白。中分为数端;(1)岁出,(2)岁入,(3)经常收入供给岁出后之余存,(4)在年度开始时之普通资金数,(5)余存中拨作偿付国债之数额,(6)每年终了处置余存后之决算。

第二节,下年度岁出预算,以之与前两年度相比较。经常岁出,分为四部分,为公债偿本数、公债付息数、经常收入费、特种基

金之拨付。

第三节,下年度岁入预算,以之与上本两个年度相比较,依照收入之机关而排列。

第四节,下年度岁入预算,依照国库每日报告单排列,以与上本两个年度岁入预算相比较。

第五节,下年度与上本两年岁度出预算,依支出之性质而排列,以资比较。计分为(1)日常支出,(2)非行政费,(3)建筑费,(4)哥伦比亚区费,(5)邮政收入不足,(6)特别会计,(7)各项存款,(8)经常收入中偿还公债本金数,(9)特种基金,(10)信托基金。

第六节,下年度与上本两年度岁入依收入来源而排列。

第七节,邮政局及邮务之下年度与上本两年度之收支预算比较。

第八节,表明特种基金与会计之情形,如美国雇员赔偿基金,美国房屋合作基金之类。

第九节,各种政务经费及各种经费所占总经费之百分率,政务分为四大端如下:

(甲)总政费,包括立法部、司法部、首脑行政部及一般行政事项。

(乙)军费,包括国防、战争机关、军人抚恤费、退伍费之类。

(丙)非政务费,包括国定公债基金、信托基金之类。

(丁)政务费,分为下列各项:

1　外交关系及美国在国外利益之保护,

2　一般法律之执行,

3　金融银行之管理,

4　西印度事务管理费,

5　官有财产行政，

6　工商业之改进与管理，

7　海运事业之改进与管理，

8　陆运事业之改进与管理，

9　农业之改进与管理，

10　渔业之改进与管理，

11　劳动利益之改进，

12　内侨与归化，

13　公共卫生之改进，

14　公共教育之改进，

15　科学与研究，

16　公共建筑，

17　官营收入产业，

18　地方政府，

19　救济费。

第十节　下年度各项支出经费，依其用途而排列，及所占总经费之百分率，以与本年度相比较。

第十一节　下年度各项经费，依用途排列，以与前三个年度比较。

第十二节至十九节　为上年度支出决算，与各年度支出，从各方面之比较。

第二十节　上年度之公债收付数额，及其处理情形。

第二十一节　上年度终了公债基金总结。

第二十二节　上年度终了未还本之公债数。

第二十四节　上年度终了之前政府所负之各种债券数。

第二十五节至二十七节　上本下三个年度累计的偿债基金。

第二十八节　下年度公债之偿还及新发行数额之预算,以与本年度预算及上年度决算相比较。

第二十九节　上本下三个年度各机关官吏职员薪俸统计比较。

第三十节　上本下三个年度哥伦比亚区内各部及其所属各机关官吏职员人数及薪俸分类比较。

最后结论,再简短解释下年度经费预算之政策,与本年度预算有何不同之点。

第二部分为政府大小机关经费预算之分类详细数。从前美国各机关经费预算,极为综错,甲机关某一部分收入或支出,列在乙机关预算之中,或分列,或重复列载,无法知道某一机关究竟经费纯数几何,更不知总经费几何。预算局之编制预算,以机关为单位,作为分类之标准,于是就各机关所请求之经费数额排列,然后免除重复之弊。经费之分类,本不容易,常因一项经费,牵扯几方面,或几个机关,美国预算局费很大之劳力,好容易排列各项经费,现在算是成功,使经费分类,合于预算之编制,然而至今仍时常发生困难。此种细密困难,只有从估量经费之性质,一一求解决。

第二部分为十编:(1)立法部,(2)行政总部及其附属机关,(3)农部,(4)商部,(5)内政部,(6)司法部,(7)劳工部,(8)海军部,(9)邮政部,(10)国务部,(11)财政部,(12)参谋部,(13)哥伦比亚区,以为系统。每编之中,复依机关分为若干章。每章又分为各目节如次:

日常费——人事费、物具费、人员供应费、动物维持饲养费、车辆管保存放费、交通费、旅费、运费、印刷装订费、广告公布费、光电热水力之装置费、地租、修缮、改造费、日常杂支。

固定费——利息、抚恤费、退职费、年金、大战抚恤费、协款补助费、捐款。

置产费——设备、土地建筑与改良、货物之屯买。

偿债费——公债之偿还与购买。

权利义务发生之资本费——投存费、条约义务费、重拨存款、酬奖费、赔款、设置基金。

各目经费，复作各节之分类，详简之程度不一。经费分类标准，由预算局拟定，通告各机关，以归一律。各机关遵类编制后，预算局复加以调查与修正。

美国预算书式之赡详，为各国冠，岁入岁出从各方面观察，加以比较，使政府预算之经费及其行动，能详详细细报告国会与人民。英国预算，是零零碎碎，若不明了英国之习惯及程序者，即难知其全豹。美国预算书不然，系编制为一部总预算书，先有说明，后有数字，先列简明数字，后有详细数字，使读者能明了财政情形之各方面。英美两国比较起来，可以说是美国包括英国下列各种文件而有余：

> 英美两国书式之比较

1　各编经费预算书（美国预算书中兼包英国之综合基金费及供应在内），

2　公共岁入与岁出会计书，

3　预算演说辞，

4　财政说明书表，

5　上年度决算书。

详细岁入预算书，英国没有，而美国依照上年度各类收入数额，各目之后，列入下年度各种收入之预算数额。

英美两国之预算书式,比较起来,英国之书式极简明,只求合于实际之用,美国之书式极完备,而编制工作不免加繁。英国预算为表示财政概况及经费之限制,所示数字,力求其确实。财政部对于各机关之支出,随时加以监督,故不致突破预算规定之范围。财务行政上既有此等统制,可以对于国会负责,国会亦尊重行政部责任,不再加以细密之苛求,行政上得以增加效能,编制得以容易。至美国预算,如此整齐完备,编制时不免繁难,然有非如此不可之原因存在。美国财政部对于各机关之支出,不能随时加以统制,大总统所统制者,又难详密,故只有规定详密预算,以限制各机关之支出。国会明知各机关于预算中常有浮列数额,糜费公款之事,有预算作详密之规定后,或可以减少此等弊端。然终极说来,行政部之糜费行为,惟行政部知之较审,即审计院之事后监督,只须支出手续合法,亦不能加以指摘。决算虽与预算数相符,仍不免有此等弊端,不能依赖有详密之预算书,为可以收节用之全效。

第四节 我国预算书式

总预算书式　　我国预算书式,依预算法所规定者,采总编为整部之办法,总预算书分为上下两编,上编为财政之说明与分析,以表现预算之情形与性质,下编为岁入岁出之预定数,依机关单位与基金种类排列。除预算书外,尚须附载预算施行条例草案,及其他关系文书。

上编之内容　　上编分为三卷,其内容如下:

第一卷为预算总说明书,记载之事项为:(一)施政方针,(二)施政计划,(三)财政政策,(四)中央财政最近之经过及其现状,

(五)本预算案与上年度预算不同之点及其理由,(六)国有财产状况及计划,(七)国有营业状况及计划,(八)国债状况及计划,(九)其他重要事项。

第二卷为预算之综要,记载之事项为:(一)总概算及其基金别与机关别之总略,(二)第一级机关单位之分预算及其基金别与机关别之总略,(三)第二级机关单位之分预算及其基金别与机关别之总略。

第三卷为决定总预算分预算之概数所必要之参考资料,记载之事项为:

(一)关于岁出之表解,为(1)政事别费用之分析,(2)经费别费用之分析,此项分析,分岁定经费、继续费、恒久费三门,(3)其他决定总预算分预算岁出之必要参考资料。

(二)关于岁入之表解,为(1)现有之各种收入,(2)拟废止或减少之各种收入,(3)拟设定或增加之各种收入,(4)必要时可设定或增加之各种收入,(5)其他决定总预算分预算岁入之必要参考资料。

(三)其他表解,为(1)最近已结四年度年度终了时国家资产负债之状况,(2)最近已结四年度年度终了时各机关人员数额及分配之状况,(3)其他可资解决预算中各问题之必要参考资料。

政事别费用之分析,有中央岁出政事别科目表,分为两大门如下:

第一门为政权组织及其运用之支出,分为两类:(一)民意费用,(二)党务费用。

第二门为治权组织及其运用之支出,分为四类如下:

第一类为关系国家福利政事之支出,复分为六纲,(1)国务费用,(2)普通行政费用,(3)立法费用,(4)司法费用,(5)考试费用,(6)监察费用。

第二类为关系国民福利政事之支出,分为五纲,(1)教育及文化费用,(2)卫生及治疗费用,(3)经济及建设费用,(4)营业投资及维持费用,(5)救济费用。

第三类为关系国族福利政事之支出,分为四纲,(1)国防费用,(2)外交费用,(3)侨务费用,(4)移殖费用。

第四类为关系各政事尚未摊定之支出,分为八纲,(1)财务费用,(2)债务费用,(3)补助费用,(4)退休及抚恤费用,(5)损失费用,(6)信托管理费用,(7)退还金,(8)预算准备金。

下编之内容　　下编分为三部。第一部为总目,第二部为各第三级机关单位之收支分预算,及其基金别与机关别之总略,并详载预算之内容,附有细表及说明,各机关各为一卷。第三部为不依机关单位划分之各个特种基金收支分预算,各为一卷,除详载预算之内容添附明细表及说明外,并应分别注明者,为(1)营业预算其最近已结年度之营业收支经过一览表,及其年度终了时之资产负债平衡表,(2)信托或其他基金预算,其最近已结年度之信托或其他基金收支经过一览表,并其年度终了时之资产负债平衡表,及资力负担平衡表,或资产负担资力负担综合平衡表。

各机关预算科目,按岁入岁出之来源用途,缕分为门类纲目。各机关预算之岁入岁出,各分为经常门与非经常门,其下视各机关所有之岁入或岁出,依照中央岁入来源别及岁出用途别科目表列载,以资划一。兹将岁入岁出科目分类表载之如下:

甲　岁入经常门

第一类　征课所入

第一纲　税收　分为下列各目：关税、盐税、烟酒税、印花税、出厂税、特种收益税、所得税、遗产税、其他税收。

第二纲　特赋　分为下列各目：水利特赋、道路特赋、其他特赋。

第二类　行政所入

第一纲　罚款　分为下列各目：罚金、罚锾、没收金、没收物。

第二纲　规费　分为下列各目：执照证书、登记登录、检验、诉讼、考试、教育、公文书阅览或抄录、其他规费。

第三纲　售价　分为下列各目：公报状纸及其他公印刷品、试验场及试验室出品、监狱及救济机关出品、学校研究院及其他教育文化机关出品、其他出品售价。

第三类　公有权利财产及营业所入

第一纲　租金及特许使用费　分为下列各目：国有土地、国营矿业权、国有森林、国有道路、国有运河、国有建筑物及其他土地改良物、其他国有财产或权利之租金及特许使用费。

第二纲　利润　分为下列各目：利息、折扣、申溢、兑换赢余、官股红利、其他利润。

第三纲　盈余　分为下列各目：邮政、电信、国营铁路及其他陆运、国营水运、国营空运、国营银行及其他金融事业、造币厂、国营公用事业、国营制造事业、国营林垦事业、国营畜牧事业、国营矿业、国营电气事业、其他国营事业。

第四类　信托管理所入

第一纲　代管项下收入　分为下列各目：服务人员储蓄金、服

第二编 预算之编成

务人员保险金、银行纸币兑换准备金、出纳保管人员保证金、其他。

第二纲　代办项下收入　分为省、市、县、其他。

第五类　协助所入　分为两纲:(一)省协助,(二)市协助。

第六类　得作经常支出之赠予及遗赠所入。

第七类　无永久性之财产变卖所入。

第八类　其他所入。

第九类　应退还之收入。

第十类　上年度结存。

乙　岁入非经常门

第一类　长期借赊所入　分为下列各纲:国内公债、国外公债、国内长期赊欠、国外长期赊欠。

第二类　有永久性之财产变卖所入　分为下列各纲:土地与建筑物及其他土地改良物、设备物、投资证券、其他国有权利。

第三类　收回或减少资本所入　分为下列各纲:国有营业之资本收回、国有营业之资本减少、非营业循环基金之资本收回、非营业循环基金之资本减少。

第四类　归公财产或其变卖所入。

第五类　不得作经常支出之赠予及遗赠所入。

第六类　其他所入。

第七类　应退还之收入。

第八类　上年度结存。

甲　岁出经常门

第一类　用人费用　分为数纲:俸薪、津贴、饷糈、工资。

第二类　事务费用　分为数纲：交通、给养及消耗、修缮、消费品、材料品、印刷装订、杂项开支、固定开支、义务支出。

第三类　非事务费用　分为数纲：利息及亏损、恤养、补助。

第四类　公有营业亏空填补费用。

第五类　信托管理费用。

第六类　其他费用。

第七类　上年度亏空填补费用。

乙　岁出非经常门

第一类　有永久性之财产购置费用　分为数纲：土地与建筑物及其他土地改良物、设备物、投资证券、权利之收买。

第二类　设定或增加资本费用　分为数纲国有营业之资本设定与增加、非营业循环基金之资本设定与增加。

第三类　偿还公债费用。

第四类　其他费用。

第五类　预算准备金　分为两纲：预备金及后备金。

依预算法第三十一条及三十九条之规定，凡总预算表、各级分预算表及政事经费别之费用分析表，须具备下列各项：

1　预算年度各机关主管长官所决定之数额。

2　预算年度主计处所拟修正之数额。

3　现行年度预算之数额。

4　最近已结年度实有之数额。

5　最近已结年度前三年年度平均之数额。

6　1项与3项及2项与3项比较之差额。

依照此等规定，总预算表以及各级分预算表之格式如下：

科目	主管长官所主张之预算年度概算数（甲）	主管长官所主张之数额与现行年度预算数之比较	现行年度预算数	主计处修正之数与现行年度预算之比较	主计处修正之预算年度概算数（乙）	最近已结年度实有数	最近已结年度前三年度之平均数	主管长官所主张数额之说明	主计处所主张修正数额之说明

机关别分预算之总略格式如下：

岁入科目	合计		机关单位别										
			国民政府		行政院		立法院		司法院		考试院		监察院	
	（甲）	（乙）	（甲）	（乙）	（甲）	（乙）	（甲）	（乙）	（甲）	（乙）	（甲）	（乙）	（甲）	（乙）
甲.岁入经常门														
第一类 征课所入														
第一纲 税收														
第一目 关税														

岁出科目	合计		机关单位别									
			国民政府		行政院		立法院		司法院		考试院		监察院	
	(甲)	(乙)	(甲)	(乙)	(甲)	(乙)	(甲)	(乙)	(甲)	(乙)	(甲)	(乙)	(甲)	(乙)
甲. 岁出经常门														
第一类 用人费用														
第一纲 俸薪														
第一目 选任														

基金别分预算之总略格式如下：

岁入科目	合计		基金别									
			普通基金		营业基金		公债基金		其他公有特种基金		信托基金（子）	
	(甲)	(乙)	(甲)	(乙)	(甲)	(乙)	(甲)	(乙)	(甲)	(乙)	(甲)	(乙)
甲. 岁入经常门												
第一类 征课所入												
第一纲 税收												
第一目 关税												
第二目 盐税												
第三目 烟酒税												

岁出科目	合计		基金别								
			普通基金		营业基金		公债基金		其他公有特种基金		信托基金
	(甲)	(乙)	(甲)	(乙)	(甲)	(乙)	(甲)	(乙)	(甲)	(乙)	(甲)	(乙)
甲.岁出经常门												
第一类 用人费用												
第一纲 俸薪												
第一目 选任												
第二目 特任												
第三目 简任												

各机关年度预算费,既如上述,此外各机关尚须按其法定预算之经费数额,编造分月行政预算,其格式如下:

科目别分月行政预算表(格式)

科目	年度预算数	各月分配数											
		七月份	八月份	九月份	十月份	十一月份	十二月份	一月份	二月份	三月份	四月份	五月份	六月份

机关别分月行政预算表(格式)

机关	年度预算数	各月分配数											
		七月份	八月份	九月份	十月份	十一月份	十二月份	一月份	二月份	三月份	四月份	五月份	六月份

(七月份)科目别与机关之分月行政预算分析表

科目	某机关	某机关	某机关	某机关	某机关	某机关

第三编　预算之议定

第一章　议定预算之意义

预算编成之后,由行政首领或财政部长或总编制机关提出立法部,请求议决,是为预算必经之程序,经立法部通过之后,方成为法定预算。国家之岁入岁出,处处与国民经济有关系,收入为取之于人民,支出为给予人民,其收支双方之方面与数额,俱应适当。若是甲方面之支出太多,则乙方面之支出不免减少,凡此各方面支配之数,当从国家全体观察。

此项决定各方面收入与支出之标准,在财政学上有一原则,收入在求最小牺牲,支出在求最大效用。国家从各方得来之收入,先从限界效用最小者次第征收,则在全体看来,是成为最小牺牲,反之在支出方面,国家依需要最急而其利益又关系于人民全体者而支出,以支配各项经费数,则在全体看来,当成为最大之效用。顾此项原则,在学理上诚有其事,而在实际上支配经费时,以国家事业如此之殷繁,几感觉处处皆有举办之必要,而轻重缓急之分抉,在各个人观察常有所不同,以故在运用之时,即苦于难得确定之判断。岁入岁出决定之原则

预算当经人民代表议定之时,各代表人挟其客观之事实与主观的见解,或维护其地方之利益,或维护其职业之利益,或维护某阶层人民之利益,常不免引起无穷之争论。若是国会对于议员发生之争论不加以节制,辩难可以任其延长,则将永无决定之期。预在议会制度之下难于实现

第三编 预算之议定

算之提出国会以求人民代表议定者，其目的原在能因此求得适当之判断，岂知国会中人言庞杂，莫衷一是。

然人民代表之议定权不可抛弃　人民代表有议定预算之权，而且议定后行政部必须依照施行，不能以国会之议论纷纭莫衷一是，遂谓国会不适于议定预算。预算不经人民代表议定者，只能谓之为行政预算，而非法定预算。人民代表议定预算之权，与议定其他法律之权同一性质，不可抛弃。国会议定预算之权，既如此其重要，而议定预算之情形，又如彼其糅杂，难于获得适当之结果，故于议定预算，一方面当尊重人民代表之议定权，他方面又当设为各种方法，使能获得完善之结果。

避免纷争之法　此等方法，至今为各国所采用者，或为国会将预算提案之权，完全付托于行政部，或为国会将讨论预算之权，自加约束，已于第一编第五节说明，两法相较，当以第一法为适当。盖行政部负行政之责，其于财政计划，必须切于实情，比之国会所能见到者，当更为透彻。假使国会力能编制一完备适当之计划，自以由国会编制全部预算而议定之，最为合理，然此完备适当之计划，不能期望于人言孔多之国会，无宁以此项职权，付托于行政部之为愈。国会保持此项议定权，对于行政部所提预算，从各方面加以批评，使行政部知所警惕，遇有缺点，即行更正。如此则国会之行使其议定权者，当更为充实。

第二种方法，由国会修正后而议定之，从表面上看来，洵可谓预算之议定，完全出于国会之意志，而其结果，仍不外乎各派之妥协，是否切于实情，合乎适当，仍成疑问。各派争论不已，仍不免于限制讨论，从限制讨论所获得之修正案，既不必比原案为适当，则又何必使行政部提出之整备预算，至于支离。

预算之如何议定，因各国之情形而不同，不能绳之以理论上之论断。如英美善于运用前法，故能维持财务行政之秩序，亦且可以减少国会中之纠纷。法国国会，欲把持此议定权，每年讨论预算，各议员皆可提出修正案，辄引起不已之纷争，终至于议定者自议定，而执行者仍为执行，反失去两者间之联络，是为国会修正预算难于切合实情之明证。至于我国，情形不同，我国自始即未树立全民主义之代表制度，民国二年之国会，从全国各地方选举代表而组织，无奈我国民权思想，在历史上太欠培养，无何势力，故成立不久，即遭特殊势力解散，至今仍无代表民意之机关。将来情形之嬗化，亦可从既往之事实推测而出。民意机关，仍仅为政论界之幌子，即或能成立此民意机关，其本身组织既难健全，是事事屈服于特殊势力之下，亦意料中必然之势。民意机关既对于他种重要问题不敢坚持主张，则对于预算之议定，更无心论其好坏。故我国将来关于议定预算所引起之纷争一层，殊不足虑，在我国今日所虑者，尚在无民意机关，尚在无实现民意机关之势力，尚在行政部之不尊重民意机关之议定权，在民意机关争论预算之事，尚属远哉遥遥之问题。故本书所述，趋重于预算之编制与财务行政两部分，至议定一编，仅示其崖略。

我国将来之民意机关

　　最健全之政治制度，当以民意机关为一切政治之策源地，但人民所选出之代表，不必能明了一国之政治情形，与对于各方面之运用。对内对外之一切政治措施，当由专家主持其事，凡于政治事情无经验者，若付之当国之重任，常不免于偾事，国家之安危，俱系乎此，不可不慎。若欲使秉政者为专家，（并非学术专家而当为政治领袖）而其措施不离去民意，则当由民意机关选举专家，以当国事，付以全权，民意机关予以赞助与监督，使不离去民意，如此民意之向背，可以时常有所表示，而专家治政，有此监督，益得遇事慎重，

最健全之政制机构

有此拥护,则政治力量益得稳固。故民意机关必须有立法权,同时又必须有监察权,凡无监察权者,即失去民意之运用。基此原理,预算之议定,是为行政部根据于政治实情拟定计划而编制之预算,由立法部予以核准。行政部自定之计划,经立法部核准者,行政部负有依照实行之责,而立法部尾随其后,加以监督,以视行政部之是否克践诺言。行政部期于无忝职责,于是有财物管理与清理,以待立法部除于平时检核其成绩而外,又复作一次总检查,行政部之责任,方得解除。

第二章 审议时期

立法部之议定一年度预算,当根据于是年度最近之实情,务求预算所规定者,切合于实际之需要,因之预算议定之期,当在预算年度开始日期前后数日内,最为适宜。预算之提出立法部,通常皆须在年度开始之前,至议定之期,则有在施行期前与期后两种之不同。

<small>预算之审议应在施行前完竣</small>

以财务行政之秩序而论,先有预算之议定,而后行政方有所根据,故议定必须在预算年度开始期之前,立法部之审议预算,需有相当时日,若遇有重要案件,则期间且须延长。

试以各国情形作一比较,我《预算法》规定,总预算书提交立法院,日期为四月一日,须于五月三十一日以前,审议完竣,是审议期间为两个月。

日本议会召集之期,在十二月下旬,《会计法》规定,总预算须于上年议会集会之前提出,而实际情形,议会于一月二十日以后开始议事,预算书迟至一月底始行送达。议会预算委员会之审查预算,限于二十一天完竣,报告议会,而议会之讨论,又需若干日,在三月中可以成立。是议会之议定,有两个月时期。

美国《预算法》规定,预算须于国会开会之第一日,即每年十二月提出于国会,是在施行前六个月提出。

英国岁出预算,于每年二月提出国会,总预算包含岁入岁出预算,于每年四月上中旬之间提出。岁入预算即于辩论后议定,而岁

<small>然英国常迟</small>

出预算之审查，颇费时日，常至八月始全部通过。

各国预算，皆于施行开始期前通过，而英国在预算年度开始后五个月始能全部通过。严守前制者，因为维持预算之秩序，而实质上则因议会之于预算，常有所修正，非待国会修正议定之后，不能施行，故非于施行前议定不可。英国国会，尊重行政部之责任，金钱法案，必须由行政部提出，议员不得作增加经费之提议，而行政部所提出者，皆基于实际上之需要，不可减少。国会对于行政部提出之预算，既不能予以增减，议定时大都依照预算案之要求数。行政部为表明其责任起见，岁出预算一经提出国会，苟非有不得已之事故，不肯中途变更，或提追加预算。凡提出之预算，即具有法定预算之性质，行政部负有遵照执行之责，故此等提出于国会之预算，虽未经国会通过，但在行政部方面，已发生拘束力，须按照执行。则国会何时通过此等预算，不成问题。

其理由　　一般论者，以为英国全部预算之通过在八月，其时预算年度已过去五个月，其未来七个月之预算，为期不远，是此项预算，不仅为预测将来，实可谓为预测现在，故能收正确之效，诚哉其然。但其中有一点，英国视为最重要者，即为保持总准款之精神，通过之后，不得无故打破。各机关支出预算，提出国会之后，国会总希望能按照施行，不可再有所变更。然以上年十月编制之预算，至本年四月时，新事故之发生，亦意料中不可免除之事，如有不得已之支出而必提出追加预算，亦可赶于八月以前提出。有此期间，一可以免除行政部作无预算之支出，逃去国会之核准，二可以免除总准款案通过之后，又有追加预算之提出，反减捐总准款案之精神。其他各国，每于总预算通过之后，追加预算之提出，层层不已，须待至年度终了。方知一年岁出总预算数，是无以维持总预算之原则。

第三章 预算议定之程序

立法部议定预算之程序,因各国国会之组织不同当有彼此歧异之处。以原则而论,预算之通过,必须经大会表决,但大会之讨论预算,必须明了其详细内容,以为讨论之根据,故有事先审查之制。审查之事,可以委托于预算委员会。预算委员会之组织有两种:有以全院议员开会讨论而名曰委员会者,有另设常置委员会者。委员会以审查结果,及其意见,报告大会,或用书式,或以陈述,大会根据报告,加以考量,而后议决。_{一般议定程序}

两种制度,各有利弊,在全院委员会制度,全院议员皆可发言,预算为立法部之重要议案,公之全院,以符全体议员皆能直接负责之旨,并可以训练全体议员皆得财政智识,加以注意。而其弊端,则在人言庞杂,容易引起纷争,或主张某部分利益之维护,或藉辞攻击政府,如果运用不良,将使审查不能获得结果。第二种制度,其弊端则恐委员会由多数党操纵,或恐无财政经验之人列入审查时,仍不能收得何等效力。而其优点,则在少数委员,常能作负责之审查,力求详尽,并作成有系统之报告,大会根据此项明晰报告,亦可以提纲挈领,批评政府之财政计划。如果委员会人选得宜,则审查时较能收效。前种制度,惟英国依其惯例,引用至今。因为英国国会之议事程序颇谨严,议员莫不遵守国会秩序,故无纷争之弊。其他各国,凡议员皆可任意发言提出修正案者,势非设置专管委员会不行。_{委员会制度}

第三编　预算之议定

总议决与分编议决　　又立法部之议定预算,有于审查之后,作一次总议定与分议定之两种方法。一次总议定者,因为国会讨论预算之时期,不能无限制之延长,恐因此妨害他项法案之讨论。又因预算之编制,已有行政部负责,当比议员不明各部政务情形者为妥。若从各项目讨论,则牵涉之范围太广,反不如从预算整体之计划,加以批评,庶预算得以早日成立。分次议决者,将各部预算分编讨论,审查之后,逐编通过,如此使每编预算都能作明晰之审查,惟需时较久,在议会有议定预算之限期者,几无法引用。英国沿用此制,因为英国是责任内阁制,国会若无力推翻内阁,即无力变更内阁提出之预算,通常所讨论者,多在政策方面而不必拘于钱数之多少,审查时较为简单,得以收其效而免其弊。

兹再将各国议定预算之程序述明,作为比较。

第一　我国

我国现行程序　　我国预算,经过两重立法程序,先由中央政治会议决定概算数,再编预算书送立法院审议。在此两机关,皆设有财政委员会。中政会之财政委员会恒推举财政部长兼中央委员者为主席,在立法院之财政委员会委员长,由院长指定凡概算预算,先经委员会审查,限于十五日完竣,再由大会通过。立法院之审议,先岁出案,次岁入案,最后以全案付表决,而非分编通过。二十年度预算,即依此程序议定。二十二年度预算,只有中央政治会议通过之假预算,并未经立法院审议。

审议制度之缺点　　我国有此两重审议机关,预算理当健全,而在事实上而有大谬不然者。立法院审议预算之权,不能超越中央政治会议决定之范围,而中央政治会议,又系根据主计处所编不负责之概算。此时财政部长任委员会主席,固当负责,然此主席,何能加以详密之审核。又况各部长官在坐,自作辩护,其他委员,大可袖手旁观,何必多言兴戎,故终之以不审查。即或有所审查修改,亦系表面文章。财政部长对此概算,唯一办法,力求推诿,既非经其负责之部员作精详之审核,欲其囫囵吞枣而负责,为财长者,决不如此之愚。

即或中央政治会议有统制全国财政之权,如欧美立宪国家之国会,而预算之编制,由财政部长负责,审查复由其负责,权力之行使,固可分而为二,而行使者仍为一人,无乃极天下之滑稽。中央政治会议所核定者,固为主计处编制之预算,但以负财政责任之当局,自任审查,审查时又无力修改,在财政部长看来,是无异捏造犯罪证据,迫其签字画押。

最可怪者,财政上之弊端,常有从中央政治会议发生出来者。中央政治会议,固为议决国家重大事件之最高机关,现则亦成为政治比武之场所,常以金钱事小,政治事大,无所吝惜。行政长官有作非法之支出者,只须一纸提案,毫无阻碍而通过,贪污之事,常有赖于中央政治会议之庇护。而得卸脱责任者。此种政制,何能树立廉洁政府?长官如此,下官效尤,于是我国政治,陷于不可收拾。

第二 英国

英国国会之议定预算,多有与各国不同之处,其审查预算,为全院委员会,其通过预算,又为逐编通过,通过虽似简捷,而手续却甚周详。英国程序

每年二月,政府提出军费政费预算,国会设有供应委员会,作逐编之审查。此供应委员会(Committee of supply)以全院议员为委供应委员会

员,开委员会时,议长以袖掩面,悄然离位,另由委员长主席,于是议员可以放言高论,批评政府。在讨论时,先由负责长言出席说明,如海军预算由海军总长说明,陆军预算由陆军总长说明,政事费则由财政部之财务次长说明,报告详细情形之后,各党议员,提出批评与赞助之辞。在委员会中,各议员有发言之自由权,且有核减某部分经费之提议权,但不得提议增加。而实际情形,皆经各党推举熟悉情形者发言,庶可作肯綮之辩论,其他新入国会者,只能高坐在后面,洗耳静听。主要辩论经过之后,其他议员,可以发言,或质问,由负责长官答复。其有不愿口头质问者,亦可用纸面提出质问,由负责长官纸面答复。更提议核减某部分预算,必须提议者编成一编预算,并须政府将同编预算原案收回。但政府决不愿收回原案,若同时有两编预算存在,便成为增加预算,故私人议员有增减预算之权,而无法运用其权力,只能就其所见,尽量批评,以待政府之自动地修正。议员之批评,无论如何激昂,决不能变更政府所提之预算案。

准支补助　　每编预算审查之后,决定一总数,报告大会,作成决议,即为通过。其所通过之数,仅限于须从国库供应部分,至各机关之收入,称为准支补助(Appropriation in aid),则不在内。盖各机关收入,例不归入国库账内,即非国库之收入,将来各机关收得此数时,缴予支付署,由财政部掌管。故此等收入,只有行政上之管理,而无立法上之核准,国会所核准者为支出净数。至今论者,以此种例外为不当,然惯例如此,至今无改。好在英国行政管理甚严,各机关不能因在国会核准之外,作何不规则之收入或支出,尚无大碍。

审查期限　　岁出预算,共一百五十余编,逐编审查通过,议员在供应委员会中,又可自由发言,则所须时间,将无从限量,势必使预算之通过稽迟,且妨碍他项法案之讨论。国会议事法规定,供应事项,限于二十日完竣,以免耽误他案,故每年只能挑取重要各编,加以辩论。每至第十八日,几于结束辩论,至十九日急忙中将尚未审查者,决定各编总数,至二十日报告大会,完竣全部。以故每年所能提出辩论者,仅为全部预算三分之一,其余皆为急就之章。有时因有某几编预算,事关重要,经主管部长提议,得延长会期三日。至于确定基金项下之支出,从前已有法律为之决定,供应委员会无须加以审查,亦无须报告大会通过,盖视为必然之支出。

岁入预算之审查,则另有筹款委员会(The Committee of ways and means),其组织与程序,与供应委员会相同,由度支总裁负责报告。因其所报告者为一年度预算中政府筹款之政策,关系于人民之负担,为一般所重视。而度支总裁亦聚精会神,源源本本,说明其财政政策,称为 Financial statement。度支总裁之预算演说,先说明上年度国库收支决算情形,有若干剩余,拨入偿债基金。次言本年度收入之预测,与本年度支出相差之数,若有剩余,将作何用,如其不足,如何增加筹款。各种税制税率,如何变更,可以增收若干,以谋预算之均衡,并提出本年度之财政法规(Finance act),国债情形及处理办法。最后则说到依此财政政策,将来财政上、经济上、贸易上、社会上以及其他各方面将有如何之发展与希望,法规上所列各种税率税制之变更,自次日起即发生效力,亦有规定施行期者。筹款委员会

下议院每年自二月中旬起开始辩论预算,同时有他种议案急待辩论,故供应委员会常遭搁置。议会为使预算之通过不致过于延迟起见,限定每星期四日为供应委员会会期,然全部岁出预算之通过,仍多延至八月,始能告竣。岁出预算总数决定之后,筹款委员会始将筹款总数,报告大会,使两方数额相等。如此决定之后,审查延迟之原因

乃将决议转送上议院,上议院之议定预算,亦经过审查报告等程序,与下议院同,最后呈请英皇公布。

<small>预算委员会</small>　　下议院以每年预算之在委员会及大会,仅能从政策上辩论,而内容如何,从未作详细审查。为救济此项缺点起见,一九一二年乃设置一预算委员会(Estimates committee),有委员十五人,每年择取重要各编,作详细之审查,以考查各机关预算编制之原意如何,有何可以节省,有无糜费或重复,或不需要之费用。但其性质,与各国之预算委员会不同,仅备国会咨询之用,以考查所见,报告大会,而不能修改原案,亦不能影响立法程序。惟国会有此报告之后,将来讨论预算时,可以获得确实之资料而发言,以补助泛论财政政策之缺点。

第三　法国

<small>法国程序</small>　　法国国会之议定预算,在两院之中,各设有财政委员会(Commission des finanees),下议院有委员四十四人,上议院有委员三十六人,由全院选举,但依各党之议席而分配。此财政委员会又设有分委员会,以便将预算作分编之审查。每分委员会设有一报告员(Rapporteur),各以审查结果,报告于财政委员会主席。财政委员会亦设有一总报告员(Rapporteur général),及二位副报告员,将审查总结果报告于大会。凡此委员会,皆于每年十二月两院集会之时成立。

大会分编讨论预算,每编预算之讨论,分为两部分,先大纲,次及其科目。关于大纲者,如预算之计划、经费之增加、财务行政制度之缺点、支出之未能节省等问题。反对派议员,则肆力攻击,温和派加以辩护,主管部长则提出其主张,口搏舌战,各骋雄辞。各派意见发表完竣,乃开始作科目之讨论,并及其附带法规,由报告

员根据政府原案及审查会之拟定案,逐层解释。各方面尽情讨论之后,乃作表决,转送上议院。上议院之讨论预算,与下议院相同。故主管部长出席于下议院后,复须出席上议院,若其预算原案经下议院修改而艰于奉行,尚可乞巧于上议院,恢复原案。国会逐编通过,至于完竣,除审查作报告之时间外,单讨论预算,常费时三数月之久。

岁入预算,不能分编,乃合全部讨论,因其内容繁夥,凡各项税制之整理变更,各项收入数额之支配,关系重要,为国会中争论最多之处,讨论之时间特长。

从前会计年度在一月一日开始,国会之审议预算,自上年一月着手,至十二月底必须通过。现在会计年度改自四月一日开始,议会之审议亦顺延三个月。国会审议预算时间如此之长,有几项原因,其一为国会之审议极精详,又有修正之权,议论纷纭,不免迁延时日。其二为因争议而预算不能通过,内阁辞职,又须重新提出预算。若内阁不能在国会占大多数,即常有因预算而倒台之危险,一年之中而倒阁数次者,常有其事。以故常有年度已经开始,而预算尚未通过,救济之法,则由期前通过一月或数月之经费总数,使行政得以继续进行,称曰 Les douziémes povisoires。在大战期间(一九一四——一九一八),政府从未提出预算,仅由国会按期通过准款,足供政府六个月或三个月之经费数,用罄时再请准款。每年度经过后,由政府将经费支出之数,报告国会。

第四 美国

美国国会之于预算,从前国会中设有八个委员会,编制预算,彼此无联络,分途报告于大会。自新预算制度施行,国会审查预算

<small>美国程序</small>

之组织,乃不能随同变更。众议院经一九二〇年六月之决议,参议院经一九二二年三月之决议,各改设一个预算委员会,称为准款委员会(Committee on appropriations)。众议院之准款委员会有委员三十五人,由议员推选,多数党例占二十一人,少数党占十四人,由各党集议,决定之后,再提出大会通过,其主席恒为多数党。准款委员会复分十个分委员会,分任各部预算之审查,其分配如下:

1　财政部及邮政局　　6　内务部
2　哥伦比亚区　　　　7　海军部
3　参谋部　　　　　　8　国务司法商业劳动等部
4　农林部　　　　　　9　立法部
5　总统府及各独立局　10　预算不足

各分委员会中之委员,多则十人,少则五人,各部行政长官于审查时,出席分委员会,说明原案,并备询问。各委员会录取问答之语,并作成建议,及具体议案,由委员会主席报告于总委员会委员长,其文字之长,常至一万五千页。委员长以此项报告,提出于全院委员会(Committee of the whole house),以一百人为法定数,是为初读。各议员可以于此时作长时之辩论,有长至一小时者,全部辩论时间,原限于三小时,实际上常延至七八小时不等,发言秩序,皆事先排定。总辩论之后,人于第二读,各议员可以对于预算之某项,任意发言,惟每人以五分钟为限,是为五分钟发言权(Five minutes debate rule),在此两次辩论,发言人可以借题发挥,或提出修正。至二读完结之后,三读即为通过,转送参议院。参议院审议之程序,与此相同。准款委员会仅有委员十八人。又全院委员会讨论时,议员不得于原预算案增添新项,或增加数额,惟从前法律已有所规定,或从前有所决议,或经院中常置委会依法提议者,方得增加。

第三章　预算议定之程序

第五　日本

　　日本议会，在贵族院与众议院，各设有常任之预算委员会，审查预算。贵族院有委员四十五人，众议院有委员六十三人，皆由议会选举。议会对于预算，先开总审查会，决定审查之方针，提出各项主要问题，然后分科审查。各科以审查结果，报告委员长，复由委员长报告大会，讨论通过。两院之审查预算，各限于二十一天完竣，必要时得延长五天。

_{日本程序}

第四章　预算议定之范围

预算以通过为原则

议会之讨论预算案，与他种法案相同，可以尽量批评、修正，或否决，或通过，一任议会表决。惟预算案有二点与他种法案不同者：（一）即他种法案若不能通过，可以缓办或取消，预算案若不通过，而政府之财务行政，不可一日中断或停顿，虽不通过，仍须照常施行，所以议会对于预算案务必及期予以通过，以免阻碍行政之进行，在此限度以内，自可以批评修正。（二）收入与支出预算，其中固有应兴应革者，不妨提出，特别加以讨论，至平常收支之数，只有数额多寡之争，但不能全部不要，所以在审查时，可以力求详尽，殊不必引起政争。本来预算虽系列载收入支出之数额，实可以从数额以稽查行政，很容易从中觅出指摘之点。各国议会，皆有党派，若是为党争，而藉预算上极微细部分，作为政争之资料，殊可不必。议会中所争论者，当在政策之决定，至若预算上之支节问题，可以交付委员会审查，或为尊重行政部责任起见，而予以通过。预算议决之范围，在议会本有通过或否决之权，然在政治上轨道之国，常不愿以预算为政争之具，而使其不成立，若欲推翻敌党之执政，不妨于预算成立后，借用他种题目。由此看来，议会对于预算案当于予以通过之范围内，求解决之法。

议会之议决预算，是包含收入支出之全部，以达其事前监督之目的。然预算书中所列款项节目，极为繁赜，若欲全部预算逐项审

第四章 预算议定之范围

查清楚而后通过,虽以全院之人力与时间,从事于此种工作,亦恐不能完成,即或能完成,而搁置他种法案之讨论,殊为不智。故在议决之前,可以讨论财政政策,可依经费之性质,加以程度不同之审查,庶费力少而收效大。

经费可分为两种,一为有固定性者,一为年年有变动者。有固定性之经费,或系从前法律已经规定,或系经常费,如果不变更法律与制度,所需费用,年年相同,可以比较上年度预算及决算之总额,有无增减,即可明了,殊不必枉费审查与通过之手续。其他年年有变动者,则非详细审查不可。〔岁出议定之范围〕

有固定性之经费,如(一)宪法上规定之各项经费,(二)政府负有契约上之义务必须支出之经费,如公债之偿还,(三)继续事业经费,(四)特种建设事业费。其他行政费军备费数额,年年有增减者,审查时亦可依经费之性质,加以区别。凡带有经常性质者,如果数额不变更,自无容审查。至临时费部分,则非详细审查不可。惟军备费一项,数额常大,方面又多,糜费之处,事所必有,议会本应加以详细审查,愿以关系军事机密,即审查亦无法彻底,故各国多有从军费总数额求限制者。

岁出预算议决之范围,虽系包括全部预算而言,任何支出,皆须经议会审查而后通过,实际上可分为两部。其有确定性者,成为长期间之预算,每年审查议决者,不过是限于有变更伸缩性之部分。〔岁入议定之范围〕

岁入预算,亦必经立法院通过。各种收入之中,有永久与暂时两种性质。属于永久性者,自不必年年通过,而属暂时性质者,例如各种赋税税率之变更、新兴赋税及征收方法之变更,都必须通过后方能执行。国家所需经费,年年不同,岁入之数,以适合岁出为度，不可超过或不足，因之各种税率之变更，在事实上为不可少。中国田赋赋率，数百年来不变，除因灾歉减免而外，国家无须另行规定。其他各种消费税，现在完全由财政部决断。以法理而论，未经立法程序者，不能有效，然我国财政事项未经立法程序者甚多，已成司空见惯。英国岁入，凡一年所征各税有须变更者，则规定之于每年财政法中，由筹款委员会审查，报告大会通过，其他不变更者，仍依从前法律办理。美国则对于海关税及内国税率年有变更，其他如邮费、吨税、官业之出卖等，皆以法令公布，而不再预算中讨论。法国不然，宪法上规定，任何收入，每年必须提出议会通过，而后政府始能征收。此种规定，为当时立法者误解英国宪法规定之意义，以为一切收入，皆须经议会通过，方为有效。例如关税税率，本有永久性质，在未修改以前，年年遵照征收，而主管长官，亦必将税率表送达议会通过，否则议会可以提出质问。此种宪法上之规定，看来毫无意义，而法国人认为并无弊害，仍然保存，不仅保存，而且非依法实行不可，更可以显出法国人遵守法律之诚意与精神。

预算法之规定　　我《预算法》中规定立法院审议预算之范围，在岁出预算，以岁定经费及拟设定之继续经费为限。对于原有继续经费及恒久经费，非依法律不得变更或加以废止。各项经费之审议，至第三级机关单位岁出各纲为止。每第一第三级机关单位，应按基金分经常与非经常各为一子案。其非可以机关单位划分之特种基金，应按每一基金分经常与非经常各为一子案，均经按纲决定后，再决定其子案之总额。子案之审议先经常，次非经常，分别议定后，再以岁出全案付表决。

岁入案之审议，以拟变更或设定之收入为限，审议时，以每一种收入为一子案，并应按收入之来源，决定下列各款：

一　为税收、特赋、课捐或规费时,其征收率。

二　为专卖行政所入之售价,有独占性之公有营业收入,或公有权利财产之租金,或特许使用费时,其价目。

三　为信托管理所入时,其条件。

四　为无永久性之财产变卖所入时,其限制。

五　为协助所入,或长期借赊所入时,其数额。

六　为有永久性之财产变卖所入,收同或减少资本所入时,其种类及数量。

七　其他收入,应以法律限制者,其条件。

前项各子案,分别议定后,以岁入全案付表决(第四十五,四十六条)。

第五章　准款程序

准款程序之重要　　立法部通过预算为一事,而准许行政部从国库动用资金,当又为一事。预算通过之后,必须立法部准许行政部依照预算通过之数额,从国库拨用,行政部方能领款。否则预算虽通过,而行政部仍无领款之权,亦无从执行预算。

在各国国库由行政部掌管者,则国库之出纳,不必经立法部核准,行政部有自由动用之权。大多数国家,如我国、日本等,只要立法部通过预算,行政部遵照执行。至动用国库金为行政部固有之权力,不必经立法部准可。而在英国,国库由国会掌管,为须有准款一层手续。

英国之准款案　　英国岁入预算通过之后,随即通过一财政法案(Annual finance bill),以完备征收各项赋税之效力。于岁出预算通过之后,又须通过一准款案(The appropriation act),决定于是年度从国库(Out of the consolidated fund)共拨款若干予政府,其数额与岁出总数相一致。政务费各编并列举数额,以限制各编间之流用。在此案通过时,国会议员又有一辩论财务行政之机会。

挂账案　　预算全部之通过在八月,此准款法,因国会诚恐政府于通过后太有拨款之自由,常迟至十月始通过。为使政府于年度开始时能依法动用国款起见,每于三月尾,由供应委员会提出一挂账案(Vote on account),通过于大会,暂准预算若干。再由筹款委员会提出一拨款案(The consolidated fund act)暂准从国库拨款若干予政府。此笔整数，约等于三五个月之经费，有此决议，政府方有动用国款之权，但有一定限数。若是拨款案中规定之数将用罄，而准款法尚未通过，于是再请国会通过数个月经费数之挂账案及拨款案。将来通过之准款案，仍包括此等拨款数在内。有此拨款决议之后，财政部再依行政手续，请求提款。 _{拨款案}

假使国家遇有非常变故，如战争之类，支用浩繁，而又紧迫，不能编成预算，亦不能依照平时手续请款，于是有信用案(vote on credit)之制。由政府向国会提议一笔整数之预算，仅规定其大体上之用途，并无细目，经供应委员会审查，报告大会通过，随由筹款委员会提出拨款案，报告大会通过。无论需要如何紧急，而程序必须履行。每至拨款数用罄，由政府报告细账，并再行请款。大战时，军费之供应，即依此项程序准款。 _{信用案}

此等手续，固极麻烦，但国会可以斟酌当时财政情形，如有紧缩之必要，可以核减数额，是于预算作事前监督之外，在准款时又随时加以监督。行政各部受此限制，亦可以减少浪费。在一年一次准款者，即难免行政部于前半年则任意滥用，及至后半年，发现预算不够，不免于追加预算之提出。 _{其效用}

第六章 两院之议定权

两院问题　　在一院制度之下，一院有决定预算案之最后权，故于议决权，不发生问题。若是在两院制度之下，例如法国、美国有上下两议院，英国有贵族院、众议院，我国从前有参众两院，则预算决定权，难免不发生以下几个问题：

一　预算之先议权，究属于上院，抑属于下院。

二　上下两院之议定权，究有无差别。

第一个问题预算之先议权，各国都属于下院，因国家之财政，与国民生计相关，从丰从俭，须适合国民经济情形，故应由人民选

两种解决法　　举出来之代表议决。第二个问题，据各国制度，有二种解决法：其一，如美、法、日等国，下议院通过之预算，转送上院，上院对于下院之决定，有不同意时，可以修正，退回下院，征求同意。如下院同

（一）两院协议　　意，即为通过。如下院不同意，则由两院各派同等人数之代表开两院协议会，折中双方意见，成立预算案。如其两院意见仍然龃龉，则预算作为不成立，另由行政部重编。

（二）上院无否决权　　其二　如英国制度，预算议决之权，完全操于下议院，上议院之议决权，受宪法之限制。从前英国上院有修正预算之权，两院意见，常能一致，不发生何等问题。一九〇九年，自由党内阁举办各种新税，如所得税之差别课税，遗承税之改进，土地税改为土地增值税，中产阶级以上的人们，尤其是一般贵族，负担增重。此次财

政法案在下议院提出因为自由党占大多数,照政府提案通过,而被上议院退回,认为此次预算,两院意见冲突,非经国民重下判断,则上院不能赞同,成立决议。其时内阁总理为爱斯葵士(Asquith),又在下议院通过一个决议,谓上院否决政府之财政计划案,为破坏宪法,侵犯下议院之权利,遂自动解散国会,从新选举,以征求人民意见以为决。选举两次之结果,自由党仍然胜利。一九一一年,政府遂向下议院提出一个议案,限制上议院之议决权。(一)"凡金钱法案,在下议院通过者,最迟须于下院闭会期一个月之前,送达上议院,若上议院于收到后一月之内而未通过,又未修正者则无论上议院议决与否,除遇下议院发生反对以外,此项法案,即进呈英皇裁可,作为国会之法案。"(二)何者为金钱法案,由下议院议长决定,如赋税之规定、征收、废止、免除、变更、拨款之支付、经费之支配、国库之支出、收纳、保管、监督、公债之发行与偿还等,皆属之。自此之后,英国上议院之预算议决权乃受限制,凡关于金钱法案,上议院没有否决之权,俱由下议院作最后决定。

其他各国,如比利时、奥国、西班牙、丹麦、德国皆效法英国,下议院于预算有先决权,而上议院之议决权,受宪法上之限制。惟法国在宪法上无明确规定,按之惯例预算先经下议院议决,再转送上议院议决,两院同有修正之权。好在法国人富于调和精神,上下两院彼此不敢侵越权力。

第七章　预算之成立与不成立

<small>预算不成立之原因</small>　　预算案由立法部通过之后，经一国元首公布，从会计年度开始之日，发生效力，是为预算案之成立。但预算亦有到会计年度开始时尚未成立者，预算之未能成立，不外下列几种情形：

一　立法部不存在　如立法部因故解散，无从行使其职权，自无从成立预算，又如在专制政体之国，无人民代表所组织之立法部，更是没有预算，纵有预算，乃系行政部所编制者，并未经人民代表允许，只是一种假预算。

二　立法院没有讨论预算　如立法部在会计年度开始时，始召集开会，所有时间，皆用在讨论他种重要法案，无暇讨论预算。

三　讨论而没有议决　此种情形，有由于：（1）议会中对于预算发生争执，到期不能议决，（2）上下两院协议不成，（3）同遭两院否决，（4）讨论尚未终了而议会突遭解散。

<small>救济方法</small>　　预算若不成立，在专制国家，认为无足轻重，但在宪政国家，认之为国家之重大问题，凡收入支出，都失去法律上之根据，行政官吏，将无从遵守，因之又须有救济之法如下：

一　通过信用准款　议会若是不及成立预算，可以酌量何时可以通过，对于通过前之期间所需之经费数额，通过一信用准款案，待预算成立后，在预算经费中扣除。

二　动用准备金　惟此项基金为数究少，只在短期间可以救济。

三　照前年度通过之预算施行　比较有效之方法，还是此法。

我国《预算法》之规定，原以立法院系常置机关，无上述第一第二两项预算不成立之理由存在，惟于审议预算有一子案或数子案不能通过，致总预算不能依期审议完竣之事。第四十八条之规定，遇有此等事情，立法院应送呈假预算于国民政府，其内容如下：

一　恒久经费及原有继续经费。

二　已经议决之新定继续经费，其未经议决者缺之。

三　已经议决之岁定经费，其未经议决者，暂依现年度之经费，现年度无此项经费者缺之。

四　未经提议变更之原有收入。

五　已经议决之收入，其未经议决者，除系非经常收入外，暂依现年度之收入办法，现年度原无此项收入者缺之。

此项假预算，经国民政府公布后，与法定预算有同等之效力，其有效期间，至法定预算公布日之月终为止，以后遵照法定预算执行。

第四编　财务行政

第一章　财务行政之职权

预算经人民代表议定，并经公布之后，行政部遵照执行。至决算报告完成为止是为预算之执行。行政机关按照预算规定之岁入岁出，执行收入与支出因谓为财务行政。财务行政包含之方面甚多，本编逐层加以讨论。

政府财务行政之权，当为人民代表机关所授予，与一般行政权之授予相同，然财务行政权有其特质存在，不可不察。其一，在各国政治史上，柄行政权者，任意向人民需索，无所限制，其穷无力者，受压较甚，人民全体生活，皆感困苦，经人民不断之奋斗，力获得财政之管制权，前于绪论中说明。此项财政管制权之得来，既不容易，故弥可宝贵，牢牢把住，不使重复失去。<!-- 财务行政权之特质 -->

其二，各种收入与支出，无一不与国民经济生活，息息相关，又为全国一切行政之所由系，从财政所加之统制，可以及于全般。故每年度议定岁入岁出预算一次，以限制行政活动之范围，人民欲考察政府行政之成绩与国家财政对于个人关系者，俱可从预算及决算中求得。近代国家，在以财务行政权授予政府之际，即为之作周密之规定，使毋逾越范围，政府之行使此项权力，亦当随时体验立法者之意志，负责执行。

其三，现在国家之职分，其认为必须推广范围，许多关系于公共生活之事业，从前视为可以任私人自由经营者，现在皆认为有由

第四编　财务行政

国家办理之必要，至规模宏大之事业，非私人经济能力所举办者，皆须由国家办理。又现在之国民经济生活，以国家为单位，内对国民，外对他国，皆须由国家施以统制，以谋国家经济之发展。国家如何以财政力量，运用全国国民之经济能力，以发展国家经济，是为今日立国之极大问题。财务行政既如此重要，则当授予权力之际，即随时考察国家财政之膨胀，有无违背此项目的之处，并其成绩如何。

<small>财务行政之两原则</small>　　财务行政之职责，既如此重要，如何能使政府胜任而有效，则当严守两个原则，其一为充实财务行政之力量，其二为节用财务行政之力量。

<small>其一为充实力量</small>　　何为充实财务行政之力量？此问题之答复，须先明了财务之内容，财务行政可分为四项职分如下：

<small>财务行政之职分有四</small>　　第一　计划财政　计划财政之事，大部分皆用在编制预算之时，谋岁计与现计之适合。所有财政计划，当根据于政府之行政方针制定。行政方针乃行政部与立法部，合同决定，由行政部按照国情之需要，拟定计划，经立法部审查后，予以许可施行。或由立法部制定计划后，责成行政部遵照执行。凡此由行政部或立法部立定之财政计划，皆为根据于国家总制之原理，适应国情之需要而制定。在施行之时，若因事态变化，仍当有伸缩之余地，故一年规定一次，其目的即在期能适应现情，在一年度之短期间内，可以贯彻而无缺。即或遇有紧急变故发生，财政政策有变更之必要，所变更者，亦必根据于一定之政策，如战争发生，军费之需要加大，则各种经费，凡与战争无关系者，停止其一部，移作战费。又如国内发生灾难，国民生产力减损，收入减少，而补济人民之经费加多，欲谋收支之新适合，于是须谋新的税收，或发行公债。

第二　经理财政　经理财政,为征收赋税及各种收入,发行公债,管理国库,发放经费,及举办与财政有关系之事业,如造币印刷,公共建筑之类。

第三　管理财政　为对于征收机关,考核其是否确实,各机关支出,是否合于预算之规定,还须斟酌实情。考核各项支出之行政效能如何,有无可以节减之余地,遇有变更预算规定之事,须考察在行政效能上有无必要,是否可以增加效能。此项管理,为行政部在经理时应负之职责,以免除经理财政时之过失,与监察机关之监察权性质不同。盖后者为一种治权之行使,而财政管理,为行政部期无负于职责,自己应有之设施。我国普通所称之稽核,仅为行政管理之一端。

第四　清理财政　为年度终了结算一年度各项收支账目,以便送审计部审核之后,转达监察机关,解除施行之责任。

此四项职分,有不可分割之关系,若缺其一项,或有头无尾,或有尾无头,则全部财务行政之效力,不能发生,即其存在部分之职权,亦不能运用灵活。财政部为经理财政之机关,当同时以计划管理清理三项职分,俱责其负责执行,财政部之行政能力加大,是谓充实财务行政之力量。兹将此四项职分不可分离之理,加以注释。不可分割之理

一　计划财政,有不可与经理财政相分离之关系,财政计划,贵在实行,然是否能见诸实行。当视此项计划是否依据实情而制定。此实际情形,如各种收入之预测,每年所能供应经费之限度,与夫各机关所能节用之情形,惟财政部知之较审,从经理财政上所定之财政计划,方为确实。反之经理财政者,不可不有计划。计划云者,为经理财政之矩范,为策动财政之目标,无计划而经理财政,是犹航海之无指南针,随风飘荡,危险实大,两项职分,若由两机关计划与经理之关系

分负其责,其势必成为你编你的预算,我管我的财政,你定你的计划,我作我的计划,你不对我负责,我不对你负责,两无关系。预算上所规定之计划,不与财务行政之实情相适应,则预算不能实行,财政秩序,亦必紊乱。若是财政计划由财政部负责,预算由财政部编制,方能成为负责之预算。财政部负筹款之责,增税举债,皆不免受人民之怨尤,此中痛苦,惟财政部知之,非其他支出机关所能代为分忧。财政部处此情势之下,在应允各机关预算时,自非慎重加以考核不可,应允之后,自非依数供应不可,庶于预算施行时,少有窒碍。即或财政部在岁入方面,有加税或举债之必要,亦可以各种经费不能再减之理由,宣示出来,以增进人民对于财政当局之信任,共同解决财政之困难。

管理与经理之关系　　二　管理财政亦与经理财政有不可分离之关系。财政之监督,有自力管理与他力监督之别,预算监督于事前,审计监督于事后皆为他力监督,其效皆为有限。假使财务行政有违反预算规定之处,或依照预算施行而有糜费之处,审计部不明了各机关之实际情形,则无从作充分之监督,因之从财务行政上随时依照实际情形所加之管理,极为重要。现在各机关之收入与支出,由各机关分别管理,在管理上松紧之程度,各不一致,对于支出,则任其增多。为减少各机关之浪费与增加效能计,是不能不有一中枢管理制度。

　　财政之管理,必须与经理同时并行,各机关有依照预算规定决定支出之权,财政部于决定支出时,施以管理,于是有部派会计之制;于偿付款项时,复加以管理,于是有统一支付之制,此两项制度之实施,必为财政部,非待其审核,不予发款。此时所加之管理,最为有效,若是两者分开,则统一会计,仅能虚有其表。如我国由主计处统一各机关会计,由处派驻会计长,各机关会计长对于主计处负责,然主计处不负供应经费之责,则此项会计长之审核支出又何必为财政部节省供应费,而开罪于本机关之同事。在各机关自任支付制者,各机关决定支出之后即可支付,只要数额不错,自然不顾其他情形。即或能统一支付,支付机关亦唯凭各机关之付款通知书发款,无从查明其内容,是统一支付之效力,亦不免因之减损。总而言之,经理财政而无管理之责者,则经理上不能整饬,管理财政而不从经理上着手者,其管理必难负责。

然各机关常有不愿受财政部管理之情形存在,诚恐财政部把持各部之支出,遂谓其有违反治权分立之原则。若是治权可以分立,则各机关可以不守立法院通过之法律,不用考试院考选之人才,不用市政府之电力水力,一概非自订自备不可,其支解国家总体之组织,不待烦言而解。至其他不合于理之处,留在第七节再论。

三 清理财政之与其他三项职分,亦不可分离。财政之清理,当以原来编制预算之计划,及经理时所获之实际经验,管理时所考查之实在情形等,作为根据,方能作有效之清理,且可使清理行政,增加效能。否则清理时失去各种根据,则所清理,仅为数字之汇算,而不能从实质上清理(参考十四节以下各节)。理清与他三项职分之关系

此四项职分不可分离之理由,已如所述,故当以此四者,同规定于财政部职权范围之内,以充实其力量。然财政部之职务,如此殷繁,是否有力量面面顾到,亦成问题。因此又须财政部节用其力量,以收全效。

所谓节用力量云者,在增进财务行政之效能,而效能之增进,有赖于二事,其一为制度之关系,其二为人事之关系。其一为节用力量

一 以财务行政制度而论,欲使其健全敏活,必须具备四个要件:制度之关系

第四编　财务行政

1　财务行政组织之统一，与责任之贯注。
2　各项职务之分划，必须合理化、简单化、整齐化、敏捷化、专责化。
3　严守预算及各项财政法规之规定。
4　各部分须有适当之管理机构，不重复而又易发生效力。

<small>与人事之关系</small>　　二　在人事之关系，必须服其务者，忠于其事，苟人人能以忠诚廉节自矢，以增进财务行政效能为信条，则制度上扞格不合之处，亦容易改进。否则即有良好之制度，假使运用不善，则全盘皆虚。然欲使制度之运用咸宜，亦须执其事者，了然于制度之作用。本书对于财务行政制度之讨论，哓哓不已者，意即在此。

<small>现在各国财政部之通弊</small>　　现在消磨财政部精力最多之处，则为经理收入。财政部负筹款之责，供应各机关之经费，使无缺乏，而财政部之见重于世，即因其手兖此项财权。若欲财政部成为治理财政之总机关，则当使财政部之组织，够供履行此四项职分之用，而将征收机关，摒之于财政部本部之外，隶属于财政部，使其稍得独立，不以征收机关为财政部长荷包中物。征收机关若能独立自治，则向人民征收之税款，可以向人民公开，是可以减少各方面对于财政部之疑忌。财政部从上加以指挥管理，与管理全国各机关之支出相同。如此财政部左手管理支出，右手管理收入，全国财政，方可作适当之统制，比之两手紧抱征收机关者，其效能当大不相同。

<small>财政部之合理的组织</small>　　为使财政部能充分行使上述四项职权，则财政部本部，只须设置财务司、经营司、清理司三司，即可够处理财政全部事项，职务之分配拟如下：

一　理财司主管关于一般财政与国民经济事项：

1　编制预算

2　厘订税制及各种收入制度　　交各征收机关执行

3　管理金融货币银行汇兑　　交中央银行造币厂执行

4　国债　　　　　　　　　　交中央银行及国债基金保
　　　　　　　　　　　　　　管委员会执行

5　各种基金与官产官业　　　分交与有关系之机关办理

6　国际经济财政关系　　　　与外交殖民实业各部办理

7　财政部总务

二　经营司主管对于各机关收入与支出事项：

1　国库往来　　　　　　　　与中央银行之关系

2　发放经费　　　　　　　　与审计部支付署之关系

3　考核各机关支出　　　　　与各机关会计之关系

4　监督地方财政　　　　　　与各省财政厅之关系

5　行政效能之研究　　　　　与各机关会计之关系

三　清理司主管各机关会计报告与人事事项：

1　会计　　　　　　　　　　与各机关之关系

2　人事　　　　　　　　　　各机关公务员之任用与薪俸之规定

3　机关组织

4　决算报告

5　国富调查与统计

6　出版

三司职务之分配，各因其有关系之关系。至于计划财政之事，则由财政部长及次长主其事。财政事项，牵涉各方面，然不难化繁为简，有此三司，即可够用。实则司长处于计划管理之地位，其他细密工作，俱可由科长科员办理，遇有重要事项，又有次长处理，大事则由部长主持。若是每项职务设置一司，势必设十余司，失去财务行政上之联络,而有牵扯不灵之苦。

财政部之外,又须有几个经营财政事业之机关,受财政部指挥者,如下:

一　间接税局

二　直接税局

三　支付署

四　造币厂

五　中央银行之代理国库部分

六　印刷局

七　国债基金保管委员会

各国各有其实际情形,此项组织,不必仅能适用,有时因特殊事项,非有人专管不可者,然究其大体,欲使财政部成为统制全国财政之机关,则充实财政部之力量,与节用其力量之两项原则,实有严守之必要。

第二章 各国财政部之机构与职权

各国财政部之职权,各有所不同,其成功之程度,因之以异。兹说明各国财政部之现状,以资比较。

第一节 我国财政部

我国财政部,隶属于行政院,与其他各部,立于平等地位,对于各院各部之财务行政,无干预之权,其行政权不得超过财政部管辖范围之外。然以财政为一切行政之命脉,事事又非有财政部长预闻不可,乃以之兼任行政院副院长,又以中央委员之资格,任中央政治会议之财政委员会主席,故其政治上之权力甚大。财政部长有政治权而无财务行政权,其对于各院各部,只能运用政治权力,从经费总数上限制支出,亦可以补救其行政权之所不及。然不能作细密之考核与管理,难于获得切实之效果,纵有管制,亦属空洞。各机关财政之决定权,俱凭藉政治势力之比武,在长官有势力者,支出极为宽裕,其无势力者,若非藉付于他项势力之下,即难得经费之发放。以此各机关事业之发展,不纯基于事业轻重缓急之性质,而长官势力,反为先决条件。此种情事之酿成,原因非一,各方面潜伏势力如此之大,事权乃无法集中,此其主因。财政部长手筦国库财宝,各方面对之有不胜羡慕而又嫉妒之概,遂不顾事理之需

财政部长之职权

第四编　财务行政

要，但从组织地位上限制财政部之行政权，毋使逾越范围，索款之时，再以势力去斗争，较为得计。驯致财政部长对于财政，无法负责。而财政部亦不愿居理财之虚名，反乐得经理财政之实用。以此全部财政，陷于纷乱，大小官吏，可以恣暴自为。

<small>财政部之组织</small>　　财政部之组织，在部长之下，设有政务次长及常务次长，又有参事四人，秘书八人至十二人，分别处理部务。至于各方面之财政事项，则由三署六司分掌如下：

一　关务署主管关务关税。

二　盐务署主管盐务盐税。

三　税务署主管统税、印花税、烟酒税、矿税之征收。

四　总务司。

五　赋税司掌理税制之拟订、整理、调查等事，及官产沙田之管理。

六　公债司掌理国债之发行、偿还、登记及证券交易之取缔。

七　国库司掌理国资之运用、出纳、稽核、登记及各种基金之保管。

八　钱币司掌理币制之整理、调查，货币金银之出入，银行造币厂之监督。

九　会计司掌理财政部对各机关往来之会计。

从前会计司掌理预算决算事项，自主计处成立之后，划主计处办理，会计司职务之范围，因之缩小。其他各司职务仍旧。

第二节　英国财政部

<small>英国财政委员会</small>　　英国古制，认财政非常重要，一设有财政委员会（Treasury

board),由一位正财政大公,至三位副财政大公(one First Lord and three Junior Lords of the treasury)组织,正财政大公通常兼任首相,此项委员会至今存在,但非遇有特别事情,很少聚会(自一八二七年以后从未开会)。财政委员会有其官而无其职,大公之薪俸,比其他官吏为高,即首相亦不领首相之官俸,而拿大公之官俸。现在看来,此种有名无实之委员会,何以还是保存,虚耗国帑,而在英国,确有其用途。首相以正大公之资格,参加关于财政之意见,而且有许多重大政策,莫不与钱有关系,都由他决定。其他三位大公,通常以党中前辈或有身望者担任斯职,他们可以他种资格,对于内阁之财政会议,参加意见,而不用大公名义,以尊重内阁之责任。此种官职,与日本枢密会议略同,惟日本之元老,是终身职,而且是参预一切重大国政,在英国仅限于财政而已。

在财政委员会之外,实际上负治理财政之责者,为度支总裁(Chancellor of exchequer),为大公之一,其下有一位财务秘书,即政务次长(Financial secretary to the treasury),亦须由议员中选任,为阁员之一,可以出席国会,是为度支总裁之最高助理,以应付国会及各部发生之问题。有一位常务秘书,即常务次长(Permanent secretary),为综理部务之最高长官,不与内阁之更迭同进退。此外又有一位财政部之国会秘书(Parliamentary secretary),为国会中财政部之名誉秘书,地位虽高,却于财政上不做何事。合此八人,撑拄财政部台面,由此可知英国财政部之组织,比他部之势力远为优雄,可以挟持各部,不得糜费民财。关于一切财务行政,俱由度支总裁全权处理,如遇有困难发生,则八人皆可以出来应战。但是从来财政事项,皆由度支总裁独立出马,其余人们,非遇特殊情形,不出来说话,以尊重度支总裁之责任。

财政部长官

第四编　财务行政

度支总裁之职权　　英国之度支总裁,犹如他国之财政部长,但是英国行政上所处之地位很高,平常以党中第二位首领担任斯职,而且是党魁之第一候补人,其地位既如此之优崇,凡财政计划,都由他一手决定。凡各部所列预算,稍涉糜费者,即与以裁减,各部部长,亦当容忍。收入方面,如课税之范围,与税率之类,亦由其决定,其他国会议员,乃至人民,皆以为经度支总裁决定者,决不至有何错误,与以信任与拥护。每年四月,度支总裁在国会筹款委员会发表其预算计划,宣布各税税率,及收入支出之数额,全国人民,皆鹄候一种好的消息报来,即此可以表现英国人民拥护财长之精神。英国从来以财政制度之完整,为立国最大要素之一,可以在各国称雄长,度支总裁所负之责,无异统率全国经济力,捍卫国家,对于全国行政人员与人民,发号施令,故全国财政行动,能够统一意志。

英国财政部职权,皆国会所授予,其权力虽强,要不能脱离国会通过之法律与预算,即其他法律规定之所不及,预算在执行时之须有变更,亦须依照国会之意志而行。因其能奉行国法,体贴国会之意志,国会乃授以全权,以专责成,夫然后可以运用此权力,对于各部财务行政,加以严密之管理。各部不敢违反国会之意志,乃不能不尊重财政部之职权,遇有临时之措施,须先商得财政部之核准,苟财政部加以否决,各部亦不敢违抗。财政部对于各部之管理,无不曰奉行国家法令,在法律预算规定之范围内,除临时由财政部通知不可支出者之外,各部仍不失其财务行政之自由权,财政部能保持此权力界限,故各部亦不能加以非难。英国以前述四项职权,俱付托于财政部,而财政部之主要职务,乃在对于各收入支出机关之管理。吾故称英国财政部长官,曰度支总裁,较为适当;亦所以表彰英国度支总裁之职权,有与他国财政部长不同之处。

国会授予度支总裁之权力若是之大，并非授予之后，不问下落。国会一方面授以权力，他方面又设立一库管审计长，从旁加以监督。财政部之领款，须经其核准，财政部对于各机关之支出，须按期送达报告，库管审计长依此定期报告，及在各机关之实地调查，而报告于国会。财政有不尽职之处，国会可加以申责。此项制度之运用，当述之于本编第六章及第五编第二章中。因国会查询之严，财政部乃不敢不奉命努力以自效。然反转来看，各国莫不有国会，亦莫不有审计院，亦莫不有最高之监察机关，且亦有行政法院，官吏惩戒委员会等制度，而财务行政反不能清明整饬者，则是政治制度之不良，权力不能贯注，有以酿成。惟独英国度支总裁，因其能奉行国会意志，然后能管理全国财务行政，因其能管理全国财政行政，然后能奉行国会意志，然则英国财政制度有良好之成绩者，仍然是由于度支总裁之能负起责任。财政部所受之监督

英国财政部之职权，一部分是规定于法律，一部分是从实行皇室之行政权而来。关于财务行政制度之主要法规，为一八六六年之国库审计部法，设立库管审计长，然财政部之职权，一并规定在内。其后一九二一年又加以修正，而推广库管审计长监督之范围，不仅限于支出，即其他各种收入与物品之会计，均须有审核，报告国会，财政部管理之范围，亦随同推广。依此等法律之规定：财政部之职权

一　各机关之会计，皆由财政部任用，稽核各机关之支出，是否符合预算，以所稽核之会计，报告于审计长（第二十二条）。

二　库管审计院之书记官事务官，皆由财政部任用，对于库管审计长负责，黜陟之权，全在库管审计长（第八条）。

三　准款会计以外之其他账项，如各征收机关、邮政局等国家

第四编 财务行政

  收入之账项,会计主任之账项,乃至凡属财政部应行报告国会之账项,皆由财政部派员稽核(第三十四条)。

四 决定各项支出预算应引入何机关(第二十二条)。

五 规定簿记格式及会计制度(第二十三条修正法第九条)。

六 决定各银行所存国款之公账(第十八条),并请库管审计长审计此等账项(修正法第三十三条)。

七 财政有权请库管审计长审计准款账中之各项支出,曾否获得财政部之准许,其未经财政部准许而支出者,审计长须报告于国会(条正法第一条)。

除此等管理支出行政而外,财政部尚有以下几项职权:

一 财政部有管理征收之全权,凡内地税局及关统税局之征收人员、征收会计、征收方法、征收时期、征收款项之保管之类,皆由财政部规定,而由库管审计长审计(第十条)。

二 财政部决定各种行政规费之征收方法,或以现金,或以印花(行政规费法第二条),并指定此等收入之处置办法。

三 邮政局收入,除拨付其行政费而外,归于国库者,由财政部管理。

四 森林官产收入,由财政部决定处理办法。

五 造币厂由财部管理,度支总裁为其长官,另设有副厂长,凡伦敦之皇家造币厂,及 Sydney Melbourne, Perth, Ottaawa, Pretoria 等地之造币厂皆属之。

六 国债委员会亦属于财政部。关于国债之发行,偿还,调换等事,由英兰银行处理,其他各机关之各种基金,须买卖国债者,皆由委员会经理。

七 工务局及官书局,由财政部管理。

八　支付署为财政部之发款机关。

九　参谋部及海军部之费用,或关于专门智识,或关于军事机密,方面甚多,范围又广,财政部无从作严密之管理,于是由两部各设有财政次官,主管各该部及其附属机关之财务行政。两部预算总数,须先获得度支总裁之准许,并须以其预算送于财政部,故与财政部有密切之关系。

财政部内之组织,为适合于履行上述各项职务,在常务次长之下,设三司(Department),各设一司长,名曰 Controller。其下再分设各科(Division),科之设置,常因财政事务之变动,而有增设,或减废,或归并之事,职务之分配如下: 财政部之组织

一　财务司(Finance department)　主管岁入、国债、编制预算、拟定金钱法案、确定基金、外国及属地之财政关系、银行、金融及外国汇兑问题、财务行政、审计、会计等事项。

二　供应事务司(Supply service department)　主管公共支出事项。

三　人事司(Establishments department)　主管各机关人员之任用、升调、薪俸、机关之组织、抚恤金、养老金、伤害残废等事宜。

一九二七年八月,又将财务司与供应事务司合并,称为财务与供应事务司(Department of finance and supply service),但分科如故。此外又设有三股。

一　会计股(Accounts branch)　有会计员十七人,主办各种会计,及对于国会及库管审计长之报告。

二　文书股(Clerk branch)　有股长一人,他种人员如登记员、打字员、速记员,有百余人,办理全部文件通告之类。

三　事务股(Office keeper)　由事务长统率全部工役并考查其勤绩。

第三节 美国财政部

美国财政部之职权与组织　美国财政部之职权与英国不同，管理之事务甚多，而对于各机关无管理支出之权，财政部全听命于国会，对于财政计划，无创制之权，即或有不便、不良之处，亦惟听之任之，不求改革，是为无责任所造成之必然的结果。其主管之职务，除征收行政而外，尚有许多非财政事项，亦由财政部办理，故财政部之组织，极形紊杂。财政部部长之下，有一位次长、三位司长及许多独立局，其组织如下：

直接隶属于次长者：

国库、预算局、联省农业贷款局、财政局、统计处、金融管理监、会计存款委员会、人事处。

司长——主管征收，其下设有：

内地税局、关税局、海岸防卫处、建筑管理所。

司长——主管财务，其下设有：

国债委员会、机要处、造币局、发款科、印铸局。

司长——主管外国贷款及杂项，其下设有：

主任秘书、外债处、铁道贷款所、公共卫生所、供应局、官书局。

第四节 法国财政部

法国财政部之职权　法国财政部，在形式上须依照国会通过之财政法案以行政，而实质上大可以自由。预算由国会自由加以增减变更后而决定，各部预算所列之数,财政部无权加以裁减,亦不能于各部支出,作何管理。各方面对于财政部,既不尊重其责任,财政部乃亦不对于任何方面负责。从前法国预算,由财政部汇编,自一九二六年后,编制预算之职务,划归预算部,现在财政部之职务,厥惟:(一)编制岁入预算,(二)管理征收行政,(三)管理国库资金及其调度,(四)发放各机关经费,(五)发行国债,(六)登记国债,(七)颁发烟草牌照,(八)拟订财政法案,(九)计划国内国际金融,(十)查考各机关会计,(十一)编制决算报告。凡此皆为财政部本部之职务,而与他机关有关系者,即非财政部权力所能及。一八九〇年法律,有财政部派驻各部支出监之制度,然亦有名无实。

第五节　德国财政部

德国国会,箝制行政部之权力不强,行政部之权力,得以强大起来,对于一般行政,得以作负责之措置。财政部长为财务行政之首领,具有强权,收入预算,由财政部编制,各部支出预算,由各部依照财政部长指示之范围编制。财政部长对于各部所编预算,有批评之权,若是发生争论,则由内阁会议处决。凡得阁员大多数或国务总理赞同者,财政部长,始不得坚持成见。

德国财政部之职权,依一九二七年法律之规定执行。然以财政部长对于各部财务行政无管理之权,亦无部派会计之制,各部会计,均由各部长官自任管理之责,财政部每月按照预算发款与各部,至各部如何支出,财部无从过问。惟从发款总数上,加以限制而已。以故德国预算,常发生不足,每至年终结算,辄依赖短期公

^{德国财政部之职权}

债以救急。各机关长官,自委办理预算之人员,即或各机关不依照国会规定之法律执行,亦无何人出来干涉。国会立法之后,各机关遵守与否,亦懒于问讯。各机关于年度经过后,发表其决算,其中关于超过预算之事,自当请求国会追认,国会常以之为过去之事,亦不申责。

自一九二九年五月以来,财政部每月发布一报告书,列载国家收入支出国库状况,国债情形等事。每年财政部从各部汇集决算报告书,交审计院审查,审计院可以从预算法律行政各方面考察其成绩,并可作为改革之提议,先交政府,再交议会,议会通过之后,财务行政之责任,乃得解除。迭年以来德国议会中政党忙于政事,对于此等报告,视之淡然。今后德国政潮平靖,内政已着手整理,议会之执行财政管理,当有较大之进步。

与组织　　德国财政部组织在部长之下,设有次长司长等,分为五司,其下设有各科,组织不一。职务之分配如下:

第一司掌理:

关于全国各机关官吏人员之事项,如工作成绩、任用、晋级、罢免、薪俸、旅费、公务员任事规则及问题、公务员住宅、公务员及其嫠孤之赡养金,及此项基金之预算。

关于一般财务行政事项,如各机关预算、总预算、财政立法之拟订、实施及其考察,预算与会计制度,财务行政之管理,制度之计划与考察,国债赔款之考察,各邦在战时之财产损害、赔偿,莱茵鲁尔区域流离人民之安插,各邦各地方政府之预算,中央与各邦地方之财政关系。

关于军事预算事项,如军费预算、占领地之行政预算、国有财产及森林之行政管理、从前军事费用之清理、守备军与殖民地之行政。

关于交通事业之预算,如运输部预算、邮政局预算、印刷局预算、国有铁道预算。

第二司掌理：

关税、酒税、饮料税、火柴税、盐税、纸牌税、烟草税、啤酒税、糖税、火药税等税类,酒精之专卖、糖食品之法规、商业会计、关税商业政策、轮船之出入或通过国境、征收行政机关之人事、会计、款项、建筑、预算、管理等事项。

第三司掌理：

所得税及所得税中关于工资资本之减税、公司税、财产税、财产增价税、财产估价法规、遗承税、交易税、生产及零售税、各税之宽免、中央各部地方各级政府税类之划分、各税之统计。

各征收机关人员之任用与调动、财政法院之预算、国库及其会计制度、国家财政管理之一般事项、各种财政委员会之设立及其工作、会计书据之稽核与管理。

国税布告、帝国银行立法、产业负担与补助之法规、房租税、资本移转税、国债税、汇票税、汽油税、砥进税、保险税、土地利益税、增价税、跑马税与奖券税,各税之法律事项,关于各国税法之重复税。

第四司掌理：

全国建筑工程行政。

第五司掌理：

关于凡尔赛条约、伦敦协定之赔款财政事项,经济政策与粮食供给之财政事项,输出输入事项,分割地与占领地之财政问题,国家安全保障之准备,物价之变动与稳定事项,造币、汇兑、银行、国

第四编 财务行政

债、借款及其预算,国营工商业之权利,战时组织之收束,外债之计划与清理。

各司工作之分配。

附属机关　除本部组织之外,尚有许多机关,在财政部之外,然与财政部有亲密之关系者,如:

1　国家财政法院

2　各邦财政局

3　酒精类专卖局

4　国家发款局

5　中央金库

6　铸币保存库

7　德国战争赔款委员会(由财政部长、经济部长、外交部长、劳工部长及专家组织)

8　国家业务善后行政局(专理战后各殖民地之未竣事项)

9　战争损害赔偿局

10　国家清理局(专理德国营业在战后从各国收回权利之关系事宜)

11　国家赔偿委员会

12　国债调换委员会

财政部之报告　财政部按期发行下列各种报告:

1　国家薪俸期报

2　国家赋税期报

3　国家关税期报

4　国家财务行政业务期报

第六节　日本财政部

日本之财政部，称为大藏省，其组织与事权，完全摹仿英国，于财务行政，亦能收整饬敏活之效。大藏大臣为内阁阁员之一，总辖政府一切财务。各部预算数额之决定，大藏大臣有支配之权，往往各部在预算上发生争执，相持不下，则预算不能在内阁通过，因之不免影响内阁之寿命，终非听命于大藏大臣所提之解决办法不可。预算既经规定之后，必须依照执行，在施行时大藏大臣有管理之权，各部不得无故超过，破坏预算之秩序。故日本大藏大臣，于厉行行政部负责预算之制度下，增高其权位。此外凡关于会计、出纳、赋税、国债、货币、保管金、有价证券、银行等事务，皆归其管理，并监督地方财政。日本大藏省之职权

日本为一资本主义国家，资本家左右政治之势力甚大，同时又有军部高蹲于上，财政上、经济上之各种措施，无不与各派资本主义者有利害关系，于是大藏大臣遂为各派必争之位。处此位者，苟不中正以处理，恒引起各方面严重之反动，摇动内阁。因之资本社会之注视大藏大臣，比内阁总理尤为关切。地位

大藏省之组织，设有政务次官、大藏次官及主计主税理财银行四局，其职务分配如下：组织

一　主计局掌管：

1	总预算与总决算	2	特别会计之预算与决算
3	金钱与物品之会计	4	支付事项
5	出纳官吏之监督	6	收入支出科目之管理
7	科目流用事项	8	预备金之支出

9　年度开始前之支出及剩余之转账

10　常亘翌年之契约事项

11　主计簿之登记事项　　　12　地方岁计事项

二　主税局掌管：

1　国税之赋课与征收　　　2　税务之管理与监督

3　民有地种目变换事项　　4　土地台账

5　大藏省所管税外之收入　6　地方政府之收入事项

7　关税吨税之赋课征收及其收入事项

8　关税行政之管理与监督

9　外国贸易船舶及输出入品之监督

10　保税仓库税关假置场及税关仓库之管理与监督

11　外国贸易状况及关税率之调查

三　理财局掌管：

1　国资之运用出纳　　　　2　国库金出纳管理

3　货币事项　　　　　　　4　一般金融事项

5　国债事项　　　　　　　6　灾难救济基金

7　保管金及政府所有或保管之有价证券事项

8　俸禄事项　　　　　　　9　各地方公债

四　银行局掌管：

1　依特别法令设立之银行事项　2　普通银行事项

3　储蓄银行事项　　　　　4　信托事项

5　中央金库产业组合信用组合之事项

6　有价证券之折价贩卖

7　纸币类似证券之事项

8　公益法人在银行之关系事项

9　银行债券事项　　10　银行补助金事项

除四局之外，又有许多机关，或在省内，或在省外，而归大藏大臣管理者，如下： <small>及其附属机关</small>

一　外国汇兑管理委员会

二　外国汇兑管理部

三　驻外财务官

四　预金部

五　造币局

六　专卖局

七　营缮管财局

八　税关

九　关税调查委员会

十　外货评价委员会

十一　税务署

十二　税务监督局

十三　特别融通审查会

十四　国有财产调查会

十五　酿造试验所

十六　中央诸官衙建筑准备委员会

从大藏省本部之组织，及其他附属机关与管理机关，可以看出日本财务行政制度之整体，能作集中之管理，故财政上之困难，及在国际经济遭遇之困难，行政上可以作敏活之处置。其财政秩序之能维持，与国家经济之能发展，得力于制度健全之处不少。

陆海军经费，于两省设有经理局。陆军省经理部，分设主计监查衣粮建筑四课，所掌职务如下： <small>军事费之经理</small>

一　主计课掌理：(一)军资连用之研究与审议，(二)经理部之勤务与教育，(三)经理部之人事及人员补充，(四)岁入岁出及特别会计之预算与决算，(五)支付预算事项，(六)预备金之支出及定额转账，(七)动员预算，(八)战时经理规则，(九)对人费用，(十)经管出纳人员之事项。

二　监查课掌理：(一)会计之监查，(二)陆军部队之会计事务，(三)收入支出报告，(四)经理规定之审查。

三　衣粮课掌理：(一)被服及粮秣之经理、检查、试验及调查，(二)被服粮秣及马匹之给予规定，(三)平时战时此等物具之支给与整备事项，(四)陆军被服厂、粮秣厂、仓库及制绒所之管理。

四　建筑课掌理：(一)陆军用地及诸建筑，(二)阵营具及消耗品之调度与经理，(三)物品会计事项，(四)国有财产事项，(五)战用金柜之类。

此外各师团，及台湾军，朝鲜军，关东军，各设有经理部，受陆军省之节制。海军省经理局，分设三课，其职务之分配，略如陆军部，惟土木工程另由建筑局掌管。在各军港各设有海军经理部及建筑部。

第三章　收入行政

第一节　收入程序

财务行政以财政部为主脑机关,收入事项,统由财政部管理, 财政部以下,设有各种收入机关,譬如赋税收入,设有各种税局。 各国税局,有直接隶属于财政部由财政部全权管理者,如我国现行 制度,有带有独立性者,如英国制度。一切收入款项,皆当解交国 库,国库由银行代理。此外各行政机关在行政上发生之收入,如行 政司法机关征收之手续费,亦须汇缴国库。惟国营事业之收入,亦 为行政收入之一种,在各国有设立特别会计者,所有收入,任其存 在指定之银行,财政部不加过问。

<small>国款当统归于国库</small>

人民所出代价,亦为人民之负担,其影响于人民之生活,与赋 税相同,收入率亦应当由国会议决才是。但此等营业机关,常以其 收入谋其事业之发展,在财政未统一之国家,财政部藉此可以卸除 一部分责任,而此等营业机关,亦以在行政上有较大之自由,皆愿 意设立特别会计。特别会计之设立,固常有特殊理由存在,如一种 事业负有债务,当于其营业上谋清偿,或以盈余,扩张事业,以免拿 作一般行政费之用。然后来多以特别会计是特别的,财政部自然

<small>代价收入亦应归入国库</small>

管不到，国会亦失掉监督，难免没有不正当之处。特别会计在必要情形之下，固有存在之理由，惟其财务行政，仍应符合两个原则，不失掉国会之规定，与顾到社会经济之情形。所有收入，仍当交存于代理国库之银行，使国有收入，集中于一处。

<small>征收行政之秩序</small>　　征收制度，因各种收入之性质，各有不同。大概说来，收入手续，可以分为三个阶段，其一为查验，对人税收须有调查，对物税收须有检验，而后可以确知被税物之数量与品质。其二为计税，以被税物之数量与品质，按照税率，计算纳税人应当缴税之税额。其三为征收税款。此三步手续，当分别办理，由三部分人分负责任，再加以稽核，此种征收分权主义之施行，较可以免除收入上之弊端。

第二节　我国收入行政

我国各种收入，向由各部分别主管，数额较大者，当推代价收入与赋税收入两类。

<small>我国从前之中央征收行政</small>　　赋税收入，由财政部主管，其下设有各种税收机关。在北京政府时代，及国民政府初年，几于每种赋税，设立一总征收机关，并于各地设立分机关，各成为一系统之组织，征收之不经济，显而易见。各机关长官以及征收行政人员，本系常务性质，而以我国政治习惯，多有与财政部长同进退，因之征收行政，不暇整理。在民国十六年后，有关务署、盐务署、烟酒税处、印花税处、煤油特税处、卷烟统税处、邮包税处、硝磺税局、内地税局、沙田局、矿税局、麦粉特税局、江浙渔业事务局、津浦铁路货捐总局、注册局之类，名称繁多，

各于各地分设征收机关。迭年以来,除关务盐务因各有其个别的行政关系,岿然犹存而外,其他各征收机关,逐渐合并,至二十一年,统合并为税务署。以下就此三个机关之行政,加以述明。

现制分属于三个税局

我国关税行政,与各国不同,而划为税务与征收两方面,税务之事,由关务署办理,征收行政,由海关总税务司办理。

（一）关税行政

前清时,初设立海关,因向洋商征收,牵涉外交,又因本国人不谙关税之征收行政,即任用客乡办理。总税务司一职,英国政府以各国对华贸易,英国居第一位,要求以英籍人充任,自李国泰开办以来,中经赫德创立各种制度,至于完备,至现任总税务司梅乐和,皆由英国公使推荐,由我国政府任命。本来任用客卿主持征收关税,有损国权,但以税关税收,系担保内外债本息,至今对外债务未清,犹未能变更斯制。前清时,总税务司隶属于理藩院,或外务部。税务行政,受各国通商条约之拘束,不能自主,与征收行政,同在总税务司掌握之中。总税务司两权在握,势力极大,政府有何指挥,动辄挟通商条约以自重,由公使或领事直向政府交涉。以故关税行政,俨然在我国境内自成为一独立的行政组织,与我政府,可以分庭抗礼,而我政府亦待之以殊宾。其时我政府虽于各关设有关监督,仅居监督之名,毫无实权,然有此官职,亦足以表示我国主权之存在。至民国十八年,国民政府宣告关税自主之后,始将税务行政,收归关务署自行主管,征收行政之职,仍委之于总税务司,惟征收行政,须依照税务之规定。至是关务署之监督总务税司,方有实际上之效力。

在北京政府时代,关于关税行政事项,由税务处主管,税务处为独立机关,关于关税自主事项,则由外交部办理。而总税务司都以外籍官吏自居,遇有交涉,多向外交部办理,惟关于税收事项,则报告于税务处。国民政府成立，即于财政部内设立关务署，筹画关税自主之事，至十八年实现之后，遂进而实行其主持税务之权。据财政部组织法第十五条规定关务署之职掌八端如下：

一　关税之赋课及征收

二　关税之管理及监督

三　关税制度之改革及推行

四　关于定率之修改

五　关于禁止货物进出口事项

六　调查各国关税及关务之统计

七　海常两关及各税卡之指挥监督

八　解释关税法令

但关务署职权之行使，亦有分别，在次要事项，如关于变更关税制度，及对外问题无成案可援之事项，可以呈财政部长核定之后，以关务署名义行之。至关于重要事项，呈由财政部长核定，以财政部名义行之，有如：（一）对于总税务司有所指挥应用训令，及因其呈请而有所指挥之指令，（二）关于变更关税政策事项，（三）任免关监督及本署职员，（四）处分税款之类（见关务署总则第十条及第十一条）。至关务署对于总税务司之地位，据总则第六条之规定，关务署有监督之权。照最近之事实及法律之规定，总税务司实不能总理税务大权，而应当改称为'总关税使'，以表示这一般关税征收官吏，是听命于关务署总税务司署，以总税务司为主管长官，从前设有副税务司，现在裁撤。其下分设五科：

  1　总文案——主办一切文报事务，

  2　汉文案——主办一切汉文文报表册翻译等事务，

  3　审计文案——主办审计财政报册等事务，

4　统计文案——主编造贸易报告财政报告等事务,

5　驻外文案——主办对外及外籍行政人员事项,驻于伦敦。

国内各通商口岸,设有海关或陆关等常关,以税务司总揽各关征税事项,又设副税务司帮办,及其他职员。在大口岸设有税务司,小口岸则设置副税务司或帮办。各海关职员,分为内外两班,外班职员,检验货物之价值品质数量,是否与报关单所载者相符合。内班分为若干部,凡进口货及转口货之报关单,由进口台(Import desk)受理,出口货之报关单,由出口台(Export desk)受理,复出口货之报关单,由复出口台(Re-export desk)受理,计算名单上所列货物应纳之税额,并发给提货单或下货单,然后纳税人凭单纳税。

从前关务行政,操于外籍总税务司之手,除于总税务司外,设置税务处或关务署加以监督,又在各地海关常关,设置关监督,承财政部长及关务署长之命,监督税务司以次华洋人员,征收关税,并监督指挥所属职员,征收常关税。关务行政之不全权旁落者,实赖有此项监督制度。现在看来,关务行政既收归自主,由关务署全权主持,此项机关之存在,在有海常关之处,适成赘疣,大可裁撤,以节省财务行政费用。惟关监督之监察职分,仍应保存。其法即于各海关常关改设会计审计长,使监督税务之职务,不仅如现在屏居于税关行政之外,而当进驻于税关行政之内,对于逐项行政,施以检查与监督,如此方能收得税关监督之全部效果。

自从关税加高之后,常有漏税人口之事,我国海岸线如此之长,缉私之制,侵成为重要。二十三年六月,有海关缉私条例之颁布。

(二) 盐税行政

盐税收入,居于关税之次位,单种货物税收数额之大,实以盐税为首,盐出产于海岸及内地盐池盐井,而消费地遍于全国,是与

第四编　财务行政

海陆关之征收进口货税,有同样之情形,可以在出产地征收了事。然以产盐区域遍延如此之长,又与内地随路可通,故盐税征收之行政,势不能不适应此种情形,除于产盐区域设局征税之外,又须有缉私设备,各运销地又须有稽察之设备。

现在盐税行政,统由盐务署综理,直隶财政部。在产盐区域,分设两淮、两浙、福建、广东四个盐运使,及淮北松江两副运使,并于各区内分设盐场知事,办场产运销缉私及征收灶课等事务。在运输要冲之地,设有鄂、湘、西、皖、广西,各岸榷运总局五个,复于各销盐地区,分设榷运局或分局,盐商凭票运盐,在向盐务署请领运盐执照时,缴纳盐税三分之一,运盐时在产地又纳三分之一,到达销地,由榷运局核销时,再纳三分之一。至于防缉私运之事,则设有淮南、淮北、苏属、两浙、福建、广东、皖南、皖北、西岸、鄂岸、湘岸、广西,十二个缉私局,各设有缉私军警。

民国二年,大借款成立,依照合同,将盐税行政,划为盐务与征收两部,盐务行政,分由上述各机关办理,而盐务征收事项,改由稽核所办理。在盐务署内设立盐务稽核总所,置总办及副办各一人,总办由盐务署长兼任,副办则由部委派五国银行团推荐之洋员。其下于各盐运使署各榷运局设有稽核分所,计十五处,支所若干处,经理为华人,协理为客卿。一切征收事项,须经二人签字核准,方为有效。凡担保债款部分,由洋稽核扣存于外国银行,余数则拨交财政部。民国十二年以后,盐税项下担保之外债,除克利斯浦债款（1912 Crisp loan）、英法借款（1911 Anglo-French loan）、湖广五厘（1911 Hukuang loan）三项外债之外,改由海关收入项下担保拨还。稽核所之组织,十六年曾一度废去,代以盐务监理局,而盐税行政缺乏稽核制度之后,税收顿减,不久仍恢复稽核所原制。惟盐税收入之保管，不由洋稽核拨存于外国银行，而汇解于国库。

盐务稽核总所之职权，据十六年十一月颁布之章程规定，为稽核盐款收入，设置所长及副所长各一人，承财政部长之命，监理发给引票或准单，秤放盐斤，汇编各项报告表册，监督指导各省区盐务稽核机关，暨所属职员。在各重要产盐区域，设备盐务稽核分所，置所长副所长各一人，其职务为：

一 所长副所长会同发给引票或准单，准许纳税后运盐，以及在各稽核分所设立之处，可征收一切盐税盐课及各费，并监督他处之征收上列各税各费；凡该处收税人员，应由总所委任，收税人员，关于所收税款，对于分所担负责任。

二 凡在盐区征税后放盐，须以分所所长副所长会同签字之单据，或以分所印信为凭，其管理科及由盐仓场放盐事务员，为分所属员。所长副所长暨其所属之秤盐及放盐人员，对于仓场放盐，稽核是否有正式准单，是否照税则完全纳税，是否只照允准之数量放出，并须按时向该分所所辖地点之场坨视察。在一地点之内，如运使或副运所属各局所之人员，有违背定章之事，须呈报总所。倘于巡查时见有私制及向领有牌照之场坨私运等情，亦须一律呈报。在买盐贮盐运盐并代政府售盐之地方，各分所对于此数者应尽之职务，由盐务署按各地情形，规定办法。

三 所有收入之款，由分所所长副所长，以国民政府盐务收入账名目，存于中央银行，或指定之存款处。其款项数目，应报告稽核总所，以备与稽核分所送呈之报告，较对其放盐之数，并与银行送呈之报告，较对其收款之数。

四 盐款一切收支，须由分所所长、副所长详细报告该处之盐运使，及财政部盐务署，稽核总所。

第四编 财务行政

在各重要产盐区域，设立稽核所，内设华稽核一人，应尽职务，除不直接经收税款外，除均与分所所长、副所长所办者相同。

盐税收入，从来为我国收入巨项，因收入之充实，弊窦丛生，种种陋习，牢不可拔。而盐务行政界，浸以明了陋习以及各种习惯情形者，夸诩为盐务大家，而盐务大家，遂成为作弊之尤，把持盐务。以致历史上积存下来之弊端，层层相因，莫可究诘，虽欲大刀阔斧，芟除积弊，而以牵扯之方面太多，莫敢动手。弊窦累积之结果，不外乎减少国家之盐税收入，与增重人民之负担。二十一年八月，财政部于改组税务署之后，即着手整理盐务行政，其重要者有如：

二十一年之改组

一　以盐务稽核总所总办兼任盐务署长，以各稽核分所经理或稽核处稽核员兼任各该区盐运使、副使、榷运局长。各区稽核机关之洋员，仍专任原定稽核方面职务。此次以税务行政归并于稽核机关，良以后种机关之行政，较为清明，积弊较少。此次改设之稽核所，所有职权，完全由财政部主持受部长节制，洋员之任免与待遇，完全与华员一律平等，并不受何债权人之拘束。至担保外债，亦由财部按时从盐税收入项下拨给。

二　紧缩各盐务机关行政费用。盐务署前设五科，改设两科，裁汰人员，经费由每月原定预算二万六千余元减至一万元，各区盐务行政机关之运使副运署、榷运局及督销局，于兼任后，其经费由每月三四万元减至一千五百元。各署局所属各机关，一律取消，所遗事务，除有特别情形外，均由稽核人员兼办。所有放盐收税及管理仓坨各项事务。统由稽核人员办理，并将手续设法改良，对于令饬商人事件，可以敏捷处理。

从前各运署榷运局，有盐商缴纳规费，种类甚多，经此次涌除，据盐务汇刊所载，有如下列情形：

194

甲　在鄂岸榷运总局(1)精盐商抵制淮盐费,月给局长一千五百元,课长津贴三百元,收发及监印津贴五十元,号房二十元。(2)淮商抵制精盐,月给局长津贴八百三十三元三角,课长津贴五百元。(3)淮盐规费,每票四千担,缴规费二百元,每年以八十票计,约收规费一万六千元,过水档费,每票一百元,年以十票计,约收洋一千元。属于分局者,(1)武昌新堤两分局,每票收规费一百元,以三十票计,约洋三千元。(2)鄂岸十二个分局,对于商人领运盐斤,有中途销售者,每担约收一二元不等。综计鄂岸各局每年所收规费,除路销费及牌价费二项不能得其确数外,约有五万八千元,而总分局之其他各项零星小费,及因案需索之款尚不在内。

乙　湘岸榷运总局之中饱规费有:(1)年终由淮商付给总局职员额外费水,每月六千元。(2)配销分局之盐,纳票费每票二十元,共八千元。(3)缴付贴边费及拖费之折扣,由百分之十五至百分之三十,共约二万五千元。属于分局者:(1)每票现款一百六十元,并以每票盐两袋至数袋分与分局职员,年计约共八万八千元。(2)分局运照,每张铜元约二百枚,未能得其确数。(3)每票登记费,年约一千六百元。属于总分局共同关系者,总数约在十五万八千六百元。

丙　西岸榷运局所收陋规,名目多至二十余种。属于总局者,(1)由淮商纳每票一百二十五元,年计一万八千七百五十元。(2)由精盐商纳每月一千五百元,年计一万八千元。(3)由建昌特区商人德贻祥纳每票二千元,年计二万四千元,同时总局兼为该盐公司无条件之股东,可于规费外,更得营业盈余及红利。属于总局职员者:(1)淮商每票纳二十五元,年计三千七百五十元。(2)淮商精盐商各纳该局总务课长与运销课长,每月津贴二百元。(3)由盐贩付给该局征榷课长,每年佣金二千元,淮商付给该局放盐职员,每票四元,年计六百元。属于分局者,(1)精盐商付给吴城分局每月五百元,年计六千元,淮商付给每引佣金五分,年计三百元。(2)精盐商付给饶州分局,每袋二角,年计四千元,淮商每引付给规费二角。(3)精盐商津贴九江分局每月八百元,年计九千六百元。(4)淮商付给吉安分局,每引一元二角。淮商付给抚州分局,每引一角五分。(5)淮商贩年纳建昌分局执照费四千元,又杂洋扣折每票六百元,年计六千元。(6)淮盐船户,纳湖口挂号卡挂号费,每票十七元,又淮商请求卡员令船户开往销路旺盛之地,须缴每票五十元至二百元之规费,此项数目极巨。属于总局分局之低级雇员与工役者。(1)淮商请求税秤执照时,须给雇员等以用印费,数额多寡不等。(2)盐贩请求提盐凭单时,须给雇员等之登记费,其数不定。

  三　改定各区税率。从前各区税率,轻重不等,轻重相悬,易启侵销之弊,乃将轻税区域,一律提高,重税区域,将来亦拟减轻,使各地价格,趋于平衡。二十一年七月十一日,经宋财政部长向中央政治会议提案通过,随电告盐务稽核总所通告各区署局,即日起实行。

  四　使用各种方法,以增加缉私之效力。

  五　各省硝磺事宜,改由各区盐务行政机关兼办,从前各省专管机关,悉行裁撤。

  六　建筑淮北盐坨。淮北各场,产额至夥,而散存无坨可归之盐斤,年有千数百万担,非建筑多数官坨不足以集中存盐,杜绝私漏。该区自废引以后,在民国十二三年间,稽核总所即已提议,在本区仿照长芦成案,建设盐坨,延至二十年七月正式开工,二十二年底可以完成,此后淮北盐务行政,可以增加便宜。

我国历来盐商运盐,皆凭盐引,运盐乃成为引家之专利营业,_{废引问题}独占利益。全国人民,除负盐税之外,又负引家之利益。从前以为发给引票,政府可得收入,又可对于运商便于管理,殊不知此辈势力结成之后,侵可以把持盐政,阻碍盐政之改革。近年以来,政府鉴于舆论之攻击,欲取消引制,而以引商曾对政府供给借款,借款未还,势难取消。二十三年四月,盐务会议议决,设法偿还借款,务达取消引票之目的,使人民得自由经营,吾人当拭目以待。

第三个征收机关为税务署,经征之赋税,有卷烟税、火柴税、棉 (三)税纱税、水泥税、麦粉税、印花税、华洋机制酒税、啤酒税、土酒定额务行政税、薰烟税、土烟税、矿税、烟牌照税、酒类牌照税、烟酒费税。凡此各税,从前皆由许多税局分任经征之事,自卷烟税发达之后,行政整理,乃逐步合并。在民国十六年,有卷烟统税处,二十年一月,因废止厘金,乃举办卷烟、火柴、棉纱、水泥、麦粉五种货物统税,而成立统税署。烟酒印花税处亦于十六年成立,至二十一年八月,与统税署合并,改组为税务署。其他各税,或系旧税归并,或系税务署新设。

统税所征之五种货物,产量颇大,产厂集中,便于征税。进口货物,由海关经征,国内制造货物,则由统税署征税。全国分为五区,即上海区、苏浙皖区、湘鄂赣区、鲁豫区、粤桂闽区。上海区由统税署自任经征之事,因上海出产货物较多,税收较丰,由署自办,可以获得整理之经验。其他各区,各设统税局,依照总署所示办法,经征各区之税,施行成绩至好。各区之内,视征收事务之繁简,厂所之多寡,于各分区设管理所,各地设查验所及分所之类。各厂设有驻厂员,查验出厂货物之数额与等级,报告于管理所,以免漏税。厂商向税局购买印花,按照每大箱税额,贴于箱面,由驻厂员检验之后,方可出厂以后运往他地,除须有印花标识之外,尚须有

第四编 财务行政

运单,以供各地检验。税务署成立之后,加设冀晋察绥区统税局。在四种统税货物之中,惟卷烟厂所需资本较小,销路甚大,到处可以设立,在管理上常不方便,于是规定烟厂之出产额,每月平均,纸卷烟不得少于二十五万枝,雪茄烟不得少于一万枝。又规定烟厂之设立,限于沪汉津青四地,凡在他地设立之烟厂,限于一定期间内迁徙,是可以便于管理,而增进征收行政之效能。

印花税行政　　烟酒印花税之性质,与各税不同,税源遍于全国,征收较为困难。各省设有烟酒印花税局,复于各县设有分局。凡贩卖卷烟洋酒者,须纳牌照税,依营业之大小,分为四级。土酒之制造,就生产家征税。印花税则责令商家于簿据凭证上贴用,此等税收,以税源遍在各地,总处及各局常无法稽核。现在总署对于各局,各局对于分局,规定每月之比较额,近于包办性质,不足额时,即加以惩罚,超过者,即以超过额之一部,作为资金。印花统由总务颁发,从此可以核计数额,而各局各分局因有比较额之限制,与超额之奖励,遂极力在民间推销巡查。(参考拙著《赋税论》中我国物产税、流通税及矿税等项,惟于统税货物部分,在民国二十二年十月,增税二次。)

从前之国款缴解法　　各收入机关收得之款,都应按期缴入国库,财政部为处理收入,设有国库司与会计司。国库司管理国款之出纳与运用。发款命令,都须经其稽核,国家收入数额,亦归其登记,然后国库司可以因照国库中所有资产之情形,酌量运用,并将国库出纳编制计算书,报告于审计部。会计司办理岁入岁出现计书之编制,国库之出纳,都是编制现计书之资料,所以国库司收到各方收入报告之后,同时即通知会计司记账。各收入机关之出解收入,不是交予国库收受,就算了事,尚须报告于国库司与会计司。

按照会计则例第八条各节之规定，各机关缴解款项，应备具五联缴款书，书内须分别注明税款，项目，税款年月份并数目，暨征获年月份，以第一联为存根，留缴款机关备查，第二联为批回，由财政部盖印后发还解款机关，第三联为报告，由金库送国库司，第四联为报查，由金库送会计司，第五联为通知，由缴款人径送金库。金库稽收款项时，应具备四联收款书，以存根一联存查，以收据一联发给解款人携回备案，其余报告一联，报查一联，连同文件送交财政部国库司核明，登入日记簿后，再呈报查一联转会计司。会计则例之规定

民国二十二年三月，财政部施行中央各机关经管收支款项由国库统一处理办法，以代替会计则例。关于收款之规定如下：现行国款统一处理法

一　中央各部会直接收入款，及其所属非营业机关收入款，与营业机关盈余款，或摊解非营业之经费款，均解交国库核收（第二条）。

二　前条所举中央各部会直接收入款，由各部会解交国库，其所属机关解库款，由各该机关缴由各该主管部会代解（第三条）。

三　中央各部会向国库解款时，应填具五联解款书，以现字编号，除留存根一联外，其余通知、报告、报核、回证四联，连同现款，一并送交国库（第四条）。

四　国库收到解款，核与解款书所列数目相符，即填具三联收款书，以现字编号，除留存根一联外，其余收据、报查二联，交解款机关，且将所收解款通知、报告、报核、回证四联，加盖收讫及年月日章记，留存通知一联，以报告、报核、回证三联，随同收支日报表送财政部（第五条）。

五　财政部收到解款、报告、报核、回证三联后，除留报告一联

存查外，以报核一联转送审计部备查，以回证一联，加盖部印，送交解款机关备查（第六条）。

六　解款机关收到收款、收据、报查二联后，除留收据一联存查外，以报查一联，随同收支旬报表送财政部备查（第七条）。

七　中央各部会所属各机关向主管部会缴款办法，由各部会与财政部商定之（第八条）。

八　中央各部会及其所属非营业机关缴回经费余款，照第三至第八各条规定办法办理（第九条）。

此外各项国营事业，如铁道、电报、电话、邮政、航空等机关，会计独立，所有收入，各自存入其经理金库之银行，自负保管之责。所有收入支出，由主管机关派员稽核，按期作成收支计算书，报告于主管机关。此等机关，大都负有内债或外债，径以各机关所有财产收入为担保，以免与他机关或财政相牵混，复可以各本机关之收入，谋各自事业之发展。关于会计之章制，各主管机关各作规定，现在铁道交通两部及军需署，由主计处派驻会计长，而收入仍不归入统一国库。

第三节　英国征收行政

英国征收行政

英国财政部征收收入之权，在理论上是国会授与，不能向人民自由征收。每年赋税收入之制及，很少作何变更，从前惟所得税与茶税之税率，每年常有变改，其目的在使这两项收入之数额，足以抵补支出之数。近来为保护本国产业，课税品种类增多，税率年有变动。每年四月中旬,度支总裁在国会筹款委员会席上,发表预算说明时,即将本年度变更之税制、税率,或举办之新税,宣布出来,同时国会作成决议,发生效力。行政部接奉此项决议,次日起即开始照新率征收。宣布税率,在头天下午六时以后,第二天即起施行,纳税人没有余暇,可以逃避负担。否则纳税人先知道税率,若是税率加重,可以在施行前纳税,若是减轻,可以待至施行后纳税,纳税人若有计量之余暇,国家收入,即蒙受损失。从这一点,可以表现英国行政之敏捷。至未经宣布变更之税制,仍照从前之规定施行。

英国赋税收入,从人民之手以入于国库(The exchequer or the consolidated fund),是由两个机关征收。直接税,如所得税、遗承税,由内地税局(Board of inland revenue)征收,间接税,如关税、物产税之类,由关统税局(Board of customs and excise)征收。两局组织,各设有局长一人,副局长一人,秘书二人,构成委员会,其下有若干职员。两局之中,都设有库管审计员。两个机关对于各种赋税之征收,积有经验,每逢度支总裁欲施行新税,或增加税率,或改良征收方法时,尝举其经验与意见,作为参考。分属于两税局

各种赋税之征收,在征收上有几件事情,为征收机关所应特别注意者,第一为查明课税品之数额及价值,第二防止漏税,第三剔除中饱,第四又要不引起人民之怨恨。英国征税的行政,对此数点,极为注意,从其征收制度,可以看出。

关统税之征收,分全国为若干区,每区设一征收长(Collector),其下设有若干稽征长(Surveyor),又其下设有若干检验所(Excise officer),或驻于工厂,或驻在一地区,并设有若干查缉员(Preventive-men)。凡一工厂制造之货物,由驻在之检验员检验其出厂之 (一)关统税局

数额与价值,报告于稽征长,稽征长按照税率表计算其应纳之税额,一方面通知征收长,一方面报告关统税局。征收长按照通知单向纳税人收税,缴入当地银行,拨解总局,同时并报告库管审计长。一税之征收,报告课税品者为一人,决定税额者又为一人,征税者又为一人,如欲舞弊,必须通过三处,各项征收可以从各方面核对,免除错误。关税税局之收入,都汇存于英兰银行及爱尔兰银行。两银行每天收到各区征收长解到之税款账目,送到总局核对,库管审计长每日查核各稽征长之报告,与征收长之解款数,是否相符,复须查核各区征收长之解款报告,是否与银行之账目相符。英兰银行收到之解款,经库管审计长核定之后,即每天整批拨交国库账内。课税手续,虽然如此复杂,但繁剧工作,只在核查,而税款之缴解,非常简便。纳税人缴纳之税款,在都为商业银行之支票,由商业银行拨账,归入英兰银行,英兰银行又从税局之收账转账,收入国库账内,不过是银行之划账。惟有小额税款,方用现金,存入银行之后,即通用支票。

(二)内地税局　　内地税局在各地方之设备及解款之方法,与关统税局相同,惟内地税局所征收者,皆为直接税,其中超额所得税与遗产税,由总局直接办理,各地方所征收者为所得税。所得税之征收较困难,一方面要不漏税,他方面又要不引起纳税人之恶感,征查员在查核纳税人之所得时。因此不能不慎重将事,否则引起人民之反感,征查员实负其责。

所得税征收之程序,列由征收局就其区内人民,遍发陈报单,凡人民收到是项陈报单者,必须在原单上依式填就一年中所有各种所得之数额,于一定期限之内,寄回征收局。征收局在审核时,如发现某甲有短报数额者,征收局即酌定高额,令纳税人依数纳税。应纳税人如有不服,须提出证据申辩,由地方所得税委员会处理。各地方小商人及自由职业者,平日收入,多不记账,即有记账者,亦不必确实可靠,逃税之事,在所难免。至一般在公司服务之人员及股东,则难逃税,据法律规定,各公司须将其职员之姓名住址及薪俸数额,列表报告于征税局,并须将各人应纳之所得税,在偿付薪俸及发给股息时扣除,是为泉源课税法,使纳税人无从逃税。公司每年营业报告,必须发表,并陈送内地税局,内地税局根据各公司之报告,审核各纳税人之各种所得,有无蒙蔽或遗漏之处,除在泉源课税而外,复得令纳税人缴纳超额所得税。

当所得税最初施行时,纳税人常有所隐匿,与查征员(Inspector)发生争执,难免不引起人民之恶感。英国为避免此项弊端起见,于各地方设立所得税经征委员会,由各地方推举当地公正人士数人组织,所有征收事项,由委员会派定征收员任之。委员只领公债,不支薪俸,总局所派查征员,仅从旁加以监督。现在以征收手续加繁,因各个人之所得数,须从各方面检讨,委员会之能力,不能胜任,所有征收事项,皆移归查征员办理。凡陈报书之发送、收集、考核、审查、声辩书之受理,皆由查征员任之,惟关于纳税人与查征员争执不决之事情,方由委员会裁判。

此外尚有防止逃税之方法,即税法上规定,凡有陈报不实或抗不陈报者,处以很重之罚款。凡此事前预防事后惩罚之制度,对于人民,不无过于严峻,然惟有企图逃税者,始受此等裁判,至一般诚实纳税者,并无何等麻烦。英国人认为课税须要公平,有所得者应当依法缴税,若是逃漏,即对于国家不忠实,对他人为不公平,国家所加之制裁,都为达到公平之目的。

各区征收长不是以全部收入皆解入总局,总局之库管审计长亦不是将全部收入解于国库，各保留一部分存款在手，以备偿付退税及作征收行政费之用。各区保留之数及退税开支之数。须报告库管审计长，总局及各分局之行政经费，亦须按照预算之规定开支，不得超过，由库管审计长核定。此外各机关在各地方应当付之支出，如海陆军人之养老金抚恤费之类，亦由各地方之征收局代付，征收局须将收据汇缴总局，作为解款之代替物，由总局库管审计长向主管机关拨账。此种办法，可以除免各地方与伦敦往返汇款之麻烦，但若没有严密之管理与审核，各征收机关常以手中保有现款，难免不有浪费。

他项收入　　赋税而外，尚有其他各种手续费、规费、官产、官业之收入，为数虽微，皆须归入国库。然以各种收入之情形不同，处置收入之方法亦不一致。

官产收入之中，如苏彝士运河股票与英波煤油公司股票之利息收入，直接解交国库。国内森林土地收入，由官地管林委员会管理者，每年收入，除直接偿付各项修理培植费用而外，以其纯收入缴解财政部支付署。官业之中，邮政局之邮电收入，造币厂之余利，都有库管审计员审核，解交财政部。

各机关之手续费收入，为数稍巨者，皆须缴入支付署在英兰银行之现金账项下，原机关可以暂时流用，惟须抵补，而经费之支出，仍不得超过预算。至其他小机关如博物馆门票收入之类，多作为收入机关之补助费，以作扩充之用。

第四章 支出行政

第一节 支出程序

经费之支出,最为重要,偶有不慎,即为国家之损失。通常经费支出,当严守三个原则: _{支出行政之三原则}

第一 各种支出,必须符合预算之规定与目的,不得有流用或超过。

第二 各种支出,必须属于会计年度者,其有补发上年度之支出,或预付下年度之支出,亦须符合预算之规定。

第三 各种支出,必须付给正当之债主或其代理人而无误。

国家各机关之支出,极为繁杂,而欲谋支出之确实,并能符合预算之规定,是不能不有一定之支出程序。凡属支出,皆照一定程序办理,施以管理与监督,方可避免错误与弊端。对于支出所施之管理,可分为事前事后两种,事前管理云者,各种款项,在支出之前,必先受一定机关之稽核,若与预算不合,可以拒绝支付,其适合预算规定者,则记其数额于预算科目内。若此会计年度内之数额超过是项是目原定数额者,仍须拒绝支付。至事后监督,则为将支出单据汇交审计部审计。惟以防止支出之错误而论,当以事前施行管理，效力较大，事后监督，补救较难。凡事当慎之于始，经费之支出，亦何莫不然？

支出复可以分为两段手续，其一为决定支出，其二为实行支付。决定支出之权，操之各行政机关。在预算规定范围之内，各行政机关可以斟酌情形，决定何时支出，及其数额之多寡。至各项支出是否符合上述三个原则，尚须于实行支付时，加以稽核。支出制度，可以从此两段事权之合并与分别，分为两种。

支付制度　　第一，统一支付制。各机关有决定支出之权，而实行支付之权，由财政部设立一专管支付之总机关掌理。国库发放之款，由财政部依照需要情形，按期拨交支付机关，仍存于掌理国库之银行。各机关每天各项支出决定之后，逐日列表通知该机关偿付，各机关对于受偿人仅给予付款凭单，由受偿人持向总支付机关领款。支付机关在对于正当的债权人付款时，可以稽核此项支出是否合于预算，支付之责任，全在此支付机关。此支付机关之与各机关实为一种分工合作之制度。

第二，各机关自任支付制。各机关按期照预算规定之总数额，向国库或其上级机关领款一次，领得之款，由各机关保管。各机关决定支出之后，径由本机关实行支付，亦由本机关稽核。支出与支付之权与责任，均在各机关。

自任支付制之缺点　　两种制度比较起来，在前种制度，支付总机关可以对于任何一项支出，逐项稽核，稽核较严。发生支出之机关，虽有决定之权，其权力不能超过预算规定之范围以外，否则支付机关可以拒绝支付。在后一种制度，各机关自主之权较大，纵有违反预算规定，如流用超过之类，本机关可以事后设法追加预算，支出之弊端，往往从此中发生出来。欲求预算能彻底施行，自应将决定支出与暂行支付划为二事，分由两机关掌理较为妥善。否则预算虽然是经行政立法两部人员，费了极大的劳力，至于成立，若施行时仍然是放任自由，不免失掉预算之价值。

第二种制度，不仅于执行预算没有稽核，不合于理，即在财务行政亦有疑问。各机关按期领得总额经费外，完全任其支配，即形成为机关之私有财产，财政部不能再行过问。此种办法，又有几项弊端。

一　财政部失掉支出之管理。

二　财政部未能履行国会所赋予之职责。

三　各机关有活款存在手中，自行保管，难免不有浪费与错误。

四　各机关各保管一笔活款，累积起来，为数很大，在国家为不经济。

统一支付制度，为英国弼梯（W. Pitt）在一八三六年任度支总裁时计划成立，英国财务行政之能清明，得力于此种统一支付制之处不小。英国在财政史上有一句说话，"从前郝恪思（Elder Fox）沿用旧日的坏法，得了一笔财喜，弼梯引用新法，得了一个诚实的荣誉，后来他之有权有势，都基于此。"（见 E. H. Young: *System of National Finance*）真正的理财家，须树立一种完善制度，使财政公开，任何人都无从作弊，惯于用不光明手段而作弊之理财者，决没有理财之才具。

统一支付制之滥觞

统一支付制，惟英国实行，其他各国，皆采用第二种制度，兹说明英日两国制度及我国制度，以为比较。

第四编　财务行政

第二节　英国支付制度

<small>英国之统一支付制</small>　英国之支出，有两大种，其一为公债本息之偿付，其二为各机关经费之支出，财政部从国库领到国款，并不经手偿付。前种支出，系委托英兰银行代为偿付。此项支出，有一定的数额，可以算出，无从作弊。英兰银行代国家发行公债与偿付公债，按照法律规定，领受一定手续费。后种关于各机关之支出，统由支付官署(Paymaster general office)总经理其事，统辖于一个机关之下。

<small>支付署组织</small>　英国支付官署之组织，有正副署长，正署长为阁员，却不做事，署内行政事项，皆由副署长负责办理。副署长是该署事实上之长官，受财政部之管辖，为一个事务官，不与政务官同进退。其职责有二：(一)为对于国家应当偿付之经费方支付，领款人须正确，支出数无错误，(二)为各项行政费之支付不得超过预算规定之数额。

<small>支付署之账项</small>　支付署之职务，是做财政部对于各机关发放款项之工作，其中手续，犹如财政部与各机关之往来银行，支付署每日汇集各机关送到之付款通知表，总数几何，通知财政部，财政部方每天通知英兰银行拨款与支付署。支付署存在英兰银行之账，只有两户，一户为财政部之拨款。名曰支付署供给账(Paymaster-general's supply account)，再一户是各支出机关所有收入缴入支付署者，名曰Paymaster-general's cash account，从此两宗收入，以应付各机关之支出。

支付署在银行之支出账亦只有两户，一为现金支付账(Drawing account)，凡用现金、支票、见付支票(Sight draft)之支出，皆记在现金账内。其二为票据账(Bill account)：凡支付官承认偿付之汇票，

皆记在票据账内,两者都能化繁为简。

各机关会计员之支出手续,即对于领户(债权人)出立付款票(Draft),上面写明数额,请支付官照付,由支出机关之会计员及办事经手人二人签字。各机关会计员每日须将出立付款家之金额,预算之科目,表列清楚,作成通知表(Authority),送达支付署。领户领到各机关所出之付款票,持向支付署请求照付,而不由支付署送寄。支付署对于许多领户出示之付款票,由署员加以核对,第一,要核对各机关之通知表是否与预算符合,第二,要核对领户所持之付款票是否与通知表相符合,然后照付。支付程序

支付署对于领户可以偿付现金,如数额在百镑以上者,则给与英兰银行之支票,银行付款之后则记入现金支付账内。大多数领户,不愿亲自到支付署领款,乃委托于其往来之商业银行代收,并将此款存在银行。商业银行汇齐各存户之付款票,派人送至支付署代领,支付署核对无讹后,即日令英兰银行从支付署现金账内,对于该商业银行拨付一笔整数。商业银行收到此数,即分别收入各领户账内。领户领款时,须出具收据,交于支付署,支付署转分送于各原支出机关,以备审计,支出机关与支付署之往来手续,至此终了。英兰银行每日将各项代为偿付之数额,送达支付署核对,银行与支付署每日往来之关系,至是算终了。

各机关支出,常有特殊情形者: 特殊情形

一 各机关之支出,其中有作偿付工资及零用杂费者,此等支出,不能对于领户使用付款票,仍由会计员向支付署领用一笔整数,领款手续,与前相同,由会计员自出付款票,自己领款,留供零星开支。其他在伦敦市外偿付与军人水手之工资之类,则由地方支付长经理其事,按时向支付署领取一笔整数,事后汇齐单据,向

支付署缴账。

二　国债本息之偿付,不由支付署经手,而由财政部委托英兰银行发给与债权人,直接拨付。

三　养老金抚恤费之领,所谓 noneffective payment,完全由支付署经理。凡军人官吏之养老金与抚恤费,在英国为数甚巨,抚恤部及其他各机关,每年只将领户之姓名、地址、金额、期限等造就表册,送达支付署,此后一切工作,皆由支付署办理。支付署之办理此等支出,必须先加以调查,有已死亡者,则应当停止偿付。支付署每年照各机关所列表册,将请费书分别寄予领户,嘱其寄回,并记明要现金或是要银行支票,支付署收到此项请费书后,并寄给领费证书。抚恤费有一次偿付者,则一次付讫,其余长期间偿付者,则分为按月或按季付款,领户持证书于到期后签名具领。有了申请书和签名,方证明领户仍生存在世,不是他人之来冒领。

四　驻外军队及使馆领馆经费之支出,须用外国货币,而外国货币价值,与英镑常有涨落,因之英国又设有财政箱基金(Treasury chest fund)一项,以应付此项变动。国会所议决者,是英镑数额,而驻外之用费,是外国货币,此中汇兑之损益,自所难免。各地方设有财政箱保管员(Treasury chest office),各机关按期将应当支出之数,作成付款票,寄予各地保管员,保管员持付款票向银行兑现,或换成当地货币,作各种支出之用。若是兑换发生损失,则由基金项下弥补,若有余利,则存于基金中。每年基金结算,总是保持一定数额,若有盈余,则年终拨归确定基金项下,若是不足,则请国会议决补足。

五　各机关常有临时事故发生,事前未能将经费列入预算,或列入预算而数额不够用,因此又有行政紧急事项基金(Civil contingencies fund)之设置。遇有此项支出,经财政部核准后,各机关仍可发付款票，支付署即从此项基金项下拨付。惟动用此项基金之数额，必须限于小数，而且动用之后，即须请求议会议决补助。此项规定，亦为维持议会之威信，各机关不得无故超过预算规定之数额。

六　各征收机关，如关统税局、内地税局之经费，由各该局及其所属各机关在税收中扣留一部。以供开支，并不经过支付署之手。征收机关所解交国库之款项，是一年之净收入，而不是总收入。此种办法，岂不是征收机关可以逃脱财政管理。从手续上看来，征收行政费没有遵照一般经费之规则办理，自难免于非法之支出，然实际上各征收机关之经费，亦须编定预算，而且设有库管审计官于局内，稽核各项支出，不是自由可以开支。又征税机关，经常费居多，临时费较少，糜费之处，不似他机关之多，故管理上亦可松弛。

英国各机关之支出，皆由支付署偿付，支付署从而加以审核。支付署为各机关付出之款，依支出机关送来之通知表所载之编目，为之记账，如有超过该编预算之数额者，支付署须拒绝付款。英国设立此独立机关，财政部可以免除各机关之要求，以保持预算之效力，是与第一个原则相符合。国家各种税收，在各时季不同，有淡月旺月之别，在旺月国库收入很丰，在淡月很少，常不够应付支出。财政部每日只对于支付署一处依其所需之数额拨付，在国库没有余存时，由财政部向英兰银行借款，以供应支付署之支付，借款期不致延长。若在旺月，英兰银行可以将此项存款，流通于社会。所以一年之中，每日财政上之出纳，力求其两方能够相抵，国库不致聚积巨额款项，或向银行借用巨款，以阻碍社会金融之流通。

第三节　我国支出制度

我国支付制度　　我国支出行政，与英国不同，沿用各机关自任支付之制。现在支出程序，根据于十七年四月十九日公布之《审计法》及同年十一月三日通令施行之《审计法》施行细则，及财政部所订中央各机关经管收支款项由国库统一处理办法。依照此三项法律之规定，各机关每月向国库领取经费一次。国库之发放经费，须先经审计部之核准，及财政部之核定。领到之后，各机关即可依照预算规定，决定支出，并实行支付，关于支出之审核，由各机关自行负责。

会计则例之规定　　依照会计则例之规定，各机关每月领支经费，应先期编具每月行政预算书三分，连同请款书由中央各部会送财政部核定（第十二条）。其中预算书两份，分存于国库司会计司，再一份转送审计部（第三十二条）。财政部之放发款项，分直放、坐支、拨付三种。直放款项核定后，由国库司填印三联直字支付命令，截留存根一联备案，以第二联送交金库，或发交分金库照发，以第三联通知书发交领款机关，持向指定金库领取（第十三条）。

各机关领到支付命令之后，由主管部长或次长盖章，送请审计部核准。凡支付命令与预算案或支出法案不符时，审计部应拒绝之（审计法第一条）。审计部对于支付命令之应否核准，应从速决定，除不得已之事由外，自收受之日起，不得逾三日（第二条）。凡未经审计部核准之支付命令，国库不得付款，违者应自负其责任（第三条）。

领款机关领到审计部核准之支付命令通知书后，另备五联总收据，以一联截留存查，以四联连同支付命令通知书送交金库或分金库,经国库将是项支付命令通知书及国库司所发支付命令核对相符,即以现金交付领款人;并由金库将总收据中之一联存库备查,余三联送国库司分别登记,以一联留国库司备案,余二联转送审计部会计司存查,其由分金库直放者,应将收回之支付命令通知书,加盖某月某日付讫戳记,连同所取四联收据,径寄总金库分别存转(会计则例第十四条)。

至坐支划拨抵解各款手续,与领现金无异,应分别登记转账。凡核定坐支抵解之款,由财政部国库司填印三联坐字支付命令,截留存根一联备案,以第二联送交金库,以第三联发交领款机关,通知准许坐支。领款机关接到上项支付命令,即在征收税款内如数坐支。并照领款手续,以领款总收据四联连同支付命令通知书,并填五联抵解书。书内须分别注明税款年月份,并数目,及征获年月份。以存根一联留底解机关备查,以批回、报告、报查、通知,四联一并送交金库登记,截留领款总收据及抵解书各一联存库,并填具四联金库收款书,以存根一联存查,以收据一联交抵解机关,报告报查二联连同领款总收据及抵解书各三联送本部国库司,由部将批回盖印发交原解款机关(即领款机关)备案,其余金库收据报告报查各一联(收款报告一联存国库司,报查一联送会计司),领款总收据三联,抵解报告抵解报查各一联,由司存转(抵解报告存国库司,抵解报查存会计司)。

凡核定划拨抵解之款,除特别支款随时由部以命令饬拨外,其余寻常拨款,须由财政部国库司发填三联拨字支付命令(第九表),截留存根一联备案,以第二联发交拨款机关照拨,以第三联通知领款机关。领款机关接到上项支付命令通知书,即依照第十四条之规定,备具五联领款总收据,以四联连同通知书持向拨款机关核对

第四编 财务行政

相符。由拨款机关留下领款总收据四联,并收回通知书,将款如数拨付后,即填具抵解书四联,连同通知书及领款总收据四联,一并送交金库,依照前项规定办理(第十五条)。

现行支付程序

依照现行中央各机关经管收支款项由国库统一处理办法之规定,支出程序,改为简单如下:

一　中央各部会及其所属机关经费,由国库统筹核发(第十条)。

二　中央各部会经费,由各部会请领其所属机关经费,由各该主管部会转请径发,或转请代领转发,或代请总领分发,统由各部会与财政部商定之(第十一条)。

三　中央各机关请领经费须依据预算或法案填具二联请款书,除留存根一联外,以凭单一联连同支付预算书二份,由中央各部会送财政部(第十二条)。

四　财政部收到请款凭单及支付预算书后,填具三联支付书以直字编号除留存根一联外以命令通知二联,连同支付预算书一份,送审计部核签(第十三条)。

五　支付命令及通知经审计部核签后,送由财政部以通知一联交领款机关,命令一联交付款国库(第十四条)。

六　领款机关收到支付通知后,填具四联领款书,除留存根一联外,其余收据、报告、报核三联连同支付通知一并送交支付国库(第十五条)。

七　国库收到领款机关所送支付通知,及领款收据、报告、报核三联,与支付命令核对相符后,照数付款,除留存收据一联外,并在支付通知上加盖付讫及年月日章记与报告报核二联,随同收支日报表送财政部,由部以报核一联转

第四章 支出行政

送审计部备查(第十六条)。

八 中央各部会转发及分发所属机关经费之办法,由各部会与财政部商定(第十七条)。

九 中央各部会及其所属营业与非营业机关,均须将经营收支编制旬报表,按旬送财政部(第十八条)。

十 中央各部会及其所属非营业机关,关于经费之收支旬报暂照主计处所订甲种收支报告方式编制之,关于收入款及经管缴解领发各款之收支旬报,暂照主计处所订乙种收支报告方式编制之(第十九条)。

十一 中央各部会所属营业机关收支报告,暂用各该机关送主计处之报告格式,其科目与办法,由各主管部会与财政部商定(第二十条)。

十二 中央各部会旬报,各编二份送财政部,其所属机关旬报,各编三份送由各该主管部会抽存一份,以其余二份转送财政部(第二十一条)。

十三 中央各机关经费,得就事实上之便利,由他机关应解款内拨付,或在本机关应解款内坐支,但须由各部会与财政部商定(第二十二条)。

十四 请款机关对于拨付或坐支经费之请款手续,仍照第十一第十二两条规定办理(第二十三条)。

十五 财政部对于拨付经费之支付书,以拨字编号,其命令一联,交拨款机关,对于坐支经费之支付书用格式四以坐字编号,其命令一联交坐支机关,其余手续,仍照第十三第十四两条规定办理(第二十四条)。

十六 领款机关对于拨付经费之领款手续,仍照第十五条现

第四编 财务行政

定办理,惟领款书之收据、报告、报核三联,及支付书之通知一联,送交拨款机关(第二十五条)。

十七 拨款机关,收到领款机关所送支付通知及领款书之收据、报告、报核三联,与支付命令核对相符后,照数付款(第二十六条)。

十八 拨款机关付款后,以领款书之收据、报告、报核三联及支付书之命令,通知二联,抵充现款,依照第四条现定,填具解款书,以抵字编号,一并送交国库抵解,收到收款书之收据报具二联后,仍照第七条规定办理(第二十七条)。

十九 领款机关对于坐支经费,依照第十五条规定,填具领款书,在本机关应解款内坐支后,再依第二十七条规定办理(第二十八条)。

领款之实情　　各机关领款程序,固如上述,其间经过两层稽核,其一为财政部会计司之稽核,其二为审计部之稽核。经过此两层核准之后,当可以向国库领款无虞了。在国库有款时,每月下旬,各部可得发款。但是国库是否有现款可以发放,常不一定,实际上向国库领款,不是容易。近年来我国财政既如此困难,各机关预算虽有所编制,无论所列数额是否实在,是否有可节减之处,并未经财政部审定。财政部既未审定,对于支出预算,不负何等责任,当亦不负非供给预算数额不可之责任,是财政部纵不依各机关之预算数以及审计部核准数发放款项,在行政责任上是不能对于财政部加以非难。以故各机关领款虽具备法定手续,若国库无款可发,也是枉然,所经会计司审计部两层审核手续,都是表面文章。以近来财政如此之困难,国库之发款与否,常须经财政部长自行签字,始为有效,否则国库不敢发款。故实际上发放各机关经费之权,在财政部长之手,而各机关长官欲领取经费者,势非奔走于财政部长之门不可,实情如此,认负其咎?从行政上看来,财政部长为行政之负责者,而从财政部长自身看来,日与一般索款者相周旋,以一身每月对付各机关长官一次,任重事繁,殆各国财政部长中无出其右者矣。

党务费之发款,据《审计法》施行细则第十八条及十九条之规定,在原则上与各机关政费之发放相同,由财政部将支出预算送审计院,其支付命令亦须经审计部签印。

至国债之偿付,内债现由关税担保,按期由总税务司拨交国债基金管理委员会,再由委员会拨交中央、中国、交通三银行,发给债权人。外债到期时,则由财政部指定各原担保税收机关拨交各外债经管机关。

第四节　日本支付制度

日本支出制度,立于英国制度与我国制度之间,依《会计法》之规定,国款之付出,皆须由国务大臣以支票为之,支付之权全操于国务大臣之手。国务大臣何能胜此繁剧之职务,于是有由国务大臣委任各机关支付官之制。现由国务大臣委任掌理支付者,铁道省为铁道大臣,大藏省为理财局长,农林工商两省为其官房会计课长,外务、内务、司法三省为其次官,海军、递信两省为其经理局长,陆军省为其经理部长,其他各机关多为其长官。在此等支付官临时因故不能履行职务时,则由该机关长官暂时委人代理。各机关

日本支出制度

在其预算范围以内,决定某项支出之后,由支付官签发支票,收受领款证书及单据,领款人持向代理国库之日本银行领款,因此国款俱存于日本银行,各机关不得保存现金。日本银行在凭支票付款时,必须检验支票之真伪,领款人之是否确实。再则日本银行设有支付预算账,凡经支付之数,记于账内,以免各机关有超过或流用之事。其对于支票,照商法处理,并无特别之处。支付官于发出支票之后,即以支票发出通知书,并记明其预算科目,送达日本银行,以便银行核兑记账。每月之末,支付官作成支付报告,送主管长官存查。

第五章　国库制度

　　国家之收入与支出，由各机关官吏执行，然现金之保管，须另有一专管机关任其事，使收支与现金之保管分开。若是两者合而为一，皆由收支官吏掌管，则收支官吏以现金在手，容易舞弊。而且现金之保管，须有稳固设备，收支官吏，常难兼司其事，若遇盗贼灾难，亦难于负责。又如货币之辨别真伪与计算数额，亦须有专门之智识。以此数因，现金之保管，各国皆以法律规定，委之于中央银行，兼办国库之职。银行有稳固库藏，又有专门人才，正合于保管现金之职分，凡国家收入，皆缴入国库，平时支出，则从国库提取。国库设置之重要

　　国库制度约有三种：国库种类

　　第一，统一国库。凡国家各种收入与支出，皆由一个国库掌管，集中于一个机关之内。国库设于首都，分库遍设于各地方，全国有统一组织。

　　第二，行政局部金库。各行政机关之收入与支出，任各机关自行设立金库保管，而不集中于一处，是与统一国库制相反。凡设有特别会计之机关，如国营产业之入款，因不欲与国家一般会计相混，多行此制。

　　第三，各官厅金库。各官厅各自为政，各设立金库，掌理本机关出纳。此种制度与各官厅会计员自行保管无异，危险实大，易启

弊窦。

批评　　三种制度比较起来，自以第一种统一国库为优。照第二第三两种办法，各官厅各保管一部分现金，是使国家各时日全部收入，分置于各处，分为若干小数，往往在甲机关有巨额余存，而乙机关有不足，有无不能相通。不足者须向外息借，是为不经济。各机关各作一项设备，每日须谋出纳上之适合，是不能增进行政上之效能，而且遇国家有事时，某机关须有巨额之支出，致无法应付，此种不经济之制度，渐归于淘汰。至于统一国库制度，可以免除此等缺点。政府将各时日所取收资金，集于一处，数额较大，以应付各方面之支出，绰有余裕。即或发生不足，由财政部统筹，可以免除各机关分途筹借之困难。

国库制度　　国库应当统一，诚如上所说，然此项机关之设置，又有三种不同之制度。

第一独立国库　为政府设置专管机关及其应有之设备，收受收入，发放支出。此项机关，通常由财政部直接管辖。从前美国曾采用此制，现在我国各省如湖南设有省金库专任机关。

第二委托银行代理制　为将国库现金出纳之职务，委托银行执行，利用银行固有之设备，以免政府在设备上之糜费。政府对于银行须付相当费用，而银行对于国库之余存，只负保管之责，不得动用，亦不得与其营业资金相混。若是不足时，由政府自行设法填补。

第三银行存款制度　为政府之现金出纳，统由银行经理，银行之收受政府之现金，作为政府之存款，与收受普通人民之存款，没有何区别。银行收受政府之存款，得作为营业资金之用，与一般资金无区别，并须对于存款计息。许多国家采用此制者，大都以法律规定,国款须集中存于中央银行,中央银行又多有官股在内,并附带处理国家之他种职务,如募集公债之类。又以政府之存款须按照规定,依一定手续办理,如按期报告书之类,事务加繁。因此之故,各国政府多有对于银行存款不取息者,作为偿补银行之费用。

在比较此三种制度之优劣之前,应当明了国库出纳之资金,有与社会金融不可分离之关系。国家所有各种收入,皆系人民挪用社会之资金,缴入国库,在国库收入增多之时,即是社会资金供人民利用之数额减少。国家收入,为从人民取得购买力,国家有几何收入,即国家对于社会有几项购买力存在,国家随时可以之在社会购买勤劳,或实物,或偿还债务。国家财政之运用,即可以谓为购买力之运用,财政之基础及其出纳之关系,不是须有若干硬货存于国库。政府既无保存现金之必要,则又何必作独立的国库设备。

_{国库收入与金融}

国家之收入,从人民得来,支出为付予人民,财政与国民经济,作不断的循环对流,是应于两者之间,有一交换清算之机关存在,中央银行之职分,即是如此。中央银行之资金,一方面供公众之需用,他方面又供政府之需用,算来算去,不过是政府与私经济之转账,而中央银行所保存之准备金,不稍移动。若是国库独立,则国库收入增多之时,势非从中央银行运输现金入于国库不可,银行准备金减少,势不能不紧缩,裁减对于国民之供给,则社会金融,必是紧急之象,或因此引起恐慌,为害甚大。故财政上收入,虽为取之于人民,仍应委托于银行,使国民仍不失有从银行借用之机会。

国家设置独立国库之本义,不外乎谋保管之安全。所谓安全云者,当为不失去收得之购买力。现代财政收入,并非如昔日之征

第四编　财务行政

收实物，须有仓库以保管实物之不至于损失。财政之出纳，改为现金之处理，则银行为处理一般出纳之机关有其固定之信用与安全，其保管安全之程度不在国家自行设立国库之下。

独立金库之缺点　　独立国库之制，为在国家有收入时，死藏国家之资金，不与社会有使用之机会。而且设置专管机关，行政费加大，是增加人民之负担。再以保管安全而论，以行政机关任此重责，行政机关难免不受其上级机关之非法干涉，或假予便宜，则保管仍不能谓为十分安全。若由银行处理，银行严守其业务上之义务与法则，不受任何强权之挟持。再有一层，国家收入，在一年各季，有歉有旺，旺月收入多，尚可应付支出，若在歉月，仍非向银行借款不可。若国库平时不与银行流用之方便，而歉时单向银行索借，银行将无力应付，或索高利，国家即蒙受损失。银行办理国库，使财政与社会金融打成一片，平时以财政力量，谋社会金融之稳定与发展，在财政困难时，则以由中央银行吸收社会资金来救济财政。

第二种委托银行保管国库之制，其性质原与第一种无异，惟政府可以免除行政机关不善于保管之缺点，尚不能避免死藏资金于国库之弊。

银行存款制之优点　　第三种银行存款制，有给予银行活动资金之便宜，可以使国家财政与社会经济打成一片。除此之外，国家尚可以同时尽其应尽之一项职任，即以财政力量，维护中央银行，以增进银行援助国民经济动活之力量。政府出纳，其数额很巨，当为银行最大之主顾，银行有此大顾客，又有心予以援助，则不怕买卖之不灵活，日臻上境。在社会金融紧急时，政府可以从银行作多量之支出，以增加社会之购买力，反之在社会资金纾缓时，政府可以由银行收集一部分，如发行公债以吸收资金之类。故银行存款制不仅可以免除财务上之繁杂，又可以收调剂金融之效果。

英国采用第三种制度，据一八六六年国库审计法（Exchequer and audit department act）之规定，凡关统税、内地税、邮电等收入，原征收机关得保留一部分，以供退税及该机关行政费之用，此外应尽数汇交当地之英兰银行及爱尔兰银行，收入国库账内，他种收入，亦须汇存于两银行，称为 Public deposits（苏格兰之收入，由当地六个银行轮流值年办理，缴解于英兰银行）。银行收到之款，按期报告于库管审计长，在供应经费支出与偿付公债之余，得作一般营业之用，以活动社会金融。银行为国家办理收集收入。偿付公债本息，及应付各项经费之支出，依照法律规定，领受一定费用，平时国库存款，对于国家并不偿付利息。若是存款用罄，则由政府发行短期财政部库券之类，仍由银行办理发行，得来之款，亦收入国库账内，以供支出之用。

英国国库制度

银行所收各机关缴解之存款，各立账目，但没有定期报告，是各部在各期间收入几何，无从知悉各项收入之情形，是其缺点。银行之所以不发表，因为银行向例，银行只对于存户有报告之责任，对于第三人概守秘密，其处理国库收入亦然。惟银行每星期四日发表其星期三之资产负债对照表，中列有公款一项之数额，可以知道每周国库存款情形。国库存款在各时节不同，通常在十月间数额最低，自一月以后，逐渐增高，至三月末而达于极峰的高度。因为英国所得税之清算征收，皆在一月以后，此外财政部在每星期二出版之《伦敦官报》（London Gazette）上，发表上星期六为止之国库存款与支出对照表。银行与财政部发表数额，各不相同，银行数额为每星期三国家各种公款收入支出之总数，而财政部所发表者，为财政部之情形，其中如拨付支付官之数，即列入支出项内，而银行报告,凡支付署存款,仍列入负债项下,以致双方报告之数额不一致,使读者有扑朔迷离之感。

美国制度　　美国开国之后,国家收入,分存于美国各银行,各银行皆欲从存款谋利益,竞相援引,暗潮甚烈,危及行政。后分存于各省银行中,经一八三七年大恐慌,银行倒闭者多,国家不免于损失。一八四六年改行国库独立制度,设总金库于华盛顿,由财政部直接管辖,复于各大埠设分金库。此项制度之施行,保管自较安全,同时金融活动之困难,亦暴露出来,不仅死藏资金,而且有时国家需用甚急之时,难于觅得银行之帮助,终至难于维持。一八六一年,国家银行成立以后,凡财政上之收入与支出,由银行代为汇付,并代为发行公债。旧制恢复之后,国库存款由财政当局自由办理,其中即有无穷黑幕,尤其是发行公债,财政当局与银行操纵,国家难免不受损失。一九一三年联邦准备银行成立,始于银行法中规定国家收入与支出,交由联邦准备银行经理,延至一九一六年起,逐渐施行。此项规定,并不是联邦准备银行对于国家出纳,有完全独占经理权,像英国之指定英兰银行、爱尔兰银行及苏格兰之六家银行一样,不过是联邦准备银行有此种权利罢了。美国之不能采用独家经理制,有其理由。联邦准备银行并不是全国银行,皆行加入,尚有许多有势力之银行及信托公司,没有加入,银行制度,尚无全国整齐的系统,与英国银行制度不同。政府发行公债以及各种来源之收入,除由联邦准备银行经理之外,非借重其他银行不可,以便于吸收全国各方面之资源,在欧战时,美国发行巨额的公债,尤非得全国各银行之帮助不可,则其他银行经理得来之收入,自不能不与以营业上之便宜,存于该行。因为公债应募人之资金,平时存在此等银行,若是政府要他们将公债收入拨交联邦准备银行,是不耑提用其他银行之资金,则其他银行营业,必发生危险,故不能不就其他银行经理得来之收入,顺便存于该行。再则政府之资金,在支出上亦为分布于全国。因为支出是分布于全国,有时还在国外,以便直接由经理银行拨付,而不必由联邦准备银行转汇。所以美国国库制度,大部分出纳,是由联邦准备银行经理,其他银行仍可分润。财政部有许多往来银行,于是不得不设立许多银行户头之现金账,不像英国那样的简单。

美国各银行,都想揽做政府生意,经理出纳,在营业上可以得着不少利益。从前各银行存款,不取利息,一九一三年取息一厘,一九一三年以后,改为年息二厘。到一九二三年为止,十年之间,政府共收息金七千五百万元,为数不可谓不巨。

法国金库制度,与英美不同,财政部收到各种收入之后,预计各时期各机关各项支出之数,如数准备,到期或指定征收机关拨付,或由财政部直交,或由银行汇交,如有余存,则存款于法兰西银行。法兰西银行本系官商合办,但财政收入与支出,并不是全部委托办理。从前拿破仑时代,以为国家之支出,如军费之类,当由政府直接管理,不可委托于银行,诚恐银行从款项之支出而泄漏秘密,故银行只成为保管存款之机关,而不是代理国库。关于此点,亦属重要。至今英国军部之向英兰银行提款,在库管审计长核定之数额范围以内,可以整数提取,银行须为严守秘密,亦由于此。法国国库制度

法兰西银行收受此项存款,为数常大,既享受此项特权,同时负有两层义务:(一)在全国各地方须设立分行,以便办理国家在各地方之收入与支出。(二)国家收入不够支出之时,银行须垫款,在一定数额以内,国家不认息金,惟国家有收入时,须尽先偿还。

由此看来，法国之国库在财政部，银行不过是存款地方，与私人之往来无异。银行对于财政部之关系，可以利用财政部之剩余，同时负有垫款之义务。所以法国每逢财政紧急之际，即令法兰西银行垫款，银行无款可垫，惟有多发钞票。欧战之后，佛郎钞票跌价，皆由于垫款过多所致。法兰西银行与财政，别有一种关系，因其为官商合办的银行，直接受政府之管辖，财政与金融之关系，可以打通，而国库仍然是独立。与英美两国银行办理国库，而以银行业务为本位者不同。

日本国库制度　　日本采用统一金库制，据《会计法》的现定，"国务大臣所属各种收入，须收存国库，不得径行使用。"又"各官厅除以法律敕令规定之外，不得持有特别资金。"及"国务大臣所管欲支出一定数额时，以日本银行支票付出，代替现金之交付，"又"政府以日本银行处理国库金出纳事务。"从前国库制度，在首都设有中央金库，各府县设有本金库三十七个，各区域内郡役所所在地设有支金库，统由中央金库管辖。中央金库为日本银行，分金库为各地方之日本银行支店，或其他大银行，支金库则选择其他银行。凡此等代理国库之银行，对于政府负现金出纳与保管之责任，惟于一会计年度中有余裕之数时，得作为暂时或定期存款，征取相当利息，此种办法，在从前财政状况充裕时，自不成问题，后来日本财政膨胀，依赖银行接济之处加大，渐不适用，遂于大正十年改行存款制，由政府命令日本银行处理国库金之出纳，作为政府在日本银行之存款。存款分为三种，一为往来存款，其中作为支付准备金之数无息，此外取息二厘，此项数额，由大藏大臣与日本银行总裁决定。其二为特别存款，为国币硬货及外国货币，没有利息。其三为指定存款，为大藏大臣依特别条件存入，其主要者如在外正货，亦无利息。政府所有存款,并无详细报告发表。

日本中央财政之出纳,可以使用支票,故于统一国库上极感便利,而各地方财政,尚未能推行支票制度者,仍不统一。

我国国库制度,北京政府时代,海关收入及盐税担保外债部分,统存于外国银行,本国银行不能染指,其他各种收入,为数很少大都在收入尚未缴解于财政部之际,财政部已命令征收机关指拨于各机关。在法律上之规定,国家收入,统分存于中国、交通两银行,两行皆有代理国库之权,然以收入总是不够支出,实际上无款可存,反而向银行借款之事为多,所谓存款云者,大都偿付借款,或有时各征收机关解款于中央者,及中央汇寄各地机关者,由两银行经手而已。我国国库制度北京政府时代情形

国民政府成立之后,设立中央银行,十六年八月,颁布金库条例,据其现定,总金库及各分金库事宜,由中央银行掌理,由中央银行总行总其成。所有国库岁入岁出,统由国库收纳支付,是可谓采用统一国库制。财政部之出纳,现在皆由中央银行经管,算是渐入于统一,但各行政机关从国库领得经费之后,仍各有其往来银行保存,未能统一到底,是为现制之缺点。其第九条之规定,"款项应与中央银行营业资金分别存储,但由财政部长核准,以一部分之金库款移作银行存款,不在此限"据此看来,原则上仍系采用代理制,惟于必要时,银行亦得流用国库之资金。现在中央银行之情形,既不是银行之银行,直接对商民之往来又少,大部分工作,仍在发行钞票与代理国库,若改作存款制,徒增重银行之负担,而银行不必能收活动社会金融之效。代理制之存在,其目的在减轻银行之负担,亦即所维护中央银行。出纳之统一,尚在逐渐整理之中,二十一年十一月国民政府通令各机关,凡此后对国外付款,皆须由中央银行国民政府由中央银行掌理

汇兑局办理,除中央银行所出水单外,他银行水单在审计部审计时,一律作为无效。

中央银行之国库局　　从前中央银行组织设有业务、汇兑、发行三局,业务局中,设有国库科,处理一切国库债券付息等收支事宜。二十三年一月,以汇兑归并于业务局,而另成立国库局,其中分设文书、会计、债券、保管、库务五科,足见中央银行处理国库事业,日益加繁。

第六章 国库之掌管

国家各种收入，都应汇交国库收存，各项支出，亦应统由国库统筹出发，方能收到财政统制之效果。预算制度，是否能健全施行，国库发放款项，是其中一个重要关键。因为款项离开国库之后，行政机关可以自由支付，立法部即失掉管理。发放款项时际，是国会检查行政部是否遵守预算之一机会。若有不合法之支出，下次即可以拒绝付款，有此限制，行政部要图下次领款，非严守预算之规定不可，故预算制度之是否能完全施行，当着重此点。然现在实行预算制度之各国，除英国外，很少有完备制度，本节将英国之现行制度，作详细之说明。国库掌管职责之重要

国库发款，归何人负责掌管，在各国不同，有由财政部掌管者，有由另一机关掌管以控制财政部者。美国制度，存放国库收入之银行，由财政部长指定，动用此项资金之权，亦操之财政部长。法国制度，财政部设有支付官，调度各机关出纳，国家有余款放存时，总是存在法兰西银行，平时各地方各机关之收入，即由财政部命令直接拨付当地机关，作支出之用，故管理之权，亦属于财政部。我国财政部所存于中央银行及其他银行之款项，从前非有财政部长签字之发款条，银行决不付款，间有特殊人物签字之手条，亦可发款。盖财政既如此困难，制度乃不得不因人而设立。近年来财政状况较好，每月政费军费，可以放发，经财政部长通知银行后，各机各国制度

关可以按照前述手续领款。请款凭单,须经审计部核签,但此核签,只能视为一种稽核,不能视为国库之掌管。常有许多机关,款已领得,俟后补具手续者,亦有手续齐备,而款仍未能领得者。故我国国库,可谓为全在财政部掌管之中。日本国库支款,皆由内阁总理大臣掌管,由其任命各机关之支付官。凡此各国制度,国库都在行政部掌握之中,行政部收到之款,径由行政部处置,而与立法部无与。

<small>英国制度之起源</small>　　英国制度,照预算起源之本意,是王室向人民代表请求,供给国家之费用,国会对于发放款项一层,认为非常郑重。财政部是朝廷官吏,不能直接向国库支款,国库收到之款项,在名义上是归国会管领,国会不便办理此种行政事项,乃另行委托一个机关,专办发放库款之事宜。此项机关,名曰国库审计部(Exchequer and audit department),其长官名曰库管审计长(Comptroller and auditor general)。国会派其掌管国库,财政部之领款,须经其核准发放。国库审计部之发放库款,为英制之特色,很可寻味。

　　从前英国国库,由国会选举之委员掌管,后来选举之委员,在履行职务上发生困难,不获管理得法,乃由朝廷任命库管审计员专任其事。而此项人员,实际上是由财政部推荐,隶属于行政部,岂不是立法部之事权,移转于行政部,致国会失去管理国库之初制。<small>国库审计部之职权</small>一八六六年通过国库审计部法(Exchequer and audit department act),施以改革,将会计之审计与国款收入发放之掌管两项职务,合并拢来,统由此机关办理。于是此国库审计部脱离行政部之管辖,直接对于国会负责。凡国库资金之发放,归库管审计长核准指拨,是为库管之职,发放之后,各项经费之支出,是否合法,又归其检查,是为审计之职,是为库管审计独立之经过。

第六章 国库之掌管

英国要使此项机关能够独立履行其职权，乃特别加以保障，至少不要受行政部之干涉。此次法案中规定国库审计部设部长及副部长各一人，须由国会通过任用，非有上下两院之同意，不得更换。凡被任用为库管审计长者，不得兼任其他行政官，亦不得兼任上院或下院之议员，或其他职务。部长及副部长之薪俸，与司法官相同，列在确定经费项下，给予特殊保障。部长受年俸二千镑，副部长受一千五百镑，并且在退职时给予养老金。有此保障，所以国库审计部虽是一个行政机关，不致受内阁干涉，反而各部领用国款，非听命于他不可。

从前说过，英国国会之通过总准款案（Appropriation act），须在预算案审查通过之后，常在十月，而会计年度之开始施行，则在四月一日，国会对于政府为应付四月一日以后各项行政费及公债偿还费起见，在三月中通过一个挂账票，及拨款案暂准政府在国库资金项下得用若干。此笔整数，约等于三四个月之经费。有此决议，政府方能请用国款，并且有一定范围，但尚不能以此决议，向国库提款。请款手续

每季之末，财政部须将下季政府应行支付之各种经费及可望获得之收入数，开一估单，送交库管审计长存查，其中关于确定经费，数额已经定妥，至供应经费，财政部则照其所核准之数额列载。如果这一季中收入不够支出，库管审计长认定支出方面没有何错误，于是通知英兰银行或爱尔兰银行，在国库无存款时，暂行垫款之数额，垫款之本息，一并记于国库账内，由下季收入中偿还。此层手续，是预备一季所需之费用，财政部仍不能据此提款，如果可以提款，数额很大，国会认为失掉管理国库发放现金之力量，诚恐行政部不免于糜费。

第四编　财务行政

　　财政部领款手续,在需款时,预计一个月内所需之数额,缮就朝廷之敕书,由两个财政大公签名,敕令库管审计长遵照国会通过之挂账票,在其数额之内,拨款若干予财政部,库管审计长审查所请数额,未超过财政部每季估单之数,亦未超过国会通过之挂账票或总准款法之数额,乃通知英兰银行从国库收入项下拨款若干予财政部。财政部在银行之账上,收到这笔存数,才算是现款到手,可以应付各项经费之支出。这笔数额,到月底若是快用完,再依照上述手续,向库管审计长再请其拨款。在平常年节,一年总得做数次,若遇国家有事而有追加预算,或通过某种事业法案而需新的支出,则次数加多。

<u>及其效力</u>　　我们看英国从国库项下发放款项,须先有(一)国会之准款,(二)有朝廷之敕书,(三)有财政部之估单,(四)有库管审计长之核准,及其对于银行之拨银通知,方能到财政部,如此烦重之手续,正是英国在历史上经过多次奋斗后得着之国库管理权,层层控制,惟恐国库裂破一个小眼,无端地流用民脂民膏。库管审计长如果发现请款数额超过国会允许之数额,或是与财政部自己估定之数额不符时,他的责任,就是对于财政部断然拒绝,丝毫没有假借,方为奉公守法。财政部之领到国款,虽然是仅费几纸文书,却正可以领款不易,或以国会或库管审计长不能通融之理由,以搪塞各部之来请求追加预算,以限制各部之浪费。

<u>财政部之拨付各种经费</u>　　英国经费,有确定经费与供应费两类,支出情形,因之不同。确定经费,财政部在每季之开始前,通知库管审计长是季所需用之数额,并须载明用途。经库管审计长核对与预算所列确定经费应当支出之数相符,然后通知英兰银行在国库项下拨给一笔整数与财政部。财政部在英兰银行获得此项存款,乃通知确定经费之支

第六章　国库之掌管

出机关按时领取,其中供偿还国债本利之用者,则拨交英兰银行,代为照付,至供他种用途者,则按天拨入支付官之收入账内,仍然是存于英兰银行。两种款项,都未尝离开银行。

当财政部向库管审计长通知需款单时,必须同时将上季既经支付之数额,列单报告,库管审计长认为没有错误,皆系依上季需款单上所开数额而支出,或因有他种充分理由而有变更者,则库管审计长方通知银行拨款。否则库管审计长可以对财政部质问,又难免不有往返之周折。 财政部之报告

供应费之发放,亦是由财政部每季通知库管审计长由国库拨发一笔整数,手续与前相同。此笔整数,亦是酌量是季各种经费所需之数额,并非分别经费之类别如行政费、军费之类。确定经费在会计年度开始时,即已议决各种经费之确实数额,而各种供应费须待至冬季,国会议决完了,方知道确实数额。在议决之前,财政部请求库管审计长发放之数额,不必与预算上所规定者相符合,故名之曰国库项下暂记(Exchequer account at the bank of England),待后来总准款案(Appropriation act)通过之后,库管审计长清理从前发放之数额,从总准款数中除去既经发放之数,以余额按期拨予财政部。英兰银行每日接到财政部之通知书后,才将款拨入支付官账内。 总准款案

在预算未通过之前,各机关之支用经费,难免不发生滥用事情,财政部如何能担当防止滥费之责任最为重要。从前说过,英国各机关预算,先须经财政部核定,然后提出国会。各机关预算,虽尚未议决,然在行政部方面,自经财政部核定后,即已发生效力。各机关会计,只能依照预算所列之种类与数额领用款项,不得超过预算范围以外,是各机关之支用款项,已有根据。 预算未通过前之管理

第四编　财务行政

　　然供应费又有一点与确定费不同,确定费数额是确定的,而供应费在支出时不必是完全确定,譬如购买货物之数额与价格,即不必能预定,因此各机关之随时支出,又须经支付官一层手续。

每日报告　　库管审计长发放一个月整数之款与财政部,犹以为管理不周到,还天天两只眼睛看守着财政部之支付。每天财政部还要送来一个账单,列载当日各种经费之细数总数各若干,同时英兰银行亦须送到每天支出详细数额之报告,以便两相核对,检查其中有无错误,或某项经费之支出,有无超过预算。如果发现违法情事,立刻对于财政部送出警告。所以库管审计长之监督支出不单是从大处着眼,而且是从小处着手。

第七章 财务行政之管理

上数节既说明经理财政,以下各节,乃讨论财政之管理。国家之需有预算,表面上是在维持收支之平衡,以便整理财政,而实质上之目的,还是在求增加国家之财政信用,及增加行政上之效能。如果能执行预算,不仅本国人民对于政府表示信任,人心安定,社会经济得以和畅,即在国际上之地位,因财政信用很好,亦得以提高。各国行政管理有松紧之不同,因之国家财政信用,有高低之不等。财政管理为提高国家信用

执行预算之能力,可以从行政效能来度量。财政学上之总原则,为求最大利益,在财政行政上则为以最少之费用求最大之效果。行政费用,固规定于预算,在执行时常有伸缩之余地。在原则上说,经费之支出,不得超过预算之规定,然假定经费是照预算规定而支出,而行政效益并不好,则面表虽为及格,实际上不能谓为及格。反之若是支出虽有时超过预算规定,然行政成绩很大,亦不能谓为不及格。所以预算之执行有无能力,当参考行政效能以为判。执行之能力以增进效能为准

各国预算通过之后,多由各机关任意遵照预算施行,即或施行时超过规定数额,不妨重向国会申请增加经费,漫无限制,许多弊端,皆从此中发生出来,是有预算之名,而并未举其实。要知预算之实行,端在执行支出时根据于节省与效能之原则,加以严密考核,方能收效。至若事前之预算规定与事后之会计收支报告,无法财务管理为增进效能之关键

第四编 财务行政

变更当时之事实，都不过是外部的限制，其效力究有不逮。可知一国财务行政，若无当事时行政上之管理，仍然是表面文章。

<u>管理须有一中枢机关</u>　　国会核准之预算，仅为一个原则，而行政上各机关应如何组织，方能增加效能，需用某种职员，薪俸应规定几何，新事业是否应当添设，预算之规定是否有变更之必要，皆须有个中枢机关为之决定。决定之后如须请国会通过增加经费数额者，然后由此机关提出。否则各机关之长官，虽能作行政上之管理，而办法必多不一致，效能即有等差。假使有一中枢机关，赋有管理全部财务行政之权能，庶能比较各部各机关之效能，而期其作同等程度之节约，各机关之间，得以互相砥砺。此项中枢管理组织，在财务行政上实为不可缺少。

<u>集中管理有三种制度</u>　　财务行政管理之中枢组织，其组织是否健全，是否适合于管理支出，是否能收管理之效果，皆与组织本身有关系。就各国之成例看来，约有三种构造。（一）为财政部管理制，（二）为隶属于行政首领之独立管理机关制，（三）为委员会之管理制。兹先就三种制度本身加以说明，然后再引征各国之施行情形与成绩，作为论证。

<u>（一）财政部管理制较能获得圆满的效果</u>　　一　财政部管理制，以英国所行者为型式，而最有成绩。本来财政部负有计划财政与经理财政之职责，则管理财政一事，自以交财政部连同办理，方为有效。因为财务行政之事情，牵涉一般行政，与夫国家之政策，政策之决定，俱已藏纳于预算中，然临时遇有财政紧急之事情发生，亦不能不有所变更，若由财政部连同主持，庶能收肩之使臂臂之使指之效。若是将此几项职分划开，必成为麻木不仁之局，财政全部之计划，终无从运用灵活。

<u>然各国未能实行此制者为保持各部行政之独立</u>　　现在许多国家之财政部，以为他的职责，端在经理收入与支出，或拟定财政计划，对于各行政机关，按照预算规定，发放款项，

第七章　财务行政之管理

就算尽职。至于各机关支出,是否正当,有无成绩,则未尝过问,不能不认为财务行政上之一大缺点。此种缺点,由于事权之不能统一。有的国家,认为各部行政,各有其独立权,彼此不得妨碍,一部行政,完全受主管长官之指挥,不受他部之干涉。凡严守此项原则者,谓能保守各部行政权之完整,责任分明,然终难免于各部之自私自利。其实国家为统一的国家,政府为统一的政府,行政事权之划分,固属应当,以便分工合作,然财务行政为各部共有之命脉,似应有统一之管理,以增加执行预算之能力,以尊重财政部之职责,方为正当办法。

各部拒绝财政部之管理支出者,据各国立法者之意见,以为财政部既总揽全国财政收入之权,财权在握,可以恣暴自为,是应对于财政部施以牵掣,自不能反而付以管理各机关财政之权。人心微妙,吾人莫测其高深。既恐财政部管理财政而牵涉到各部之行政,于是各机关从国库领得款项之后,即自由使用,是与啸匪分赃,各人分取一份,以供各人之豪淫享乐者,情形相似,种种流弊,皆发源于此。要知一项经费之是否应当支出,在财政计划上已有所决定,而支出数额之多寡,使用之方法,当依行政效能之大小以为别。此项标准,为各部及财政部所应共同遵守,是有共同的目的存在。假使各部与财政部皆以此为目的,是不必有何争执发生。其所以发生争执者,无非是各部单看重本部事业之重要,然是否重要,要当从全体行政上去衡量。假使能以财政管理为中枢,比较各部行政之重要性,及其事业效能之大小,方能获得公平判断。若是各部各自为政,则强有力者,不难借政治势力,以谋己部事业之发展。使社会受利害限于某部分人民,其甚者,造成政治上之异端,而危及国家全体与公共之福利。

实出于误解

故酿成弊端

第四编 财务行政

<small>而财政部浸成为各机关的筹款机关</small>

现在各国，多以财政部之职责，在筹款以供给各部经费之机关，于是财政部主办征收赋税，发行公债，管理国库，发放款项，使各部机关之经费，能够按时接济，即为财政部克尽厥职。所以内部之组织，皆从财政技术上着眼。殊不知财政部之职责，除此等事务而外，尚有管理全国各机关之执行预算一层职责。假使财政当局疏忽此项职责，惟以能供应经费为能事，则财政部长便成为筹款之专员，聚敛之能手，实在是失掉总理财政之意义。

<small>（二）行政首领管理制</small>

二　行政首领管理制，以美国制度为型式。此种制度，以为各部行政权当维持平衡，一部不受他部之干涉，然又以财务行政陷于分裂之状，酿成无穷弊端，不能不加以管理，遂责成行政首领负担管理财务之责任。若是一国之政治制度，排列整齐，严守不相侵越之主议者，自非行政首领出面执行管理不可，愿行政首领日常忙于对内对外各项政策之应付，若欲使其再有余暇，与全国各机关办理行政事务之人员，商量支出之是否适当，岂非是大大的笑话，则行政首领便变成一位总会计官了。美国制度，总统既承受此项重责，

<small>行政首领何能对于行政事务负责</small>

自己又无暇顾到，于是将财务管理事项，交由预算局办理。预算局考核各机关之预算，亦可积得财务行政上之经验。若能假以时日，积得经验，未尝不可以作有效之管理。观于美国自从预算局成立以来，迄今十余载，对于财务管理，很有进步，但比之英国尚有所不逮。揆其原因，实由于收支之经营与经费支出之管理，常有不可划开之关系存在，预算局虽如何有责任心，终以经费之供给，并不须本机关负责筹措，何必与人较重锱铢，殊不值得，故在管理上难免不有懈怠。我国主计处制度，亦属于此类，容后再述。

<small>（三）委员会制不合于实际用途</small>

三　委员会制度在我国曾欲引用。采用此种制度者，大都由于财政部负不起管理之责，行政首领亦不负此项责任，而经费之支

238

第七章 财务行政之管理

出,实在滥得可骇,甚至引起国内政争与战争,人民实不堪其痛苦,于是想罗致在财务上有势力之人们,共同出来说话,以限制经费。经费支出是否正当之问题,在会议席上固可畅所欲言,然财政之管理,是一种日常行政事务,不是十天一次会之制度所能办到。如果等到会议来管理,则支出早已过手,噬脐无及。即或能加以管理,然发款机关(行政部)是否能遵照办理,是否愿受委员会之节制,都成问题。其结果仍然是议决由他会议,支出我自为之。此种制度之效能,可以期其等于零度。

  财务行政之管理,非常重要,在我国今日,似尚无深切之感觉。我国财务行政界之空气,与各国不同。各国总是说政府太浪费,应如何设法制止此等弊端,而在我国,只是遍地穷声。其实我国二十年来,各部行政人员之薪俸旅费,并未短少分文,而办事成绩,毫无考察。有许多机关人员是尸位素餐,无成绩之可言,有收入之机关,实在浪费得可骇,从来无人加以指摘,在穷困之声浪下,罩掩着无限的黑暗。假使将来行政效能与经济之声浪腾起之后,才知道财务管理之重要。〔财务管理为我国当前之急务〕

  本节既从理论上考察财务行政之有效管理,以下再就我国毫无能力的管理、英国之有效管理、美国管理之进步情形,加以说明,以资比较。

第八章　各国财务管理制度

第一节　我国财务管理制度

<small>从前漫无管理情形</small>　　我国财务行政，向来没有管理，各部经费之支出，无论有无预算，而按照预算规定以施行者实少。实际上是各机关能向财政部领得几何即支出几何，财政部从发放每月经费上以限制各机关之支出，至于支出之内容如何，绝不过问。惟以国家年年多事，军费浩繁，而行政费用常不能按照预算发放，以故各机关行政，其本身有收入者，可以大兴土木及各项建筑事业，若是靠财政部发款者，则仅够维持机关之存在，而于事业之进行，只好是"有钱则办"。国家每年收入，递有增加，而行政费用总是不够，或有行政费用而无事业之成绩，不仅人民起来责问，即在政府本身，亦无以自解，遂有管理支出之种种计划。

<small>十八年财政委员会</small>　　民国十八年成立国民政府财政委员会以各部长官为委员，而以行政院院长为主席，组织可谓隆重。财委会曾核定各机关十八年度岁出预算发布，至各机关是否遵照施行，迄无报告。该会通过此项预算之后，十九年春，即明令取消，其对于各机关之支出，未尝作何管理。

二十一年五月，立法院又通过全国财政委员会条例，在主计处存在之时，忽然又设立此机关，显系立法院或国民政府认为主计处太软弱，不能履行职权，遂成立一个特别有力之监督机关。据条例规定，系网罗以下几种人：（一）各部之高级官吏，（二）工商界领袖，（三）金融界领袖，（四）财政专家为委员，而以行政院长为委员长。所定职分为：（一）整理财政，（二）审核收支概算，（三）审核公债之发行，（四）稽核报销，（五）公告收支账。而禁止内战费用之支出，特别加以声明。数年来国家支出，投于破坏的内战者占大部分，此项限制，洵不可少。又委员会设有常驻委员，办理日常事务。至对于各机关经费之支出，并未明定管理方法。二十一年财政委员会

凡此各种委员会，既为无结果而散，于是行政监督之制，遂见重于世，而有主计处之设立，前于第二编第二节第五项，已有所说明，兹再将主计处之财务行政监督部分，加以剖解。

主计处直接隶属于国民政府，对于五院立于对立地位，设有主计长一人，其下分设岁计、会计、统计三局，凡属计政，皆由主计处办理。岁计局与会计局之职权，皆与财务监督有关系，述之如下：主计处之财务行政管理权

岁计局办理下列事务：

一　关于筹划预算所需事实之调查事项。

二　关于各机关概算预算及决算表册等格式之制定颁行事项。

三　关于各机关岁入岁出概算书之核算及总概算书之编造事项。

四　关于依照核定总概算书编造拟定总预算书事项。

五　关于拟定总预算书经核定后之整理事项。

六　关于预算内款项依法流用之登记事项。

第四编 财务行政

七　关于各机关各种计算书之汇编及其报告事项。

八　关于各机关岁入岁出决算书之核算及总决算书之编造事项。

九　关于各机关财务上增进效能与减少不经济支出之研究及其报告事项。

十　关于各机关间财务上应合办或统筹事务之建议事项。

十一　关于各机关办理岁计事务人员之指挥监督事项。

十二　其他有关岁计事项。

前项第三款至第八款之规定，于追加预算及非常预算准用之。

会计局办理下列事项：

一　关于各机关会计人员之任免迁调训练及考绩事项。

二　关于各机关会计表册书据等格式之制定颁行事项。

三　关于各机关会计事务之指导监督事项。

四　关于各机关会计报告之综核记载及总报告之汇编事项。

五　其他有关会计事项。

主计处总揽全国计政，职责重大，范围又广，地位又高，从前财政部会计司主管之职务，及各机关关于办理预算决算会计之事务，概拨归主计处主管。在财政监督方面，不仅从形式上监督，如统一各种书式之类，又必从实质上监督，如上述关于各机关财务上增进效能与减少不经济支出之研究及其报告之事。主计处关于监督方面之工作，约有数事：

<u>主计处最迈之设施</u>　第一　统一会计制度　我国各官厅会计，向来各自为政，系统紊乱，难于查考，主计处遂以统一会计制度为入手之方法。主计处于二十二年拟定"中央各机关及所属统一会计制度及实例"多种，由主计处印行，以期各机关之遵照办理。会计制度之统一，

洵有必要惟各机关各有情形不同之处,所拟制度,是否合用,是否能使会计制度简单而又明确,尚成问题。故此项制度之施行,仍未决定。

第二　会计独立之实施　从来各机关会计人员,皆由各机关长官任用,其中弊端甚大主计处有对于各机关会计人员加以任免、迁调、训练、考绩之职权,遂有于各机关设立会计长之制。现在铁道部、交通部、陆军部、军需署因其所辖机关极多,已次第设立会计长办公处,其他各机关,亦在逐渐推行之中。会计长由国民政府简任,会计主任由主计处荐任,驻在各机关承主计长之命,并依法受驻在部长官之指挥,办理本机关及各隶属机关之岁计会计事务,其下分设各科。将来主计处之与各机关关于计政事项,可以收指挥得宜之效,是为计政上之一大进步(参考国民政府主计处办理各机关岁计会计人员暂行规程及各部会计长办公处处务规程)。此制方在进行,成绩未彰,固无从判断其效果。各机关会计之独立,事属应当,但从全部制度看来,有不能不引起吾人最大之疑问者:

一　会计主任之管理各机关支出,皆根据预算,然我国预算之编制,极不确实,难于作有效之管理。

二　会计主任之管理,必须有权力贯注,而其主管机关之主计处,并不对财政负责,且不知对于何方负责,则会计主任虽明知某项支出之不当,只可作为谈话资料,焉敢拒绝支出,开罪于同事?曷不如做做顺水人情。是与法国支付监制之不能施行有效,同一情形。

三　支出之是否能节省,如何能增进效能,皆系于支出之方法,而此方法,由政务长官决定,假使由政务长官兼负此责,方可收效。会计长无此职权,亦不明了如何决定之内情,则其所见,皆为皮相。即或有所见,仍无权变更其决定,此系事实问题,不是空洞之法律规定所能达到。有此独立会计之后,各机关之不当支出,反可以捉弄会计主任,卸除责任。故独立会计,只为有名无实。

四　为设置主计处,年花八十万(二十年度预算),二十二年度假预算,列经常费为五十万,临时费尚不知若干。各机关之设会计处,规模宏大,又不知预算若干。此等组织,皆为浪费,安能限制各机关之浪费。

独立会计之制,著者认为有设置之必要,但不可集中于主计处,而当划作财政部之管理权。若使主计处存在,将置财政部于何处?考原来主张计政独立者,或出于个人之偏见,或出于不理解此制之运用,必欲剥夺财政部之理财权而后已,铸成大错,遂使我国全部财务行政,至于支解。表面看来,会计独立,似若可以管理财政部,而不知叠床架屋,无裨实用,而其为害之烈,益使我国财务制度,不能作有效之整理。近来群以扩大政府组织为鹜,不对于国家国民负责,无可置谈,徒若吾民之事小,而不能产生健全之政府,其罪甚大也。

第三　收支报告之编制　此项报告,分为三种:

一　甲种收支报告　各机关关于经常临时各费之收支,应按旬编制甲种收支报告。

二　乙种收支报告　各机关有收入者,关于收入款之收支,按旬编制乙种收支报告。

三　营业会计报告　办理国营事业之机关,除编制甲种收支报告外,再编制营业之会计报告。

此等收支报告,由各机关按期送达主计处,主计可以随时考核各机关之收支。报告书式,均由主计处规定,其详可参阅主计处颁布之中央各机关及所属编制收支报告暂行办法及收支报告科目表。此项报告,现经施行,盖财政部发款办法,非有此项报告,则不发放经费。可知一种制度之推行,非有力量贯注,难于有效。

主计处之职权方在逐渐推行之中,至将来究能有何实际效果,此时殊难逆料,倘使主计处能澄清财务行政中之各种弊端,实国家之厚幸。然揆之美法各国之制度,与其成绩,不禁令人悫然心忧,至今使主计处之职权,不能充分行使发生若何效力者,则为权力之机构,配置错误。主计处隶属于国民政府而国民政府主席不负实际政治责任,从主席看来,视主计处若五石之大瓠,有其坚不能自举之慨,从主计处看来,所作各种努力,而无力量贯彻其间。吾前于本编第一节中已说明财务行政之计划经理管理与清理四者,有不可分离之关系,否则不能发生全部的效力,即各别的效力,亦不能充分发展出来。主计事业之独立行使,在根本上即有错误,以故数年来主计处所努力者,都为形式上之工作,即形式上之工作,亦未能依法做到,至于财务行政在实质上之改革,仍付阙如。在民国二十一年,自以行政院负行政责任之后,中央政治会议,即提出主计处隶属问题,有改为主计总监部之议,后以行政院及财政部俱不敢接受此重要机关,又无适当之处置方法,故仍旧贯。_{不能作有效管理之理}

今后欲使我国财政,作有效之管理,使当充实审计部之监察权,凡收入支出,都须经审计部检查,国库发款,亦须由其核准,而财政部对之,总负责任,财务行政上之管理权,俱当交还财政部,并使财政部能充分负起此责,若是从中多置机关,不仅增加行政上之麻烦,且使各机关互相推诿,财政部亦不能指挥全部财务行政。我国国民,没有美国国民之阔绰,当局者,又非如美国国会或行政各_{合理之财务管理制}

部之争权夺钱,际兹国乱严重之局,只应有极节省整饬而又能发挥充分效能之政制组织,赘疣机关,应当裁汰,以资紧缩。将节省之人力财力,投之于国防与实业为是。

财政部在其职权范围之内,有各种管理办法:

<ins>财政部之管理</ins>
<ins>国款统一处理</ins>

第一　中央各机关经管收支款项由国库统一处理办法　凡中央各部会收入款,及其所属非营业机关收入款,与营业机关盈余款,或摊解非营业之经费,均解交国库核收。各机关经费,均由国库统筹核发。此项办法,即为实行统一国库之制。我国财政部所有收入及支出之款,现均由国库处理,然每月分发各机关之后,各机关,即任意存置于其他银行,是每月于发放经费时,国库必有大宗之付出,其中缺点,前已说明。又国营事业之收入,为数亦极大,均存入其他银行,而代理国库之中央银行,不免失去此项资金运用之机会,为增加中央银行之势力计,自应将国家各机关之收支,皆统一由中央银行处理为愈。但至今此项办法,尚未通行。

<ins>稽核征收</ins>

第二　财政部直辖各征收机关之稽核与查账　从来我国征收行政,缺乏谨严,征收不确实之弊,所在多有。民国十六年,财政部即已颁布稽核及查账章程。关于稽核方面,凡各机关之每月比额,及报解多寡,预算、决算、出纳,统须由财政部稽核,必要之时,由部派员前往实行特别稽核。查账分为普通特别两种,前者每年举行一次,后者遇必要时由部随时派员行之。

<ins>监督地方财政</ins>

第三　监督地方行政　我国财政,在中央因各种赋税整理,得维持秩序,然各地方财政,至为困难,因困难而至于紊乱,为人民所诟病。又国地赋税收入,本已划分,然地方穷窘,不免攘夺中央税源,或截留中央税收,因此不得不加以监督。考其目的,一方面在限制各省之滥征捐税,期以减轻人民之负担,同时亦在保护中央税

收,以免地方之攘夺。依其规定,以财政部为地方财务行政之监督机关,各省市遇有变更税目,增减税率,或募集公债时,应由省市政府拟具计划,由财政部审核,签注意见,由行政院转立法院议决,呈请国民政府令行。各级地方政府,不得预征赋税,并不得自由附加,其他有害于公共利益妨害中央税收妨害交通等弊端之捐税,概在禁止之列(参考二十一年十二月十三日公布之修正监督地方财政暂行法)。

第二节　英国财务管理制度

英国财政部认为经理支出与收入之事项,与一般行政无异,各设立专管机关,使其独立,故设立关统税局、内地税局与支付署三大机关,置之于财政部之外,财政部仅加以一般管理,因得以节省精力,从事于计划财政与管理财政两大职责。部内组织,全在适应此种需要,对于经理收支之机关,处于考核的地位,而对于各项经费之支出,特为注重,日常行政事务,关于这方面者反多。英国财政部管理之力量

英国各部预算皆须提出内阁会议,财政部长在会议席上,对于各部经费数额之决定,几握有全权,然后向议会请款。议会准款之后,财政部对于各机关之支出,仍然是有管理之全权与责任。我们且看英国财政部如何尽其责任,与如何管理。财政部有权

各部各机关预算,皆须经财政部核定,然后按照核定之用途与数额,实行支出,在支出准款之时,财政部即使出其管理权,限制各项支出,不得逾越预算规定之范围。如果因不得已事故而欲变更用途,或是某项支出非比预算数增多不可,皆须事前商之财政部,管理各机关支出

经其核准,各机关没有自由变更预算之权。各机关办理事业时,无非是发生对人与对物之支出,事业上对人与对物之调度,在主管机关自然握有全权,不受他部之干涉,但在英国不然,各部办理之事项,凡涉及财政者,如果发生问题,财政部亦有干涉审核之权。在他国常以财政部不得干涉他机关之事业行政权,而在英国财政部实有权从管理财政而干涉各机关之行政,其权力之大,为各国之所无,是为英制之特点。然英国财政部权力,其渊源纯出于奉行国会授予之职责,遵守国会通过之法律,并非僭越职权。

与考核行政效能　　英国财政部从管理支出而涉及各机关之行政权,在他国认为是一种特殊权力,然在英国,则认为是财政部应尽职责。例如各机关办理各项事业,雇用职员若干人,各人薪俸几何,购买物品几何,价格若干,购买之方法如何,在各国都由主管机关自己决定,在决定之中,各机关即常不一致,其行政效能与经费数额之比例,在各机关即各不相同。其中官吏薪俸等级,虽然各国亦有官吏等级薪俸表之规定,但人数与晋级等事,各机关既有自由,即难免于流弊与不公平。至于购物手续,更为烦难,不易清理,因此各机关支出,常不免于浮滥。若在英国,财政部在核定预算时,检查各机关支出之费用,及其行政之成绩效能,互相比较,一切用人行政,皆施以细密检查。如有某机关行政效能很高者,则遍告他机关仿照施行,如有行政效能很低者,即设法改进,此种细密工作,牵涉各方,极为烦重。故英国财政部办理核定各部预算之人员,不仅须熟习各种法令,且须有丰富之行政常识,与各种行政之经验。此等人员,名义上是核定预算与支出,而实际上尚须审查全部行政效能。行政效能之考核,既为各机关所共认为不可缺少,则各机关自不能拒绝财政部从管理支出而涉及行政上之调度。若在他国,不承认财政部有此项特权与职责,支出之不经济,从无人过问,社会无从知悉,行政效能之低下,不言而喻。

财政部内设有三司,三司之职务,与全国各机关之职务相衔接,凡属用人行政牵涉到钱之事项,都汇集于三司,分途办理。譬如某机关要增加一名职员,必须经人事司核准,为之决定薪俸平时各项经费之支出,都是供应事务司处理,如某机关要想变更预算规定,或增加预算规定之数额,必先经其核准,然后方向议会请求。一切财务行政之实权,可以说是在这三位司长手里,由他们与有关系之各机关商议决定。 管理制度

各部各机关,设有会计主任(Accounting officer),由财政部推荐,由内阁总理任命,凡该机关一切支出,皆归其负责依照预算办理。每年年终结算账目,归他审核,负责签字。国会公账委员会在查阅时必须出席作负责之说明。会计主任是部长之属员,却是部中任何支出,都须经其核准,如果部长或其他职员决定之某项支出,有违背预算规定者,他可以声明理由,加以拒绝。如果主管长官再有明文命令照付,始不能再行违抗,此等支出,由长官负责。此项会计主任,在大机关,由财政部酌设专员,以专责成,称曰 Accounting general,在小机关,则指定该机关之一位高级常务官兼管,以节省费用。在各部各机关,总是愿意支出,在财政部总是愿意节省,会计主任做两部之官吏,常不免左右为难,但因须对于财政部负责,自不能不对于各部支出,力求节省,若有问题发生,则随时呈报财政部。英国对于部派会计之制,曾深加研究,在专任会计,固可尽力考察,无所曲徇。但支出方法之决定,仍由高级常务官管理,效能之增进,与费用之节省,俱在其掌握之中,若使其兼负会计主任之责,是可收得此等效果。比之部派会计,不能从行政上干预 部派会计制

支出者，其效力更为切实。

军部财务之管理　　至参谋本部及海军部两部，因为行政性质不同，经费又巨，两部自设有财务次长，与各部不同。此等财务次长，各自管理该部之财务事宜，不受财政部之节制，惟两部预算，仍须先经财政部核定之后，方能呈送国会。程序之规定，固为如此，但财政部常无法加以详细审查，仍须两部次长自行负责。若是支出超过总经费预算，则当由部长与度支总裁商决。财政部对于各部财务管理，极为严格，而对于军部仅从总经费上限制，并不是对于两部特别宽松，实为另用一种方法，以求管理之能充分实行而已。

各部各机关之财务行政事项，遇有问题，须由会计主任商请财政部核准，小的问题，由主管司长解决，若遇重大问题，则由司长报告次长，乃至度支总裁，与主管部长商同解决，若犹有不能解决者，则提出阁议，由内阁总理处决。依照此种办法，政务官可以减少行政上之麻烦。

部务会议制　　英国尚有一种好的制度，以促进行政效能者，则为各部间之部务会议（Departmental and interdepartmental committees of investigation）。此种会议，没有固定的组织，各部遇有组织上或财务上之问题，则由财政部与主管机关之官吏开会讨论，作为报告，以供财政部及各部之参考。如果某一问题同关系于各机关者，则由各有关系机关之主管官吏会商。财政部对于各机关之支出，亦须斟酌实情之需要，不能专从财政上武断，此项会议报告，能讨论一件事由在各方面之利害关系，财政部之决定，方有充分的根据。英国各部各机关能够结合，互通声气，无尔疆我宇之意见，无权力之争执，对于各种问题，不厌作精密的讨论，而其共同目的，都在求行政效能之增加，费用之能节省，所以纪纲整饬。在此种制度之中，我们可以看出财政统制之精神。

第三节　美国财务管理制度

美国制度,从前与法国相同,国会怵于各行政机关之浪费,要想在支出当事时加以管理,终以格于行政权平衡之原则,不能作适当有效之管理法。一九二一年新预算法之规定,以总统为行政首领,有管理财务行政之权。现在美国总统所能实行此项权力者,则为各项经费如有所增加或变更,非由总统提交国会不可。至于支出当事时之管理,总统不是事务官,实无法实行贯彻到底。每年总统于正七两月内,召集各部各机关之行政代表,及与财政有关系之官吏,开政府财务会议(Business organization of government),由总统及预算局长演说,劝告大家要于遵守预算规定之外,还要力求节约与增加行政效能。此种告诫,可以唤起财务官吏之注意于节省与增进效能,然其效力,终止于要财务人员诉之于个人之责任心。在今经济势力如此强炽之世,要想人人在当事时收其放心,不能不说是一件很困难的事情。

自哈丁总统成立新制度之后,顾理治继之,厉行节约运动,深得美国人民之信仰,因得连任。胡佛当政以来,萧规曹随,适逢世界经济恐慌之际,遇事皆力求节约。财务行政之节约,在美国行政上已成为一种风气与信条,大变其从前支出无度之习惯。此种提倡节约之功效,亦不可藐视,行政长官以身作则,其下级官吏,自不能不有所警惕。

美国一九二一年预算会计法中,虽未明白规定大总统有管理各机关支出之权,然总统为行政首领,此项权力,当然为总统所固有。有时国会在预算上规定之某项支出,若总统在当事时视为无

美国财务管理制

总统之管理权

举办之必要,或认为可以减少,总统有权加以裁制或停止。经费之裁减,虽于国会之规定,有所违背,然国民舆论,从未以总统此种举动,有何不合法之处,盖亦视行政节约为行政首领当然之职责,惟不得于国会规定之预算外,别有支出而已。

运用之法　　美国总统之实行财务行政管理权,是委托于预算局局长,其运用管理权之处,约有三点。

第一　各项事务费用,应于预算规定数额内保留一部分,作为准备,非遇必要时,不得支出。此种办法,一方面可以避免将来请求追加预算,他方面在支出上置一节用之机括,若能严守此项限制,则此项事务费用,必有余存,退回国库。

第二　总统通令各机关,任何新增事业,纵已规定于预算,非将全部计划送交预算局审定之后,不得支用经费。盖一机关之新增事业,是否与他机关事业相重复。非有详细考察,无从决定。如有重复者,则合并办理,方能达到节约之目的。任何新增事业,在举办之前,必须将以下数点说明:

1　事业之性质目的范围与存在期间。

2　事业是否有法律之根据,根据于何项法律。

3　雇用人员之人数及各人之薪俸数额。

4　一年中各项行政费用数额及总数额。

5　概算数额之来源,系挪用某项经费,抑须新加经费。

第三　总统对于各项经费支出之数额,经预算局或他人审核,认为有裁减之必要者,得命令主办机关照办。惟总统之命令,有时难免不与国会之规定相冲突,故于发行命令时,不能不加以审慎。如国会规定之预算,非将全数支出不可者,换言之,如果经费之支出增多,效益亦可加多,以增加人民之享受者,恒不加以裁减,以避免与国会之冲突,至于行政效益,只须达到一定程度即够者则总统不妨裁减经费,以防止格外之浪费。

第四节　法国财务管理制度

  法国财政部部长,在内阁中为重要阁员,但其地位,不能超出各部部长之上,与其他阁员,比肩并立,故各部财务行政,财政部不能直接施以管理。各部在预算许可之范围内,可以自由支出。不受财政部何种掣肘。即或有超过预算之事,各部可以商之预算部向国会请求追加预算。预算部势力甚弱,而国会财政委员会之势力甚强,预算部不能不依各部之请求以提案而财政部又不能不依国会之决定以筹款,以此各部各有其活动能力,而财政部更难于管理。在一八九〇年法律,曾有财政部长管理各部支出之规定,由财政部在各部设置支出监(Contrôleur des dépenses engagées),任何支出,皆须经其察核,是否与预算或法律相符或有他法增进效能。各项支出经支出监签字之后,始得支付。支出监并有权拒绝签字,发生争执,则由财政部长作最后之决定又依一九二二年八月十日法律各部部长如有故意支出而不经支出监签字者,得科以民事上或刑事上之责任。但此项规定,从未实行。支付监之于各部财务行政,洵有相当成绩,终以缺乏实质的权力,仍不能获得若何效果,与我国情形极相类似。

  法国预算,由国会决定,财政部部长自当依法奉行,然若不依法奉行,国会又无权加以掣肘。其在英国,度支总裁如有违法行为,库管审计长可以诉之国会,加以弹劾,而法国无此机构。法国

<small>法国财政部无管理权</small>

<small>一八九〇年支出监制</small>

<small>财政部亦不受管理</small>

财政部长可以不依法律决定支出,其所决定,即各部之支付监与会计员,亦当懔遵。一九二二年八月法律,准许政府以阁议决定,为公共安全利益作任何支出,事后由国会追认,因之国会监督财政之权,更为减损。此项国款之支出,依法必须报告国会,然若财政部不作报告,国会亦无如之何。例如一九二九年,国库中屯置二百万万佛郎巨款,供政府动用,舆论界喧腾不已,而国会尚不知悉。一九三〇年,国会欲立法管理国库,终未成立。

<small>监督之无效</small>　　财政部有管理各部会计之权,各部决算报告,须经其审核之后,始转送会计检查院。但其送达,常稽延数年之久,所报告者,多不确实,国会亦以年代久远,审知其中内容,不可究诘,无人愿意下一番苦工,从事审查,故决算报告,不能有何作用。

第五节　比利时财务管理制度

比利时对于财务行政之管理,设有会计检查院(Cour des comptes)。院长从下议院议员中选任,各机关之领款,均须先经该院核准,财政部方能发放。该院为一独立机关,由议会赋予稽核发放款项之权。各机关会计,须按期制就经费用途与数额之表册,送达该院审查,如发现其中有与预算不合符者,可以拒绝发款。如果行政长官提出阁议,认为非支付不可,则由内阁负责,该院可以核准。核准之后,该院即呈报议会,由议会加以裁决。此种办法,即是限制政府不得直接对各机关发放款项。惟手续简单,各机关领款之后,仍有支出之自由,而支付之是否正当,未能加以管理,究不若英国之能对于每节支出,皆加以严密审查。

第九章　人事费与物品费之管理

第一节　人事费之管理

国家之支出，不外对人费、对事费与对物费三项，欲谋财务行政之能节省，且能增高行政效能，是当于此三者，有合理之处理制度。

各机关人员之任用，当使其恰够办理行政事务，不可浮滥。通常各国关于官吏薪俸等级旅费，皆有法规为之规定，而于人员之任用，须有一总管机关，加以审核。英国制度，以人员之任用与经费有关系，故于财政部设有人事司，各机关之组织及人员之任用，皆须经人事司详细考察后，加以核准，以免人员之滥设。美国财政部亦设有人事处，但以美国财政部对于各机关财政，无管理之权，则人事处只成为官吏登记机关。德国关于全国各机关官吏人员之任用等事项，亦由财政部掌理，因德国行政谨严，财政部之权力颇大，亦能阻止各机关人员之滥设。人事费除有官规外尚须有管理各国皆然

我国设有铨叙部，各机关人员之任用，皆须经铨叙部核准，但铨叙部所审核者，大都为人员资格等问题，尽属表面文章，而于各机关事务之繁简，各须设置人员几何，工作效能如何，无法考核。我国无法管理之情形

盖用人行政,为长官之特权,常有长官更迭,其他官吏随同进退者,几成为惯例。至于各机关应如何组织方为适当,更非铨叙部权力之所能及。

十九年三月,中央政治会议曾通过励行节约案,由国府通令各机关,不得设无用之人员,然此项通令,只于文书了事。我国历来情形,个人之政治势力太大,政府各机关组织,俱可随个人政治势力,加以更改。机关与人员之增设,一经中央委员提出之后,具述理由,即无人敢于反对,若是提议取消某机关,便成为开罪于人,诚恐引起政治问题。经费由财政部筹措,来源出自人民,人民又严禁说话,何必多惹是非。其实人民智识,并非麻木,对于政府,非不拥护,徒以处于积压之下,已成俎上之肉,政府有宰割之自由。及至外侮袭来,又责人民之太不愤发,其为矛盾,不言而喻。以故机关增设之事极易,裁并之事极难,于是机关增设之数,有加无已。又况机关既准设立,则现模务谋扩大,官职必须加多,此系局面攸关,不可逊于他署。近年以来,我国政务增繁,委系实情,人员增加,亦属需要,但机关与人员增设之速度,远在政务胀度之上。拿薪不做事之委员,尽是智识份子,官职之滥,于今为极。曩日服貂,尽须自备,今日汽车,皆是官物,无论机关若何之小,汽车不可不备,世界各国官用汽车之多,恐以我国为第一。此中糜费,不过一端,其他勿论。

影响于社会政治　　抑此问题,与我国社会政治有关系。我国地方甚穷,中央政府较富,而社会事业不振,高官厚禄,尽人皆所希冀,才智之士,乃荟萃于京师,于是社会事业,无人敢于冒险经营,地方事业认为无发展余地,全国人才,多集中于政界。政府苟不以高官厚禄豢养国士,行见政潮起于空穴。现在行政人才,亦感缺乏,欲其养成,端赖经历,非可速成。在当局有千金市骨之渴望,仕途乃杂沓不堪矣。此种情势之酿成,终使政府社会交受其困,而财政上之浪费,浸视为无关重要。政制机构如此不良,欲使官得其用,人尽其力,统制人员之滥设,厉行节约之规章,可谓无望。

第二节　物品费之管理

政府所需实物,种类繁多,数量至巨,为财政上之最大漏卮。政府对于物品之购买与保管,皆有规章,举凡物品之使用与消耗,皆须记入会计,与处理现金相同,亦须加以审计,以免各机关购置无用之物,或使用时而有糜费,或保护不周而任其损坏,或购置时而价值不实。物品费处理之制度

政府处理物品之制度,有集中制与分散制两种。分散制者,各机关所用物具,由该机关自行决定购置保管,即视为该机关属有之财产。考其优点则为:(一)一机关视其需要数量而购置,可免多购无用之物,(二)购置之时,可以适合于其特殊需要。而其缺点,则在难于管理,糜费实多。分散制之利弊

集中制为各机关使用之物具由单一机关处理,考其优点,则为:(一)逕批购买,又有专人经营,可以廉价购得;(二)物品种类,得以限制,凡非因公用之物品,禁止购买供给,而因公用之物品,亦可加以考察与限制;(三)物品标准化,可以收节用之效;(四)物品出纳便于管理稽核;(五)各机关可以通用,甲机关不使用时,可供乙机关使用,可以减少购置;(六)购买、整理、修缮、保管等费用,可以节省;(七)购买之管理得宜,可以免除渔中舞弊;(八)保管者负集中制之利弊

有专责,可免物品之损坏;(九)无用之物,可以善于利用。至其弊端,则恐:(一)购买与保管之制度不谨严,易启弊窦,(二)购买之物,不适合各机关之需要,(三)特殊物品之购置,须有专门智识之了解,非普通购买人所能胜任。

两种制度相较,自以集中制为优,惟其引用,亦当有所区别。在各机关所用特殊器具,自以由各机关决定购买为宜,然其购买手续,亦可由集中机关经理。此等物品,究占少数,至各机关使用消耗者,多属普通物品,皆便于集中购买,分配予各机关。如文具印刷物具房屋建筑修缮运输之类,皆适于集中处理。

<u>我国沿用分散制及其情形</u> 我国向采分散制度,各机关自任物品之购置,即房屋之建筑修缮,亦由各机关自行主持,而支出之是否适当,从无管理。各机关皆抱着有钱则用、用尽再筹之精神,以故对物费用之支出,莫可究诘,支出之滥,骇人听闻,民膏民脂,掷于虚牝。近来有一极流行之事象,即造房子与讲宣传两事,营造业与印刷业因极发达。凡来南京观光者,见堂皇富丽之部署与陵园,莫不叹为有新兴国家之气象,惟马路上污尘满地,阴沟中秽气薰天,不免令人感到政府如此之富,人民如此之穷。

纸张笔墨文具印刷等普通物品,各机关消费最多,向由各机关自行购办。出版物中,以公报及法规汇编为极普遍,几于无部无之,考其内容,除各部行政法规有所不同之外,至于一般法规,莫不依样转载,重复极多。在分散制之下,各机关苟不自行印置,即不能得用。因此之故,各机关莫不又须设置编辑处,又莫不雇用许多人员,往往有不必印刷之品,亦必以极精美之版或印刷,糜费之巨,无以复加。以我国文字缮写排印之艰难,其浪费劳力物资,不言而喻。而所用纸张,多系舶来品,利益外溢,犹为余事。

第九章　人事费与物品费之管理

因印刷事务如此之繁,于是各机关又有特设印刷所者,如国民政府印铸局设有印刷厂,中央党部设有印刷所,财政部原有印刷所,其他各机关则由商人承办。但此等官厅印刷所,并不限于印刷官用物,仍可接受私人托印之物。财政部之债券公报等,反多交商印,而不交印刷所。因此之故,官办印刷所无法改良,成本加重。假使能由政府设一文物局,或扩大现有印铸局之规模,凡各机关所用纸报书类,皆由文物局集中购买置办分配与各机关,则此项费用之节省,必有可观。

铁道交通两部,以所属各事业机关需用之材料,为量甚巨,均设有购料委员会,主持其事。交通部规定,凡物品价值在五千五百元以上者,由委员会购办,在此数以下者,由部核准后,各机关自办。铁道部规定,凡车辆铁轨枕木之类,由委员会购买,其他煤焦五企之类,每种物品在半年间总价值额不满五千元者,由各路自办,过此数者,由委员会购办。其购办手续,多采用投标法。至于铁路建筑包工,亦采用投标法。军需署关于被服粮秣之购买,因其与普通物品无异,皆采用投标法。又因其所需数量甚巨,依照标定价格及其他规定,任何人皆可请求供给。

依暂行决算章程之规定,各机关编造决算书时,应附财产目录,不动产及动产皆包括在内(第八条)。又审计法中规定官有物之收支计算,亦在审计之列(第四条第四项)。是各机关之物品会计,在法律上与金钱同样处理,每年须有清算,以供审计。审计法之规定

英国采用集中制,凡国有土地及其建筑,由农林部掌管,道路之计划建筑与维持,由运输部(Ministry of transport)掌管,此外设有工务局(Office of work and public building)及官书局(Stationery office),统一各机关物品费用之处理。据英国施行之经验,此种集中英国采用集中制之实例

第四编　财务行政

制度,便于管理,可以减少浪费,有良好之成绩。

工务局制度

工务局所掌管者:

一　政府在国内或在国外各机关房屋之设计、建筑、修缮与维持。

二　皇宫、公园及公共建筑之维持、修缮或其设计建筑。

三　公用房屋之租赁。

四　供应各官厅房屋之陈设器具。

五　供应各机关房屋需用之薪炭及洒扫清洁物具。

六　全国之测量。

七　修理实业局掌管之海港。

八　经理官厅房屋应纳之地方税。

依其职责,是各机关使用之不动产与动产,皆由工程局掌管,惟军事建筑则在外。各机关之需有此等设备者,概通知工务局购办,其费用俱列入工务局预算,经财政部审核,与其他各机关预算相同。如一项建筑须一年以上始能完成者,则按年编制继续费。工务局预算,总为一编,其中各章各目之经费,经财政部核准,可以流用。有此规定,则在一项建筑所列预算不足时,可以挪用他方经费,务促其完成,以免半途而废,惟每年不得超过一编之总预算数。工务局有各种专门技术人员,并有专门设备,所主办之工程,皆取投标包工之制。为各机关预备房屋之后,复为之陈设器具,如有特殊需要,并可为之添置。究其情形,工务局等于房东,各机关等于房客,但是房客所需各项设备亦必经房东核准,或利用他处不用之房屋与器具,一切须受房东之管理与支配。英国政府年年亦提倡造房子,但所造者,大都为补助贫民住宅之建筑,而政府各部署,依然是拥挤在黑气森严之白堂宫(Whitehall Palace)一带。

官书局所掌管者,为供给各机关所需之纸张文具及印刷物,其 官书局制度
情形如下:

一 物品种类,列有目录,凡在目录中者,由官书局供给,在目录外者,亦可供给,惟须由需要机关说明物品之格式与性质,或由需要机关直接向商人定制,款由官书局照付。

二 各机关通用物品官书局常大批购买,足备半年之用,以减轻成本。

三 印刷事务,官书局未设印刷所,概交商承办,立有一定契约,或由官书局供给纸料。以故英国官书所用之纸,皆极菲薄,远不及我国官书所用之外国磅纸。

四 各机关须付印刷之品物,皆交官书局备办,印就之后,分配予各机关。

五 凡官书局出品,皆有记号,非因公事,不得使用,不像我国之公物私用,毫无惭色。

六 物品之分配制度,由官书局在各机关驻派人员,经理其事,每次从官书局提取物品,提单上必须有高级等官签署,以防滥用,便于稽核。

七 官书局预算成为一编,其供给各机关之物品,并不索偿代价。

八 各机关不偿付代价,其费用又不在本机关预算范围之内,大可以任意使用消费。集中购买,固已较之分散购买可以减少许多弊窦,然任意消费,仍不经济,于是更进一步,规定各机关之消费量数。一九一二年,仅限制各机关印刷物量数,过此以后,官书局有权拒绝承办,其他文具之类,尚无从限制。一九三一年,以财政困难,不能不极力节省,又有限制各机关消费文具数量之规定,自

第四编 财务行政

是之后，官书局对于各机关提取物品，须随时施以核对，不可溢出规定数额以外，与财政部限制各机关支出，不得溢出预算范围者相同。

九　官书局承办各机关所需之文具印刷物品之类，皆有固定标准，不得任各机关自出心裁，创立新式。如有须改革之处，亦必俟存货用尽后，方可改制。

十　官书局承办各件，必须经过审查，局长认为不经济或无须购办者，有拒绝承办之权。

有此等制度之后，则各机关之费用，俸给费由财政部直接管理，办公费、购置费与营造费，分由工务局与官书局备办，并加以管理，邮电虽在外，然由邮政局经理，亦不能逃去管理。此等集中制度之实行，遂使英国各机关庶务，无油可揩，亦可少设庶务人员，庶务与揩油两辞语，在英国乃不含有连带之意义，因为有此等集中制度各机关预算之编制，亦得收简捷之效。

<small>各国关于工程建筑之统一处理</small>　　其他各国关于官署之工程营造，莫不有集中经理之制。日本设有营缮管财局，受大藏大臣之管理，掌理各机关建筑物之营缮，国有财产之管辖与整理，及杂种财产之处分。德国于财政部中设有掌管公共工程建筑之专局。法国设有公共工程部，凡关于艺术建筑，则归美术部掌管。美国财政部内，亦设有建筑管理所，及海岸防卫处，但财政部对于各种营造费用，无管理之权。每年议会之讨论预算，各个议员，各希望在其两代表地区由国家举办公共建筑，竞相提案，以故此项费用预算，为数极巨。因各议员间互争互让之结果，每一建筑，又不能编入充分之建筑费，或明知既许建筑之后，可以追加经费，于是常有一项工程不能依限完工，而准款已用尽因而中途停工，不克完成者，几为惯常。

第十章 科目流用

议会通过之预算,原系规定支出之范围,执行时如因不得已事故而超过预算,自不能不请求追加准款。反之若是事业之办理,无须尽支预算上规定之经费全数,则当节省下来,不能因预算规定几何,非将全数支出不可,故执行时,当视事业之需要性及其效能加以斟酌。又市场物价,常有变动,购物时所费代价,常与预算规定数有出入。因此两项原因,预算在施行时,不必尽能合乎规定。 流用之发生

若使执行时支出数额少于预算规定之数额。得留有余存,自不发生问题,反之若是超过预算规定之数额,势非增加收入,将无以维持收支之平衡,往往支出总数超过预算之后,不仅无法弥补亏空,抑且减损国家之财政信用。是以财务行政上最当遵守者,务须每类总经费数额,不可超过预算。于是有科目流用之办法,以救济施行预算时自然之欠缺。

流用(Virement)云者,为将一项事业规定之经费,因不得已事故,或由于物价之腾涨,或由于新生事故,原来规定之经费不够用,于是将他项或他数项经费之支出,节省下来,或停止他项经费之支出,以弥补此项事业经费之不足,务使一机关或一事业之总经费数额,不致超过预算数。预算书中,依经费之性质,分为门类纲目。于是有各目间之流用,有各纲间之流用,而称为科目流用。 与意义

科目流用,最足以破坏预算,非不得已,不宜使用。预算之价 有违背预算之弊

第四编　财务行政

值,在乎事前预计,件件都能精确,若施行时而发生出入,固有由于不得已之事故与理由,要亦预计之未能精确,行政当局,仍应负责。凡有不遵照规定之事情发生,无论超过,或有余存,就行政部本身而论,是行政部之过失,以对于国会而论,是违反国会之法案,自己表示不足以胜国会之信任。凡有科目流用之事发生,即陷于双重不规则之行为,在受移用事项,为超过规定之数,是突破国会之限制。在被移用之事项,为不照原定计划去执行,是行政部未能克尽厥职。所以遇有科目流用之事情发生,必须经财务行政之中枢管理机关审核,获得许可之后,方能施行。

<small>故应加以管理</small>　　中枢管理机关之审核科目流用,常考虑各方之实情。受移用方面,是否就原定经费范围内可以设法够用,是否有增加经费之必要;在被移用方面,因被移用之后,事业成绩是否减损,如果可以减少,是否不致妨碍他种事业之进行,各当详细考虑。往往被移用之经费,是自然余存,应当保留,退还国库,而行政机关意欲挪作他种用途,务使其用尽而后已,于是请求流用者有之。若是各机关有流用之自由,漫无限制,施行之结果,将只有发生不足,决无法保留余存,浪费之事,即从此发生。是又为财务行政上不能不有一中枢管理机关之理由。

<small>被流用方面之性质</small>　　财政部实行其财务行政管理权,核准各机关之科目流用,亦预视经费之需要而规定。可供流用之款,不外两种来源:(一)从行政节省而来者,与(二)临时将预算中所列应办事务,延期举办,腾出供用者。其能供科目流用者,仅限于节省余存;而腾出他种事项之数,常有于将来续继举办或留在下年度办理之必要,若经流用,只是暂时借用,将来仍须补足,其结果仍然是增加经费。故于此种经费之流用,成为增加经费,突破预算之手段,究不可用。欲从他种

第十章 科目流用

事项腾出经费以供新事业之用,惟限于国家遭遇非常变故,如战争灾难之类,需用甚巨而且紧急,势不能不停止其他不紧急之支出,以供此非常事变之用。此等费用调达决定之权,应当操于中枢管理机关之财政部。

此财政部之管理,乃立法部所授予,而受立法部与审计部之监察。各部之流用,皆须事先得财政部之核准。立法部之授此管理权与财政部,而不分授予其他各部长官者,盖财政部负筹款之责,为财政之总汇,乃对于各机关之流用,及其他关于预算执行事项,设此机括,以为节制。若分授予各部长,各部为执行预算之机关,即失去此项节制之效用。财政部核准权之来源

财政部之行使此项核准权,既系立法部所授予,则实行时以不违背立法部之意志为原则,但亦不必对于各部之流用,吹毛求疵。预算科目,分门类纲目等级别,立法部之议决预算,以纲为单位(即以一机关之总经费为单位),在纲以内,各目间之经费,是为行政科目。各机关于行政科目,有流用之自由,惟不得突破各纲之总数,是各目间之流用,并未违背立法部之意志,财政部亦无须核准。自纲以上间之经费,是为立法科目,若有流用,则财政部为尊重立法部之意志,并实行其职责,则须加以防止。凡有此种行动,财政部即不许其支出,或不发款。及其范围

然社会事情,常有变化,预算在执行时,此绌彼盈,乃事理之当然,亦有重大事项发生,非支出不可者,故不能守株待兔,而当守经达权,遇有此等必要,有财政部加以审查,然后核准,则流用之机关长官,得以表明责任,并非一意孤行,破坏预算。而立法部对于此种违背原预算之行动,因经居第三人之财政部证明,确有必要,虽为违背预算,然有增进国家他方面利益之处,故于财政部提出追加突破预算之处理

预算,前来报告之时,亦予以谅解,而可以承认。有此节制,复于节制中加以分别,则财务行政,方能圆满而又灵活。

财政部之核准流用,又当视经费之需要情形,分别处理。

一　为原定预算数不够　例如有限制性之经费,苟符合法律之规定,不能不支出者,财政部亦不能截止其不支付。欲任其继续支付,必责成该机关流用他方面之经费,使原定预算总数不致超过。惟财政部于核准时,必须检查该机关之支出账目,是否有流用之必要,抑有节省之余地。凡特定事项,应为特别记账,以便审核,报告立法部,方能卸除流用之责任。

二　为举办新事业之用　新事业之举办,当查考其性质是否紧急,如能延期至下年度举办者,仍当编制确实预算于下年度预算中,不能因某方面可以流用,遂逃脱立法部之核准。若是情形紧急,非举办此事则其他事项不能进行者,如有确实理由,财政部亦惟有核准,并报告于立法部。

三　军费　军事经费,因其变化太多,关系重要,各国之中枢管理机关,对于军事经费之流用,无法代为负责,故于军部设有专人,以专责成。

四　补助费　补助费之性质,与各机关之行政费不同,其数额之多少,经立法部决定之后,财政部无变更之权,并不得另行加给,或节省他项经费移作补助费之用。立法部之于补助费,既经决定之后,不复追究其用途,即有余存,仍列入该机关之总账中。凡受补助之事项,其费用俱应取给予补助费内,不得挪作他用。如果补助事业费用已尽,而事务未能完成者,财政部亦可以审查此项事业之缓急情形,流用他费,以便完功。惟须有详细账目,以备议会之审查。

科目流用之效用

科目流用之引用,是使预算有弹性,此种弹性,在一般政治制度与法律上皆所必具,不独在预算上有此必要。往往为缺乏弹性, 行政上反感受重大困难。因为行政上事情,常有不能依计划而实行贯彻者,如欲彻底实行,反而发生坏的结果,此种情形,在预算上极为显见。例如必须照预算之规定而支出,则非将规定之全部数额用尽不可,果须如此,即不免于浪费。与其限制各机关遵照预算施行而有浪费,曷不如准其流用以增加行政效能,是为科目流用之效果之一端。（一）使预算有弹性

再有一层效果,各机关在编制预算时,因为将来尚有可以流用之办法,以有余补不足,使各项目间,互为准备,于是不必在各项各目均估定较高数额,分作准备。假使有此通融余地,编制预算者,大可放心,在各纲各目,务求估计数额之正确,庶在可能范围之内,估定最少之数额。否则各项各目各置准备,必使预算总数膨胀,转发生他种弊端与困难。故科目流用,虽为违背预算之规定,要亦为减免浪费之一法。（二）各项预算无须各置准备费

本来预算上之有流用,为事实上所不可避免,且有限制预算施行,不致超过总数之效力。但若滥用,即足以破坏预算,故不可不加以限制。若欲保有其优点,而免除其弊端,则须看财务行政制度如何以决。英国有集中的财务行政制度,各机关之流用,须经财政部核准,且不得超过一机关或一事业之总经费数额以为限制。至其他各国,无中枢管理机关者,如法国、美国、我国,各机关可以自由流用,无从限制,即难免不有弊端发生。兹述各国制度,以资比较。但须有中枢管理制度

第一　中国

我国预算章程第三十一条至三十四条之规定,不认各机关有预算章程中之规定

变更预算之权,加以限制。如第三十一条之规定"岁出预算公布后,各级机关应遵照执行,核实支用,不得超过",是为原则上之限制但在以下三种情形,得变更预算或追加预算:

一 "本于法令或契约所必不可免之经费,遇有不足时,得提出追加预算。"(第三十三条)例如向外国购买货物,或聘用外人,所付代价薪俸,其系规定金价者,外国货币汇兑,常有变动,若是涨高,自不能不有追加预算。惟以有契约或法令者为限,以示限制。

二 "因特殊急需之设施或处置,不及办理追加预算时,经国民政府命令,得为预算外之支出。"(第三十五条)例如灾难发生,救济事业之举办,以愈敏速愈可以缩小灾难破坏之范围,自不能待追加预算依法办理之后,方能支出,故以国民政府之命令为增加支出之根据。

三 "因特别事故或国家政策之变更,经中央政治会议决议后,以国民政府之命令,得缩减某项之一部分或全部。"(第三十二条)特殊事故如战争发生之后,军费之支出增加,势不能不停止平时各种事业之进行,缩减此等经费,移作军费之用。至于国家政策之变更,经中央政治会议决议者,例须规定开始施行之日期,不妨延在下会计年度开始,以维持各会计年度内之财政计划与秩序,以坚定财政之信用。惟堪考虑者,当兹预算试行期间,财政秩序尚未能保持,而变故又不断发生,支出方面总是增多,收入反而减少。处此财政状况之下,实不容许作一尽能实施之预算。假使某月收入尚形充裕,亦不违临时视政策上应当举办之事业,增加其支出。

吾人对于此等规定,固不能不觉其太简略,而第三十一条之规定,亦觉其太笼统。欲求有核实支用之效果,不是空言可以达到,非有一中枢机关管理不可。在主计处组织法第六条之规定,岁计局办理"各机关依法流用之登记事项",是各机关之欲流用,非有法律上之根据不可,至于因事实而有流用,并未规定有何救济或限制之方法。

预算法中关于科目流用,有严格之规定,其绝对不许流用者,有下列三种: 预算法之规定

一　一会计年度之经费,除预算法中有规定之外,不得移充他会计年度之支出(第二十一条)。

二　第一二级以上各机关单位之经费,不得互相流用(第五十五条)。

三　各基金之经费,不得互相流用(第五十四条)。

四　非经常收入非必要时,不得充经常支出(第十九条)。

其各机关普通收支预算及营业预算之各科目经费,如合于下列各种情形,方得流用(第五十三条)。

一　岁出经常门同类各目中,有一目不足,而他目有剩余时。

二　岁出经常门同类各纲中,有一纲不足,而他纲有剩余,其在第四以下各机关,经第三级机关之核准,在第三级机关经第二级机关之核准,第二级第一级机关经其主管长官之核准时。

三　岁出非经常门有不足而岁出经常门有剩余,其在第三级以下各机关经第二级机关之核准,在第二级,第一级机关,经其主管长官核准时。

依上述规定,我国预算,凡各目经费,有流用之自由,由各机关主办岁计事务人员,加以登记,并注明其理由。至纲以上各项经费之流用,下级机关,须经上级机关核准,上级机关则须由其长 及其缺点

官核准。凡此皆行政上之处置,从此可以看出各部行政权之完整,财务行政权亦完全在各部之掌握。即或违背立法部,乃至中央政治会议所通过预算之规定,亦所不惧,是于行政上有很大之自由。此种制度,自不免于违反预算所规定,然以我国无财务行政之中枢管理机关,惟有付托于行政长官,盖一无适当办法中之一法耳。在此种制度之下,所有立法权皆被行政权打得粉碎,无从发生效力矣。

第二 英国

<small>英国各项流用须经财部核准</small>

英国据一八六六年国库审计法第十一条之规定,各机关会计主任,得从其准款账中支付各项事业之费用,但各项事业之支出数,须照原来预算规定格式,分别记账;各事业之费用,不得超过国会通过之各事业经费额,每章经费额,或供应费之总经费数额。财政部根据此项规定,施行其管理,务使各机关不得违背国会之意志,而超过规定之限制。各机关平时各目支出,经支付署付款者,必按照预算上所定之目别记账。如果某一项事业之支出在账上累积起来,已满预算规定之数,再欲超过,除持有财政部核准者外,支付署可以拒绝付款。依此规定,各部会计,就一事业之各节各目经

<small>节目流用各机关会计决定</small>

费,有流用之权,并未加以限制会计主任可以自由处理,以减免财务行政上之麻烦,惟不得超过总数。如因目节流用仍不够数,而有溢出一章规定数额,不免须流用他章经费者,则须经财政部核准,以防其溢出一款之总数,并恐其有何糜费。

<small>溢出各编规定须请示国会</small>

英国国会之通过预算,以一编(Vote)为单位,就一编经费数额加以监督。财政部对于国会所负之责任,常使各编经费数额,不致

超过。若一项流用他项之经费,仍不够用则财政部必须审慎考核,务使其不致溢出一编总经费数。若不得已而有溢出之事发生,则财政部亦无权核准,当提出于国会之供应委员会,请求追加预算。

至海陆空军部之预算,限制情形不同,科目流用,很少报告财政部,径由两部财政次长自行负责。国会之监督两部经费,系从总经费着眼,在未超过总经费数额范围以内,准其有自由流用之权,其限制较宽之原因:(一)军费为军事政策所关,不便报告细数,(二)海军散处全球各地,时常移动,用费无定,(三)军事上变化太多,预算编制难于详实,(四)在军事行动之际,即无法预测经费。若是总数超过,方商之财政部,向国会请求增加预算。

_{军费不同以总数为限制}

第三 日本

日本之制度,在行政科目,固准许行政机关有流用之自由,而立法科目,则有限制,其情形如下:

_{日本对于科目流用之限制}

一 各项金额之流用 预算各项金额,不得彼此流用,如有超过之支出,必于后日经议会承诺。因之俸给经费及事务经费,不得互相流用。

二 行政科目固可流用 然若甲目经费完全不用,而尽流用之于乙目经费,则因其在被流用方面,完全违背国会之意志,亦所不许,即或不用,亦当保存。

三 预备金之流用 以预备金补充或办理之费用,不许流用作他种用途。盖预备金之性质不同,凡借用预备金之科目,当以其需要量为限,如有余存应退还原处,不得流作他用。

四 指定费途之流用 日本以敕令指定之费途有八:

（1）俸给（2）机密费（3）交际费（4）宴会费（5）接待费（6）渡切费（7）新营费（8）补助费

此等指定费途，不得互相流用，盖鉴于各机关常有宴会费之支出，可以无限制加多。如有他项确有不足之情形，亦须事先经大藏大臣之核准。

五　特种流用　例如年功加俸及特别俸之俸给预算，应依预算之规定，不得有何流用。

第四　法国

法国对于科目流用之缺欠限制

法国没有财务行政之中枢管理组织，各部预算之施行，完全由各机关长官管理，因为长官有管理部务之权，财务亦包括在内。财政部之职务，限于四端，（一）为办理直接税之征收，（二）集中国家各项收入，（三）分布基金，（四）发放经费，除此以外，财政部对于他部财务行政，无管理之权。各部长官对于本部所能管到者，其力量究有限。其一，为会计员在支款时，须由其签字，其二，为会计员按期将本部财务收支情形，作为报告，而其中朦蔽浮费，无从看出，且无法事前制止。一八六一年鉴于从前各部不严守科目之规定，离开预算，乃于是年三月以法律规定，凡预算外之任何支出，除有法律规定之外，不得请求追加，或作何临时费之呈请。惟为救济财务行政上之困难起见，准在各科目流用，一科目中有余存者，准其挪作他科目之用，一科目中有紧急支出者，得从他科目下借用，在会计结算时，再行清偿。法国会计年度之结算，常延至数年以后，会计员有弥缝之机会，不仅各项间可以流用，即上年度支出之数，可以记入下年度账内，下年度支出，可以记入上年度，在某一年度未结账以前,即有被罗或罗出之机会,务使一年度支出之数,恰符预算之数后,方才结账,故破坏岁计,弊端很大。一八七一年虽有法律限制流用,第一,凡经费流用须得国会承认,第二,须得阁议通过。终以缺乏专管之中枢机关,无法杜止滥行流用之弊。至今法国财政学者,认为财务行政上之又一大缺点。

第十一章 预备金

<small>预备金之性质及其设置之目的</small>　　预备金为预算上特置之一项基金,并未预定确定之用途,如国家遇有临时发生之紧急事故,未列入预算中者,或列有预算而原定数额不够,于是依照一定手续,动用此项基金。凡此两种情势,既不能避免,则预算中之设置预备金,在事实洵有必要。有此设置,然后预算之施行,始有弹性。否则国家遇有万不得已之事故,不能不支出,若非预算中留此有余地步,岂非强迫行政部陷入非法行动。有时此等紧急之支出,其重要性驾于财政关系之上,国家非支出不可,故不如作此设置,使预算之施行,仍能系之于法律范围之内。

预算费与科目流用,同为解决预算不足之困难。然各有不同之作用:

一　以用途而论,在科目流用之数,其用途之范围已经规定,而预备金并未规定用途。

二　以数额而论,科目流用之数额,可大可小,视流用之范围以为定,而预备金只限于一定数额之内。

三　以程序而论,必先有科目流用,不够时方动用预备金,故预备费可谓为第二道防线。

四　以动用之手续而论,科目流用是平时行政上之处分,而预备金之动用,是紧急处分。

五　以国会之议决而论，科目流用，是违背国会之议决，而预备金之动用，是在国会议决范围之内。

惟预备金之动用，既为供应紧急之需要，动用之后，仍须向议会提出追加预算拨还基金之原数，以保持其永久存在。否则各部预算在提交议会时，但求其能通过，而恃预备金可以动用，遂于预算通过之后，请求动用预备金。亦有以预备金之设置，虽预算所列数额，可以足用，而仍有得陇望蜀者。如有此等情形，不仅从前通过之预算，归于打破，而所置之预备金，亦不够用，转恐引起各部之争执。为免除此等纠纷起见，通常此项预备金，由财政部长管理，各部请求动用者，必须得财政部长之同意，财政部长亦得加以拒绝。若是财政部长同意，已经动用，及后来提出追加预算时，而国会不同意，则不免发生财政部之责任问题，故财政部在核准动用时，务宜慎重。_{动用之手续}

预备金既系留供特种需要，而动用又系行政上之紧急处分，然不当以此等理由，完全逃去于国会监督权之外。故于动用之时，当有严格之限制，以免滥用，其要件如下：_{与限制}

一　预备金之动用，必系在国会闭会期间，发生之紧急处分，如在国会开会期内，仍当依照正当程序，请求追加预算，以免动用预备费。

二　是否有动用之必要，如某种用途，已规定于普通预算中者，则不得借词动用。

三　用途之数额，是否正确，不当超过预备金总数。

四　紧急处分，必限于临时发生之紧急事故，若是永久或继续发生者，仍当依普通手续，编入预算，以避免不正当之支出。

有此数层限制，方可避免滥用。平时各项用途，都须预测周到,数额亦须估计正确,自无须动用预备金。而动用预备金者,必系有未能预测之事故发生。若是平时之经费预算,仰给于预备金,则预算即不成为确实。凡预算正确者,只以预备金为备而不用之设置,故一国预算之是否确当,可从预备金动用与否看出。

<small>预备金之数额</small>

预备金数额之多寡,固无绝对之标准存在,然究以少为妙。在行政与社会有秩序之国家,一切经费,皆规定于预算,严守预算以行政,则预备金自可少设。而在初试行预算者,常苦于预算之不能正确,在一国之经济政治情形,当有变动者,亦常有预算外之支出,凡有此等情形之国家,自不能不多置预备金。恐预算外支出之数额过大,不能维持收支之平衡,是不能不于预备金中多留余地。惟于编制平衡之预算时是否能腾出巨额预备金,尚不无问题。

<small>与制度</small>

预备金设备之制度有三种:其一为集中制,于总经费之外,另置预备金。其二为分散制,为各机关各于其经费预算外,另置预备金。其三为两制并用,即各机关分置预备金之外,复于总预算上另置预备金。

预备金的性质,有规定其用途者,如专为补充行政费预算之不足,或补充军事费之不足,或仅供紧急事项之用。有不规定用途者,即任何事项需要经费时,皆可取给于此项预备金。制度与性质各有不同,兹分述各国情形如次。

第一 我国预备金

<small>我预算法之三种准备金</small>

预算法中关于准备金之规定,设置三种,皆为岁定经费,皆须编制于预算中(第十八,三十六条)。

一 常备金于行政预算中设置之。

二　预备金于法定分预算中设置之。

三　后备金于法定总预算中设置之(第十八条)。

此等准备金之数额及其性质,预算法皆有明确之规定,数额之多寡,并非绝对的,而依总经费数为比例,是与各国制度不同,盖我国初行预算,诚恐预算之数不精确,又以国家在政治经济各方面,俱常有变化,此等准备金之设置,纯为维护施行预算时之不足。

常备金之来源与数额,由各机关单位于编造行政预算时,按照科目,分别机关,定其经费支出数额之外,划出经常费全额百分之五,或其他相当数额,为其机关单位之常备金,以供行政预算各科目不敷之支出,或行政预算所无而临时发生必要之支出(第五十一条)。各机关执行行政预算,遇各科目之经费有剩余时,应按月拨入常备金(第五十二条)。常备金之动用手续,在第一级与第二级主管机关,由主管长官决定,在第三级以下各机关,须经上级机关核准(第五十二条)。动用之时,驻在各机关主办岁计事务之人员,须加以登记,并注明之。其驻在第三级以下各级机关者,并应签注意见,呈送该管上级机关。

<small>常备金之性质与动用手续</small>

在会计年度终了时,如果此项常备金尚有剩余,依第六十条之规定,移充次年度预算之经费。所成为问题者,在各机关会计结算之时。其次年度之预算,已依第五十一条之规定,编有常备金,则有剩余之机关,其常备金必累积成为巨额。在保有此巨额常备金之机关,一方面固可谓其为慎出节用,他方面亦可谓之为预算不实。而实际上各机关并不愿负此慎出节用之美名,遇有剩余,必设法用尽。故结果下来,此项常备金之设置,若使预算确实,执行慎重,殊无必要。而有此设置之后,反引起各机关得以浪费。如果真是不足,尚有从预备金项下调达以为救济之余地。揆之立法者之

<small>及其存废问题</small>

第四编 财务行政

本意，或系以第二级机关单位，虽设有预备金，然归第二级机关保管，其下级机关，加有动用之必要，必不蒙许可。盖我国近来各机关对于经费之情形，本机关预算中所列经费之数，视为本机关荷包中物，决不愿分润予其下级机关，故为维持各机关皆有平等之机会起见，乃有此设置，而且数额特大（比预备金后备金之比率均大）。假使我国财务行政有中枢之统制，查视各机关之必要情形，而予以救济，则此项常备金之设置，殊不见有何必要之理由存在，而其存在，徒资各机关之浪费。

<small>预备金之性质数额与动用手续</small>　　预备金为"各第二级机关单位之分概算，得设置其总额百分之一至百分之二之预备金。"（第三十六条）预算中所列预备金之数，与概算相同（依第十八条解释）。预备金之动用，或因各机关单位之常备金不敷支出，或因依法增设新机关时呈请中央政治会议议决，方可动用，但应经追加预算之程序（第五十六条）。各机关之动用预备金者，仍须由主办岁计事务人员登记，并注明之（第五十八条）。

<small>然缺乏防守</small>　　常备金之动用，在各机关既有较大之自由权，故于预备金之动用，不能不加以严格之限制，必须经中央政治会议议决，并须依追加预算之程序办理。我国之常备金，略等于日本之第一准备金，日本会计法规之规定，第一准备金，每年以上谕规定补充经费之范围，凡在此范围以内者，于有动用之必要时，由主管长官与大藏大臣协商。而我国之规定动用之权，俱操于中央政治会议，是其不同。我国各部部长，皆列席于中政会，皆有提案之权，是皆有自主之能力。故此项预备金之金库，没有防守之犬，谁能先作提案者，即可以捷足先得，迟提案者，只好向隅。

<small>后备金之性质及其动用程序</small>　　后备金设置于总预算中，其数额为百分之三至百分之五（第三十六条）。此项准备金专供国家之非常支出，其动用须经非常

预算之程序。如仍不足时,由财政部请求提出非常收入预算(第五十七、七十六条)。其详已述于第二编第三节第四项。国库后备金之动用,限制甚严,非有(一)国防紧急设施,(二)重大灾变,(三)紧急重大工程时,不许动用,而其动用,亦须经中央政治会议通过。

我国准备金制度,尚有一问题,平时预算之施行发生不足,可以动用常备金,再不足可以动用预备金,若有再不足之情形,在他国制度,已至山穷水尽,不能再有所突破。从前日本以动用第一准备金,而超过其数额,发生内阁责任问题。但在我国,却有一方便之门,即各部可以随时向中央政治会议,提出追加预算,容易通过,无人阻拦,因之各机关之遵行预算,亦不必严守限制,所有责任,概可以中央政治会议之议决案卸除。此种方便之门,洵为方便,惟惜其过于方便,不免损害预算之效力。准备金罄尽时之问题

地方政府各级机关单位预算,亦设置三种准备金,即各级机关之常备金,各第一级机关单位之预备金及省库后备金。其设定与动用,与中央政府之规定相同。惟预备金与后备金之动用,均应先经省政府会议之议决。地方预算之准备金

我国十八年度经国民政府财政委员会核定之预算,各机关于经常费之外,有设预备费者,有设临时费者,其实两者性质,绝然不同,而预算中恐多有含混之处。临时费为已知其用途并其数额,惟以此等用途限于本年度发生,以后不再发生者为限;若是列入预算,即非支用不可。预备费为事前未能预测之经费,用途与数额,俱未预知;此项数额之列入预算,并无非支用不可之意。若是将预备费列入临时费,是难免将不必支出之费,列入必须支出之经费中。在此转变之中,即难免于滥费。

第四编　财务行政

试办预算章程之规定

十九年试办预算章程,规定三种预备金如下:

第一　预备金,为各机关岁出预算(称为第一级预算),于各项必要支出之外,酌列预备费以供各该机关遇有意外事故,或新增设施,原列经费不敷应用时,经主管机关核准动支,报由财政部备案。其数额为原预算总额百分之一至百分之五之范围内酌定之。

第二　预备金,为各主管机关于汇集第一级预算岁出额之外,酌设之预备费。其性质与数额,与第一预备金相同。惟动用手续,须由主管机关拟具计划及预算,送由财政部核转中央政治会议核准动支之。

总预备金,为财政部编制国家岁出岁入总预算时,收支比较,如有余额,尽数列入。遇有意外事故新增设施,由国民政府发交财政部核转中央政治会议核准动支之。

二十年度预算之第二预备费

十九年度预算,虽未编成,我们不妨拿章程上之规定,作为参考。二十一年四月公布之二十年度预算,所列各类第二预备费,有如下数:

一　国务费　　　　508,700元

二　军务费　　　　5,489,000元

三　内政费　　　　136,000元

四　外交费　　　　188,000元

五　财务费　　　　1,550,000元

六　教育文化费　　799,000元

七　司法行政费　　50,300元

八　实业费　　　　254,000元

九　交通费　　　　153,000元

十　建设费　　　　85,000元

第二　预备费共计　　　　　　9,213,000元
总预备费　　　　　　　　　　25,354,578元

二十年十一月公布之预算章程,关于预备费之规定,有所改变。第一级预算未规定列入预算费,而以第二级预算所列者为第一预备费。总预算中所列者为第二预备费。"第一预备费按照岁出概算总额百分之一至百分之二编列,遇有意外事故,或扩充设施,该类预算内某科目所列经费,发生不足时,由主管机关核准动支前项预备费,通知国民政府主计处备案。"(第二十七条)照此规定,各部有自由动支之权。第二预备费"按照总岁出概算总额百分之二编列。但主计处汇编总概算时,收支比较,如有余额,尽数列为第二预备费。遇有意外事故或新增设施,其经费为原预算所未列者,由主管机关拟具计划及概算,送由主计处签注意见,呈请国民政府转送中央政治会议核准动支前项预备费。"

预算章程之规定

各省市地方预算,虽各省办法不一致,有实行者,有不实行者,然中央之规定,亦不妨说明,作为参考。在十九年预算之试办预算章程规定,各省市地方在第一级第二级预算中各酌列预备金。第一预备金,由主管机关核准动支,报请财政厅或特别市财政局备案。第二预备金由省财政厅或市财政局,呈请各该省市政府核准动支,转报财政部备案。而二十一年之预算章程,改为省市第二级概算中,设第一与第二两预备费。第一预备费按照岁出概算总额百分之一至百分之二编列,各省市总概算收支比较,如有余额,列为第二预备费。其动支之权,操之地方主管财政之机关。惟第二预备费之动支,须经省市政府核准,呈报行政院,转呈国民政府发交主计处备案。此次变更,很有可讨论之处,试办预算章程之规定,各县尚可设预备费,以为救济,若照预算章程之规定,预备费皆

第四编　财务行政

集中于第二级预算,成为省市之预备费,在今日省政府势力如此强大之现状下,而不为县政府稍留余地,亦所以促成地方政治极于窳坏之一个原因。

第二　英国预备金

英国预备金有三种

　　英国预备金制度,采用集中制,各机关预算中所列经费用途与数额,都极确定。为准备预算外之支出起见,设有两种预备金。

　　一　紧急事业预备金(The civil contingencies fund)　此项预备金之用途,限于各行政机关遇有意外事故或新增设施,情形紧急,非支出不可,而未规定于预算中者,或因紧急事项之原列经费不敷应用者。经财政部核准之后,乃得动支。此项基金动用之后,仍须向国会提出追加预算,请求承认,照数归还。此种动用,必系不及办理追加预算。若是时间上能依法定程序办理追加预算者,仍应照正当手续办理,不得先行动用。此项基金之数额,在一九一三年为三十万镑,大战时因紧急发生之事故甚多,迭有增加,一九一九年之最高度到一万二千万镑,一九二一年以后,常为一百五十万镑。基金数额之多寡,常因国家情势而不同。惟在每年结算,账上仍必保持此项数额,动支之后,随即归还,其在年度结算不及归还者,必系不及提出追加预算之支出。数额虽少,因其动用,都是暂垫,仅作为融通之资金,故亦够用。而其性质,与我国预备费随行政机关自由决定用途者,大不相同。

　　二　财库箱基金(The treasury chest fund)　英国在海外各属地及外国支出之外交费海军费等,常有使用外国货币之处,而且从英国汇款于支出地,又须汇费,汇水常有变动,非预算上所能预定,于是设立此项基金,以弥补汇水之损失。各地所置财库箱基金,每年结算账目,都须经审计院审核。如有动用,则请求国会照数补足,如有剩余,则将剩余数额缴入国库。每年结算,账上仍保持原定数额。此项基金之性质,专为弥补汇费,并非如前项基金,供一般紧急事项之费用。

第三　日本预备金

日本亦为集中预备金制,分为两种。第一预备金为作补充预算上原列经费不敷应用之用,各省大臣遇有动用之必要者,须将理由与数额,作成计算书,经大藏大臣核准后,即可动用。第二预备金之动用,限于预算上未经列入之新生紧急事项,作成计算书后,得大藏大臣之承认,再经敕令裁可,方能动用,限制较严,凡动用两项预备金之经费,不得再流用其他经费,加此限制,以免纷淆。动用之后,仍须提出国会,请求追认国会如不承认,即发生内阁之责任问题。预备金数额,视财政状况而规定。从前第一预备为三百万元,现改为六百万元,第二预备金前为五百万元,现改为八百万元,日本两种预备金,究其性质,第一预备金是为经常预备金,第二预备金是紧急预备金。

日本两种预备金

第十二章　非常准备金

<small>非常准备金之意义</small>　　上节所述预备费为供弥补平时预算不足之用,其数额大都很少,有此设置,以供周转,亦可够用。然若国家一旦发生战争,或其他重大事变,则此项预备费不够用,于是有设置非常准备金者。此项准备,以现金现银为之,事变发生,即移置之于中央银行,作为加发流通券之准备金,以供动员作战或救急所需之费用。

　　在从前经济社会未发达之世,社会资金不活动,复无活动资金之组织,国家为预备重大事变,需有巨额支出,常有作巨额之现金准备者。此项资金之来源,或由平时储积,或在对外战胜之后,获得赔款,即藏之于库藏中,至必要时,如遇有军事行动始动用。在经济不活动之状况下,各种收入之增加,俱不可靠,自非有此设置,实无他法可以应急。但在近代金融活动之世,国家遇必要时,可以先向银行借用,再发行公债,吸收人民之资金,以供国家之用,比之现金准备,只能作有限之准备者,实为方便。

<small>其缺点</small>　　抑窖藏现金,在今人之眼光看来,至不经济。国库中死藏现金,在国家蒙利息之损失,在国民经济失去此部分资金之供给,不能作尽量之发展。在国家与国民双方,皆为无益。准备金之目的,为供给战争费用,然近代战争投之于军队与军需之费用,为数至巨,几无法可以预备,无论准备金有若何之多,皆不够用。从来设置准备金者,以为一至战时,国家可以此项准备金,加发流通券,以

第十二章　非常准备金

供战时动员之需要,殊不知一入战时,流通券即不免停止兑现,诚恐兑现而使本国之现金流出于国外,因之国家之战斗力,难于维持长久而且为谋战后经济之易于复兴起见,亦必保持此项现金之不流出。是国库储藏之现金,原作战时用途者,而至战时,乃为不必用之物。战时既无此项现金准备之必要,曷不如在平时使之流通于社会,以发展国民经济,充实中央银行之力量,一旦战事发生,可以从国民与中央银行获得接济,较为得计。

私人经济与国家财政性质之不同,亦可从此点看出。在私人经济,平时必须节约生活,努力储蓄,存于银行,或投之于信用可靠之有价证券,个人所有之财富增加,国民经济乃随同发达。国家财政,不在国库保有若干余存,而在以能维持平时出纳为度国库吸收人民之资金而死藏者,即是人民失去利用之机会。例如国家向人民多征赋税,除以一部分供平时支出之用而外,又保存一部分于国库,此保存部分,即是多取于人民之数,人民经济之活动,要受打击。故国家财政,为免除此项弊端起见,只能于每年国民有游荡资金之时征税,平时出纳不足,宁肯向银行或金融市场作短期借款,俟后偿还,毋使一般纳税人因纳税而影响于其生活及营业。

依上所述,死藏现金,有各种弊端。假使以有价证券代替现金,岂非可以避免?以有价证券作为非常准备,只能避免死藏现金之弊,而于多取于人民一点,与前无异。而且证券之价值,常有变动。设若跌落,国家即难免损失。最关重要者,即此等证券,在国家发生战争或重大事变之时,难于变得现金,不能达到准备之目的。在紧急事故出现之时,人民方面需要资金之数量,亦同样加多,国家又突以大宗证券出卖,不仅价格下跌,是更增加金融市境之紧急,与调达金融之政策相违反。即或所保有者,为外国可靠之证券,然战争发生之际,各国皆受同样影响,同有难于出卖之困难。当欧战爆发之际,世界各国之交易所,皆于数日之内,宣告停闭,任何证券,皆失去其融通之效力,可为证明。

世界各国,皆以非常准备金,于实际无益,反引起他国之疑虑,而影响于国交,则是非常准备金之设置,所以作战争之准备者,常有引起战争之可能。近年各国,皆力谋避免战争,凡可以用外交形式解决者,究以不诉于战争手段为有益,即或本国因准备充实,获得胜利,终不免敌国之再谋报复,转不若外交手段之可以维持悠久。

<small>德国设置准备金制</small>　　设置此项非常准备金者,惟德国与日本两国皆黩武之国。德国历来政策,将战争用及经济界需用之通货准备,两者分开。普鲁士邦之国库,自威廉第一创立,储有八百七十万达鲁(Thaler,等于三马克)金准备,拿破仑战争时完全用尽,一八二〇年以后,又加以补充,一八六六年胜奥之后,从奥国获得巨额赔款,亦储存于国库,年年累积。至一八七〇年普法战争爆发时,斯彭道城之毓理士塔中,藏有现金准备三千万达鲁,七月宣战,即以此项准备金,供紧急之用,至八月三日,全部用尽。在动员之后,战时公债未能发行之前之短期间,最为济用。德国战胜之结果,从法国获得五十万万佛郎之赔款,除偿还战费十五万万之外,以其余数,作为整理德国之货币制度,设置军士之抚恤基金,再鼓铸一万二千万金马克货币,储藏于毓里士塔之帝国战时金库,以代替普鲁士金库,专作帝国陆军动员之用。动用之规定,须于事前或事后,得下议院及上议院之同意,依德皇命令,始得支用。当时议会对于供战争用及供经济界用之通货,两者分作准备,有加以非难者。毕士马克答称,一八七〇

年德人若无普鲁士国库,全莱因左岸地方,法国若来侵占,将无法抵御。财政部长密克尔(Miquel)亦谓:"战争暴发时,一般债权债务,急于清偿,货币之流通以供交易之需要者增多,而现金反多为人民隐藏,金融市场,必感通货之缺乏,引起国民不信用之念,全国经济生活,将不免发生恐慌。在此恐慌行将发露之时,此项从前与市场隔离之现金,从帝国战争金库流通于金融界,恰可以防止。"当时预计此一万二千万镑准备,可以发行三万万马克之纸币。及一九一二年巴尔干战争发生后,德国对外情势,已成尖锐化,预计对外开战之第一个月,须费四十五万万马克,一年所费,当为一百余万万马克,则帝国战时金库准备之数,不免太少。一九一三年七月法律,又增加此项准备为三万六千万马克,又以银币为出征军需要较多之物,乃决定铸造一万二千万马克,然至动员令下之日,铸造之数,尚仅六百万马克。德国在大战爆发动员之时,确因有此准备,获得便宜,然准备金之数,比之战争所需之费,相差甚远。终以平时国民经济能力,不足以对抗协约国,不免于败北。

日本于甲午之役,从我国获得赔款二万万两,乃以之整理货币制度,此外又设立三种基金: 日本准备金制

一　军舰鱼雷艇补充基金,为三千万圆,半额为外国公债,半额为金货或金地金,由大藏省预金部保费,其年利为一厘七毫五,期于利息累积之后,再由普通会计项下拨款,可以建造船舰。

二　教育基金及灾害准备金,各一千万圆,购置日本五厘息公债,以其利息,购置日本四厘息之英镑公债,或以之存于日本银行,年息一厘二毫五。

舰艇补充基金,不致动用消灭。至灾害预备金,若基金减少

时，由一般会计填补。庚子乱华虽经动用，后从我国赔款补足。至日俄战争，此两种基金，皆被动用，虽得战胜，而以未得赔款，法遂中废，至今惟教育基金尚存。近来参谋部保有巨额资产，严守秘密，其中情形，非外人所能悉知。日本无非常准备金之名，但各特别会计之资金，一至战时，皆可动用，是比德国制度，较为巧妙。

第十三章　特种基金

特种基金,或为国家所有之财产,或为寄托金,由各官厅管理,而未编入总预算中者。其一般性质如下:　　<!-- 特种基金之性质 -->

一　特种基金,不限于金钱,其他动产、不动产、有价证券之类,皆可以充作特种基金。

二　特种基金之所有权,不必属于国库,但由国家各机关保管,并须负赔偿损失之责。

三　特种基金无论为资金、资本、存款或准备金,或任何名称,凡已规定特种用途,或尚未规定用途者,皆属之。

四　特种基金,可由各机关,或径由国家保管。

此等基金之用途与管理等办法,大都有所规定。我国预算法第四条规定,凡金钱及财产,有特别管理办法及特殊用途者,称为特种基金,有下列各种:　　<!-- 预算法之规定 -->

一　以营业管理办法管理而供营业之用者,为营业基金。

二　依法定或约定之管理办法管理,而供公债偿付本息之用者,为公债基金。

三　虽非营业而其资金每经用去必须还原者,为非营业循环之基金。

四　为土地改良而对于直接享受利益者所征收之特赋,为特赋之基金。

第四编　财务行政

五　以法令契约或遗嘱设定，依信托管理办法，保管其本金，而仅以孳息充指定之用途者，为留本基金。

六　为私人或其他公务机关之利益，依所定之条件管理，办理，或为处分者，为信托基金。

七　用途尚未确定者为暂存基金。

<small>我国现有之特种基金</small>　此等特种基金，亦应有分预算，若其事实不存在者缺乏（第十六条）。现在我国属于此类基金者，种类甚多，如国债基金，如各国庚款，各有保管方法。导淮工程，另有基金，由导淮委员会保管。此外有飞机捐款、所得捐。而各国庚款，又发生许多事业，各有特种基金。又各机关于普通预算外，如有特种收入，亦当有列特别基金者，如国立学校征收之学费，有列作某特定用途者。

<small>日本特别基金之情形</small>　日本各机关之特别资金，非有法律敕令为之规定，不得设置，盖防各机关隐藏资金作预算外，或流作预算之用途。现在重要之资金，有陆军省所保管之"经理立积金""海军工厂基金""作业会计中之固定资本及运转资本"，大学、学校及图书馆等，特别会计之资金，皆有法律规定。

第十四章 预算盈绌之处置

预算在执行时,发生不足,所需费用,依上数节所述,有科目流用,有动用准备金,有请求追加预算,有提出非常预算等方法,各因照情形,而有救济,皆所以准备不足,法至周密。然若在平常情形之下,各机关预算,既动用准备金,仍是不足,其最后救济之法如何,尚有说明之必要。

预算不足之终极处理法

英国制度,财政部务保持国会议决各编之数,不得超过,如有超过者,财政部认为有必要,恒以实在情形报告议会,提出追加预算。英国之运用此项手段,极圆滑而确实。即或临时发生必要之支出,数额甚大,而又不能增税,增加收入。在岁入预算不变更而有巨额之临时支出,英国习惯,务须维持总预算之平衡,于是从他方面极力节省,流作此用,总预算之平衡,得不打破。例如一九二五年煤矿罢工后,解决方法,由政府补助,其预算约需三千万镑,卒以裁减他种支出,得以弥补。

英国之处理法

日本在财政史上,因临时巨额支出溢出准备金之数,犹且不够,而发生政潮者屡次。日本宪法规定,无论在预备金范围内或范围外之支出,皆须得议会之承诺。然有一限制,在范围内之支出,可以准许,而超过此范围之数,则不许。自宪法实行以来,日本常有水灾震灾之类,政府须发救济费,超过预备金之数,事后提请追加预算,报告议会。在政府方面之理由,以为(一)灾难之救济,至

日本情形

为紧急,不能不有行政之处理;(二)超过预备金,有国库剩余金可以供用。而议会以宪法上明文限制,是为违宪举动。所谓国库剩余金,按照总预算所列,洵有其数,但收入方面,是否足数,不得而知,即或有剩余,其用途亦须先得议会许可,方能动用。如此动用终为打破预算之平衡,议会因谓政府为违宪,双方争论,议会遂被解散,重行选举者,数有其事。据日本会计检查院之解释,以事实而论,固有必要,然在法理上,终为违宪,政府不能辞其责。而且国库剩余金之动用,宪法上无所规定,政府虽谓不发生违宪问题,但未依宪政手续而动用国款,皆不能谓非违宪。后来修改会计法,为预备金之支出,必须于次会期提出议会。至今超过预备金范围者,政府仍以动用国库剩余金之名称而支出,违宪行为,侵成为司空见惯,议会因其无法解决,只好放任。

我预算法之规定　　我国各机关之科目流用,由各部长官核准,行政部既有甚大之自由,若有超过预算额之支出,得支用准备金,若仍不足,如何以济其穷,颇成问题。据预算法之规定,"各级政府,非依法律,不得于其预算外增加债务。"(第二十三条)是各级政府得依法律手续,于预算外增加支出,别无所规定。而预算章程规定,"岁出预算公布后,各级机关应各按照执行,核实支用,不后得过。"(第三十一条)复有规定,"如因特殊应急之设施或处置,不及办理追加预算时,以国民政府之命令,得为预算外之支出。"(第三十四条)有此方便之门,各机关之超过预算者,都随时很容易以国府命令而获得解决。至于在平常状况之下,以国府命令变更立法部(中央政治会议及立法院)所通过之法律,在法律上实不可通。

二十年度预算施行之情形　　例如二十一年国民政府训令,凡国难期间,中央各机关职员自二月份起,均停止支给薪俸,仅发生活费,各机关经费,不得超过原

第十四章 预算盈绌之处置

预算之五成。此项命令,在预算法第五十九条亦有此规定。但各机关常有超过五成之数者,此等超过,在事实上或有必要之处,然须及早提出追加预算。而事实上不仅未遵守预算,且有将二十年度超用之数,延至二十二年十二月八日,始由国民政府议决,准予核销支出者,其未核销者,尚不知凡几。我国预算制度,既如此与行政机关以极大之方便,尚不愿遵守规定之程序,于此可以看出我国怠于奉公守法之情形。

若是预算上发生余存,其解决方法较为容易。预算余存之发生,不外乎两个来源,其一为岁入之增收,即岁入之实收数多于原来预算数,其二为岁出剩余,国库发放之数,少于预算规定之数。岁出方面之发生剩余,又有两种情形,一为羡余,即预算数溢出实支之部分,国库对于是年度内是项用途,可以不再支出。二为未及支付者,本年度事业已经照办,而领款人不及在年度内领款,或一种工程尚待结束,尾数未清,则未经支付之款,将来仍须照付,现在发生之余存,不过是暂时保留其支付。_{预算发生余存之原因}

预算上发生余存,虽不致引起收支适合上之困难,可视为一件可喜之结果,但仍须加以考量。预算之规定,当求其确实,规定之后,即当奉行。往往有余存之发生,由于事业之未进行举办,或其经费之一部,为他种用途所流用,则此种余存之发生,乃由未履行预算之责任而来,行政部应当负责。此种虚列经费,不啻为变相之预备金,常足以损害预算之正确,应当引以为戒。

余存处置之方法有三种。其一为各机关得保有其余存,视为收支之利益,任其自由处置。第二为所有各机关余存,概退还国库,滚存于下年度收入账内。第三将一切余存,拨作特种基金,以偿还国债。第一种方法,固可激励各机关努力节约,然遇有余存,_{与处置方法}

各机关非用完不可,仍然是浪费,自以第二法为正当。因为财政上之收支,是继续的,本年度余存,自应以之供下年度支出之用。至第三法为使余存有一归宿,国家以此题目,以激励各机关之节省,并以之增加国家之信用。

我预算法之规定我国预算法中关于预算存余之处置,有如下之规定:

一　会计年度终了时,各机关经费之未经使用,除得保留一部分以备清偿尚未履行之债务外,应即停止使用,剩余之现金及其他流动资产,移充次年度预算之经费(第六十八条)。

二　会计年度终了时,于扣去清偿债务保留部分后,其年度岁入中之已收得而有剩余,或尚未收得之收入,及其年度岁出中之依法已发生,而尚未清偿之债务,均应分别转入次年度之岁入岁出(第六十九条)。

三　继续费在一会计年终了时未经使用部分,得转入次年度使用之(第七十一条)。

观以上各条之规定我国预算执行后发生之余剩,皆应归入国库,作为次年度之经费。

第十五章　会计整理期限

财政之经理及管理,既经说明,以下数节,续论财政之清理。行政部于执行预算之后,尚须编成决算,以备监察部之审核,而后预算之施行,乃克有终。

预算到年度终了之期,则一年度预算施行效力终止,然其效力,并非至此时消灭,各种出纳,尚须有一期间整理,以便编制决算。例如赋税之征收,人民尚有过期而未缴纳者,各种费用,尚有到期而未支取者,岁入岁出双方,皆须留若干时日,清理属于是年度预算应收应付之数,而后是年度预算,方能结束,报告国会,解除行政部责任。此项延长期间,是为整理期间。预算年度加上整理时期,是为会计时期(Fiscal period)。此项期间之长短,各国规定不同。

会计整理之必要

一　比国预算年度,至十二月三十一日终了,而整理期限,则以次年十月三十一日为止,是延长十个月之久。

各国整理期限

二　日本预算年度,至三月三十一日为终了,整理期限,以是年七月三十一日为止,是延长四个月之久。

三　法国预算年度,现在以三月三十一日为终了,整理期间,从前可以无限制延长,一八八九年规定,至迟须于第三年之第一月结算,所有报告,须于五月一日以前提出,是整理期间延长至十六个月之久,至今仍为如此。

四 我国预算年度,六月三十日为终了。整理期限,据民三会计法之规定,整理期限以同年十二月三十一日为止,是延长六个月之久。十八年九月国民政府颁布编制十七年度决算章程之规定,属于中央收支之各机关决算书,限于十八年八月三十一日以前送达该主管机关,地方收支机关,限于同日以前送达各该省市主管机关。是隔终了期为期仅两个月。中央各机关及各省财政厅,汇齐各机关决算书审核后,于十二月三十一日以前,送达财政部。为期又四个月。

二十一年十月公布之暂时决算章程,规定各机关之岁入岁出决算书,统限于十一月三十一日以前送达各主管机关。主计处于二月二十八日以前,呈国民政府令交监察院发交审计部审核,以五月三十一日以前公布。整理时期,以及年度终了后岁入岁出如何整理,均无规定。而实际情形,并未依照规定限期编成决算。如二十年度决算,直至二十二年十一月始行编竣。

预算法第二十二条之规定:"每一会计年度岁入岁出之出纳事务整理完结之期限,不得逾其年度终了后三个月,会计事务整理完结之期限,不得逾其年度终了后六个月。"地方出纳与会计之整理期限,与中央相同(第九十条)。

<u>设置整理时期之优点</u>　　会计上规定整理时期,使每年度收支之数,成为一部会计,有其优点如下:

一 预算中之规定,可以力求实现。每年度预算中规定之收入与经费作成一部会计,不与他年度相混。若系是年度预算中规定之收入与支出,虽迟至将来始克实践,亦记入是年度一部会计之中,性质分明。则决算之数,全系根据于预算规定而发生,可以查考预算是否完全实行。

二　作为预算之根据,较为确实。此种会计,既系每年度执行预算之净数,以后预测收入与经费,以此为根据,较为确实。假使上年度会计之一部分与本年相混,而本年度之一部分,混入下年度中,到底预算是否确实执行,不无疑点,每年既无独立之总结,则以后用以为估定预算之根据时,尚须清算其中混入混出之部分。

然其弊端,则在：　　　　　　　　　　　　　　　与缺点

一　每年度成为一部会计,则各年度之基金须分开。预算年度终了,而会计不能结算,须将是年度余款,另外保存,不得动用,以供属于是年度支出之用。倘使基金罄尽,则将无以应付,非归于停顿不可。因拥资金而不用,使会计年度开始期间,或受拮据,要为此制之弊端。然此种弊端,尚可有法免除。

二　同时有两部会计未结账,固可将属于各年度出纳之数,分别记入,然往往有属于上年度之支出,因为是年度基金已罄,不得不记入本年度内,各年之间,互有淆混,欲来各年度有明确之数额,仍不能达到,有时会计员以上年度会计非其经管,惟对于本年度负责,于是将属于本年度之支出,移记于上年度内,不管上年度之是否适合,但求本年度之适合。此等上拉下扯、移花接木之办法,在所难免,若欲免除,惟有将各年度会计,分别由几个会计员经管,而第一层弊端,即从此出现。法国引用此法,结果两种弊端都无法免除。

三　会计年期逾期不结,固可从容整理,然经手人员,尚可托故支用,若有存款,非至基金用尽不止。此种会计,总是账面上收支两抵,而实质上总是支出超过。

四　会计经久方结,如法国情形,实行之结果,亦不能作为编制预算之可靠根据。例如一九三三年年预算,系一九三一年十月

编制,当时所根据之最近报告,乃是年五月发表之关于一九二九年之会计结果,相隔至四年之久,焉能作为确实根据。

五　会计年度报告稽迟,足以减损预算之管理。平常人对于现在事项,常加以深切之注意,及至事过境迁多日,则注意力懈怠。财政负责首领及国会,对于当年会计,容或注意,而对于上数年度之会计,无暇注意,而且同时欲其注意几部预算,亦不可能。此种事后报告,国会议员,乃至人民,以为过去事不值得追查。

国库现金出纳会计结算制　　此外尚有一种制度,如英国所施行者,分设财务账及准支账两种会计。财政部之财务账于每年三月三十一日下午四时钟响,即行截止。所有属于是年度应行支出各数,仍照是年度法律规定,以后继续支出。其经各机关声明保留由财政部拨交支付署,凡在六月底以前支付者,归于所属年度之准支账。此种方法,可使国库出纳于会计年度终了之日,即有报告发布。英国习惯,认为国家应收应支之数,在发生时当即时收付,不得迟延,以重行政效能。其有因实事不能了结者,亦应于年度终了时作一决定。此种办法,具有许多优点:

其优点　　一　可以免除会计上之弊窦,在年底终了时,即加以清理,纵有弊窦,亦容易发现。

二　每年会计虽非各年预算纯数,然相差不远,可以作为编制预算之可靠根据。每年中之重要收入与经费,因有此限制之后,多赶于期内实践,即或有上拉下扯,而每年皆有此等事项发生,平均下来,与每年纯数,当相差不远。惟因特别事变者,是为例外。

三　上年度会计报告,可以在本年度预算施行时发表。英国国库会计报告,极为迅速,每年三月三十一日下午四时年度截止,即可结账。本来英国在每月每季各有会计报告发表,年度终了结账,亦甚容易。从前会计结算在四月一日正式发表,现在在三月三十一日四点钟后,即用播音机报告全国,以表示财政当局之极为负责,亦以增进人民对于政府之信用,洵为极饶趣味之事。

四　上年度会计报告发表之际,尚在国会审查预算之时,距国会通过全部预算之期,为时尚远。在此期间,财政部可以斟酌上年度收支结果,补充预算。故度支总裁之发表本年度财政计划,纯系根据于上年度预算施行之结果而决定,是各年度预算,得以衔接,求其实在。

五　引起国会议员及人民之注意,而强健其监督力。本年度报告发表,国会可以根据最近事情,加以审查,或以之与上数年度收入支出之数相比较。免得事过境迁,淡焉忘之。

意大利遍察各国会计制度施行之结果,亦以此种制度为最良,于是在一八八四年二月会计法中规定,会计年度从七月一日开始,至次年六月三十日为终了,国库会计中所包含者,(一)为七月一日至六月三十日期内实有之岁入,(二)为同一期间内发生及已经实行并清偿之岁出,(三)为同一期间内之任何收款,归入国库者,及任何偿付,从国库中支出者。此种规定,意义更为明了。

普通私人营业,都是采用此种办法。例如现在我国各大银行,每周每月每季每年,都有一报告发布,以增重其信用,财政之会计,亦可以仿照。但是经手财政者,往往只求表面上能卸责,而内容不妨弥缝。若欲实行此种制度,必须全部财政秩序,不可紊乱,尚须行政上廉明敏捷,有很好之效能,按守时间,否则层层都是障碍。

第十六章　各年度岁入岁出之划分

岁入岁出划分之必要　　上节既说明清理之期限,本节再讨论属于一会计年度之岁入岁出在清理时发生之问题。一会计年度之岁入,当以之供是年度岁出之用,然常有在会计年终了时,乃至清理期限终了时尚有岁入未收到者,有岁出未付出者,故属于一会计年度预算之岁入岁出,不能尽行计入是年度会计之中,而有须列入下会计年度者。各项岁入岁出,其实现情形,各有不同,是有分别加以处理之必要。

各年度间岁入岁出之上下拉扯错杂,是违反各年度财政划分之原则,整理期间之设置,即所以减少此项弊端,使各年度所属之岁入岁出,在可能范围以内,不致羼入他年度内然后每年度财政实情,可以满足地表现出来。此错杂之处,既不能完全避免,在会计法中,则须规定处置之法,以昭划一。

我国岁入岁出之划分　　我国预算法中对于各年度岁入岁出之划分,有以下几项,作一般之规定:

一　属于一预算(会计)年度之岁入岁出,在是预算年度期内发生出纳者,归入所属年度。

二　属于一预算年度之岁出而未及支付之债务,在预算年度终了时,曾保留其经费,而在出纳整理期内支付者,属于所属年度(第二十二条、第六十八条)。

三　各机关年终结算,除保留之经费外,其剩余之现金及其他流动资产,移充下年度预算之经费(第六十九条第二项)。

四　预算年度终了时,于扣除保留部分后,其年度岁入中之已收得而有之剩余,列入次年度(第六十九条)。

五　属于一年度预算之岁入,至预算年度终了时,尚未收得之收入,列入次年度(第六十九条)。

六　属于年度预算岁出,依法已发生而尚未清偿之债务,又未经保留经费者,列入次年度(第六十九条)。

七　第(二)款保留数,至出纳整理期终了时,而尚未清偿之债务,归入下年度岁出,其剩余归入下年度收入(第六十九条第二项)。

八　误付透付之金额,及依法垫付金额,或预付估付之剩余金额,在会计年度终了复缴还者,均转入次年度之岁入。

九　继续费在一会计年度终了时未经使用部分,转入下年度。

此等规定,究欠精详,日本会计法之规定,较为细密,分为四种情形如下: 日本划分之办法

一　定期收入　(甲)　凡依法律命令或契约之规定,预定缴纳日期在本会计年度内经送出通知书后,虽延至四月末日,始实行收得,亦归入是年度岁入整理内。若通知书中规定之缴纳日期在四月一日以后者,则归入四月一日所起之年度。

(乙)　定期收入,其规定缴纳之日期在本年度内,但至终了时尚未缴到,及至年度终了后始发出通知缴纳书者,则划作发出通知书之年度。

二　随时收入　(丙)　各机关之出卖公用物品,其行为之发

生虽在本年度内,而缴纳代价期未作何规定,及至后来始通知债务人缴纳者,则划作发送通知书年度之岁入。

（丁） 随时收入,不发通知书而收得者,划归收得之年度。

日本对于岁出,又依各别性质,作不同之规定。

一　国债之本息、年金、恩给等,归入支付期日所属之年度,此等支出,皆曾规定一定之支给期,到期而未领取者,以领取日期为准,归入所属年度。

二　退还金、缺损填补金、偿还金之支出,关于决定日期之年度。退还金有(1)退税,(2)过纳退还,(3)误纳退还,或为收入之全部,或为一部分,或为在收入时为正当之收入,后求因他事由而须退还者。缺损填补金,为现金处理时,偶被盗贼窃劫而遗失者。偿还金为日本采用支票支付制,如支票送出后遗失,未达于正当之受领人,而须偿还者。凡此支出,各机关必须以实在情形,报告大藏省,由大藏大臣经调查后,决定支出。

三　俸给、给料、手当、旅费、手续费之类,属于发生支付事实之年度,旅费跨两个年度者,凡在三月三十一日以前部分,属于甲年度,余属乙年度。

四　使用费、保管费、电费之类,归入发生支给原因之期间所属之年度,如在三月三十一日以前发生部分,归入甲年度,其在四月一日以后发生部分,归入次年度。

五　工事制造费、物件购入之代价运费之类,属于支付日期之年度。

六　上列各项外之费用概以支票发付日期为准,而列年度。

综观上述,日本岁入岁出之划分,力谋属于每年度预算之岁入岁出,不杂入他年度,是为主要之原则,故于岁入方面,凡在一年度

第十六章　各年度岁入岁出之划分

收得之数,及预定在整理期间收到而能收得者,亦归入本年度岁入中。如各种税收,常有此等情形,其数额常大,使能归入所属年度,是可以增加各年度岁入之正确性。其他未预定在年度内收到,而在年度后收得者,乃归入收得之年度。在岁出方面,凡有预定支给期在年度内支付者,归于本年度,其预定支给期在年度内,而支付在年度外者,归入支付年度。其费用跨两年度者,按期计算。以规定而论,岁入岁出,似不一致,然以岁入方面不能照预定期收得者多,而岁出方面不照预定期领去者究少,故于实际上无何重要关系。

此种分别处理之法,固较细密,可以求得各年度岁入岁出之确实数,然不免增重手续上之烦难,结账时须分别计算。而在我国,纯以收得日期为准,无论是否定期,有无通知,凡属于一会计年度之岁入岁出,即在整理期内收得或支付者,概归入原属年度。惟以岁入之滞纳者多,而岁出迟领者少,故只好将整理期间放长。日本岁入岁出之出纳整理仅一月,而我国则有三个月,惟整理期间如此之长,又纯以现金之出纳为准,两年度间错杂之弊。例如以整理期间收得或支付之数,其岁入岁出发生之事由,跨于两年者,不免有任意处置之自由,仍然是不能求得各年度岁入岁出之正确性。岁入岁出之正确性既不能求得,又无求得之必要,则设此甚长之整理期间,可谓无何意义。中日两制之比较

英国制度,凡在会计年度终了前达于国库者,是为本年度之岁入,其过期未达于国库者,即或达于征收机关,亦归于将来达于国库日所属之年度。明知各年度岁入岁出之相参错,而英国以为各年度岁入岁出参错之数,可以于上下年相抵补,不足为病,又可收清理敏捷之效。

第十七章　年终出纳之整理

各国整理
制度不同
　　依上两节所述,当预算年度终了时,属于一年之岁入岁出,在出纳上应加以清理,而有设置整理期间之必要。惟因制度不同,其清理出纳之办法以异。兹就我国及英日两国之整理制度,加以说明。

第一　日本制度

日本制度
　　日本预算年度至三月三十一日终了,会计之清理,延长至于七月三十一日,作成决算报告,在此限度之内。又依各种收入与支出之情形,设有不同之出纳期限。

岁入
　　一　岁入金收纳期以四月三十日为止。每年度所属岁入金,则收作该年度之岁入,是为一般之原则。若在该年度经过后一个月期内收到者,仍收作该年度之岁入,在此后收得者,则归作下年度收入。此项期间,为对于每年度岁入之处理而设,不能引用之处理属于下年度之收入。例如在丙年度四月中所收到属于甲年度预算之收入,虽丙年四月为乙年度整理期间,因其非乙年度所属收入,故不应归入乙年度整理账内,而应归入丙年度岁入之整理。

支票付出
　　二　支票付出期限以四月末日为止。一年度所属经费之支出,至年度终了时尚未支出者,加以精算之后,视为应行支出者,仍可支付。凡在四月末日以前支付者,归入该年度账内,是为支出之整理。但国库内移换之支出,及出纳官吏所保管之岁入金岁出金,或岁入岁出外之现金,作某种垫款而须填补因而发生之支出,在五月末日以前发生者,其支票之发放数,亦归入该年度会计内。过此以后,则不归入该年度支出项下。

在整理期间后而须支出者,或作为过年度之支出,或列入下年度预算内,经议会准许后,始能支出。凡过年度之支出,其金额有一定之限制,超过此限制者,仍为违法之举动,故必须重编入下年度预算内,始能发放支票。此种支出之列入预算中者,恒引起议会之疑问,故各机关之支出,非不得已,且有确实理由,不可延迟。

三　日本银行出纳期限,岁入金之收受以四月末日为止。但另有规定者,以五月末日为止。日本银行处理国库金之出纳,及政府之存款,其出纳期间之终了,亦须与一年度岁入金岁出金之出纳截止期相一致,故亦以四月末日为终止。在此项原则之下,又有三层例外:

国库出纳

1　出纳官吏所已收之岁入金缴入国库者。

2　市町村及其他地方机关已收受之岁入金送来国库者。

3　国库内由于移换所发生之岁入金。

凡此三种情形所发生之岁入,至五月末日为止,为整理期间,归入该年度会计内。又每年度所属之岁出金,如第2款所列之例外,亦以五月末日为限,是为日本银行之出纳期间。在此规定之下,各机关在甲年度购买物品所发出之支票,其支出属于甲年度者,凡在五月三十一日以前之支出,皆归入该年度,若过此期限尚未持支票领款者,日本银行之处理方法,为将银行所收到支出官发出并已发款之支票,加以清算之后,又作成属于该年度而尚未支付之结存，拨入下年度结存整理项下支付，是为岁出未付讫结存（岁出支拂未济缲越金）。又各种收入属于甲年度者，在此期限后始收受之数，皆计入下年度岁入账内。

_{主计簿}　　四　主计簿结账期限，以七月末日为止。会计检查官之主计簿结账期限，即出纳事务完结之期限已过，所有账簿上现金之收入与支出，加以整理，以表示一年中现金出纳之结存。此项结账期在七月三十一日，至是一会计年度之会计事务，一切完竣。

第二　英国制度

_{英国制度}　　英国预算年度终了时之结算，其岁入岁出，统以国库出纳之数为准，凡在三月三十一日下午四时以前收达国库者，是为岁入，经国库发放者，是为岁出。此项岁入岁出，在国库出纳之结账，称为财务账（Finance accounts of the United Kingdom）。兹先述岁入之结账。

_{财政部之财务账}　　征收机关之征收各种收入，在年度将终了之时，仍如平时，不因年度终了结账，突呈何紧张之象。英国税收，有直接税与间接税两大类，而直接税税收，其数额比间接税为多，间接税收入，在一年各月份，数额大概平均，而直接税除平时从税源课税而得收入之外，其超额所得税及不适用泉源课税法之各类所得税，在每年份一六两月缴纳，故至三月底时，属于一年度应纳之数，大都收齐，其有滞纳者（滞纳者照章处罚，惟经证明确有困难情形，不得不延期而经许可者，是为例外），当在少数。

各地区征收长所征收之税款，因全国交通敏捷，近邻伦敦区域，收得后翌日可达于国库，远地亦不过二三日。国库收到各项来

第十七章 年终出纳之整理

源之岁入,每星期亦有一结算,其一年度遂周累积之数,俱载于国库账中,故至三月三十一日之岁入数,极易算出。其他各征收长收得之数,以及按照是年度征收法应征收而尚未征收之数。未于三月三十一日达于国库者,统归入收达国库日所属年度之国库账,而不记入本年度账内。英制如此以一年度内收达国库之收入为岁入,其中有一部分,为属于上年度预算之收入,而属于本年度预算之收入中,复有一部分冲入下年度如此上拉下扯,一年度应收之收入可跻于平。惟上年度所行之税而本年度废止者,若其尚未收得部分数额甚大时,则于本年度岁入预算中,亦必计入。例如战时溢利税,在一九一八年税率为百分之八十,在一九一九年减为百分之四十,一九一九年预算中,仍列有补缴上年税款之收入数。

至于岁出之结算,则以财政部至三月三十一日下午四时为止,从国库发放拨交与支付署之拨付数(Imprest)为准。在会计结算期前,财政部例须对于各机关之支出,加以整理,亦即所以行使其财务管理权。

在会计结算之前一星期内,各机关按照预算可以支出而须支 准支账出之数必赶于结算期前支出,无使拖延,故每一会计年度内财务行政上所需之经费大都于决算前支付。此项数额,即成为预算执行数,与预算相差不远。然其中总有依预算可以支出而未及期支出者。此种未及支出之数,分为两种,由财政部于结算期前与各机关商定。(一)为不必支出者,即各机关节省下来,而未发生债务关系,将来无需支出者,称曰停发部分(Short issue),是为预算上之纯剩余,则此后不由财政部拨付。再有第(二)种未及期偿付,但仍须支出者,经财政部审查后,于决算期前,全数拨付予支付署,由支付署保存。此项既经从财政部拨付予支付署之数,仍列之于本年度财务决算账支出之中。支付署保存各机关仍须支付之款,仍照常发放,惟以此后三个月为限。在三个月期内支付者,支付署记之于该机关原预算编内,会计年度延长,到此时为止之支付数,是为编制是年度准支账(Appropriation account)之账本。过期而债权人始来领款者,支付署概记之于该机关下会计年度预算编内,并记入下年度之准支账中,在此种保留数额之中。亦有终不支付者,其数亦滚存于支付署,是可以减少下年度财政部之拨付。

第三　我国年终出纳之整理

<u>《预算法》之规定</u>　　我国《预算法》之规定,设有两道整理限期。其一为预算年度(即预算法中之所谓会计年度)终了后属于一预算年度岁入岁出之现金出纳整理期,延长三个月,即六月末日,预算年度终了,出纳整理,得延长至九月末日为止。其二为是年度之会计整理期,再有三个月,至十二月末日终止。

<u>出纳事务之整理</u>　　一　出纳事务之整理　每一预算年度终了时,而属于是年度预算之岁入岁出,尚未及期出纳者,不能不有一处置办法。整理出纳之范围,据上节所述,日本有细密之规定,我国暂行决算章程中毫无规定,《预算法》中谓"会计年度终了时,各机关经费之未经使用者,除得保留一部分以备清偿尚未履行之债务外,应即停止支用"(第六十八条)。依此规定,则出纳整理之范围如下:

1　各机关所保留者,仅于依预算发生之支出尚未清偿之债务数,不得超过此数。为防止各机关作过量之保留起见,各机关会计,应缮就报告,列载保留项下之细数,以为保留之根据,若是由各机关任意保留,将无所限制。

2　尚未清偿之债务，必须属于是年度岁出预算，而且在六月末日以前发生者。至若在七月一日以后发生之债务，不应列入。至前年度留下未付之债务，亦不应列入。

3　出纳整理，以上述之债务与数额为限，其他不得羼入。至九月末日，此等债务犹未付出者，应转入次年度（第六十九条第二项）。

二　会计事务之整理　预算自开始施行以后，所有出纳会计，每日每月，都须整理，然后有每日每月之岁计现情报告。但为使属于一年度预算之出纳，俱能归入是年度之会计中起见，既为之设出纳事务整理期间，延长三个月，则会计事务之整理，乃亦随同延长。又因作成决算报告，汇集此十五个月中出纳数额，手续烦难，故不能不再将期限延长，以十二月底为会计事务整理完结之期限。会计中所应整理者，包含下列四端：

会计事务之整理

1　为预算年度中之出纳会计事务，

2　为整理出纳期间之出纳会计事务，

3　为转入次年度之会计，

4　为至九月末日终了出纳之余存。

第十八章 决算报告

<small>决算报告之意义</small>　　决算报告云者,为各机关将其所经理之收入支出,按期依照预算所定之体系,汇集之,整齐之,送达于监察机关之公文。预算中规定之事项及数字,皆为事前之预想,期于将来完全发生效力,而决算则为施行之结果,就其既成之事实及数量而编制,故两种文书之性质不同。

　　行政部之执行预算,期于无违背预算之规定,然其离去预算而有差异,亦意料中必有之事。无论离去预算与否,行政部必须将执行之结果,报告于立法部或监察部,以待审查,有无错误,或违反原定预算之意志。其有离去预算者,亦须于报告中声明理由,以免审计时发生误解。为增进监督之效能起见,必须行政部先自清理,依预算之款式,作成决算书,庶便于审计。

　　决算报告,在任何国家,皆不可缺少。每年国家取于国民者几何,支出者共几何,应使人民知悉,以表示政府对于国民负责之意,以求人民之拥护,解除其责任,故极为重要。各机关在平常支出之时既加以严格管理,然犹诚恐有所遗漏,各机关作违背预算之支出,故于年度终了时,加以清查,其有逃脱平时管理者,尚可从决算书中查出,以免将来此等弊端之重复发生。其一年中施行预算之经验,又可于编制预算时反复推敲其成绩,虽过去之事,已成明日黄花,然尚可为下年度编制预算时不远之殷鉴。

第十八章　决算报告

国家有经理收入之机关,有保管国款之国库,有支出之各机关,此等机关,各有其会计皆须作为决算报告,以便互相对照。故决算报告,乃为表明下述四层关系。报告之范围

一　各机关往来会计之符合,

二　各机关决算与预算之符合,

三　支出数额计算之确实,

四　一年度预算执行终了后之财政情形。

各机关之编制决算,在会计年度终了之后,于一定期内编成,有直接送达审计部者,有经一中枢机关汇齐,编成总决算,而后转送审计部者。至单据发票,皆系由支出机关直接送达审计部。

兹将我国及英日两国之决算报告,述之如下:

第一　我国决算报告

我国决算法尚未颁布,现在说明我国决算制度所能根据者,惟二十一年十二月二十五日公布之暂行决算章程。此项章程,原由主计处拟定,所作规定,皆系与预算章程相衔接,兹说明编制之程序及内容如下: 暂行决算章程之规定

一　编制程序　主计处为岁出岁入决算之总编制机关。各机关所编本机关(包括附属机关)之国家或地方岁入岁出决算,均为第一级决算。中央各主管机关,汇合国家各第一级机关决算,编成之国家各分类决算,及各省政府及行政院直辖之各市政府,汇合地方第一级决算,编成之各该省市总决算均为第二级决算。主计处汇合国家第二级决算,编成之国家总决算,及汇合地方第二级决算,编成之全国地方总决算,是为第三级决算(第四条)。

各机关之岁入岁出决算书,各缮具三份,限于十月三十一日以前,送达各该主管机关。各主管机关,审核第一级决算,分别加具审核意见,汇编第二级决算,各缮具三份,连同第二级决算书各二份限十二月三十一日以前送达主计处。主计处汇核各分类决算,签注意见,编成总决算,案连同第二级及第一级决算各一份,限二月二十八日以前,呈国民政府,令交监察院发交审计部审核(第十、十一、十二各条)。

主计处按照审计部审定之国家总决算,开具第五条规定各事项之计算,连同国家总决算,限于五月三十一日以前,呈请国民政府公布之,并各缮具一份,呈转中央政治会议备查。于是一年预算执行之后,至此完毕。

地方决算之编制,与中央总决算编制之程序略同。各省市所属各机关编成第一级决算,限于十月三十一日以前送达各该省财政厅或财政局。各财政厅或财政局汇编各该省市总决算,限十二月三十一日以前送达各该省市政府。各省市政府限于二月二十八日以前,由各省市审计处审核完竣,发还财政厅局,限四月三十日以前,由省市政府送主计处。主计处审核之后,限于五月三十一日以前,呈请国民政府公布(第四章各条)。

二　决算书内容　国家总决算经审计部审定,各省市总决算经各省市审计处审定后,由主计处开具下列各事项之计算(第五条):

岁入部	岁出部
岁入预算额	岁出预算额
岁入追加预算额	岁出追加预算额
已收讫岁入额	岁出预算实支额

岁入减免额　　　　　岁出剩余额

未收讫岁入额

上年度剩余额

各级岁入岁出决算书内所列科目，按照各同年度预算科目填列。如有新增收入，未别预算，及新增支出，因情形紧急，当时不及办理追加预算程序，事后补请追认有案者，均得列入决算（第七条）。

各机关编造决算书时，应附收支对照表、贷借对照表及财产目录（第八条）。

各级机关在年度内，如有裁撤或改组情事者，因各种情事，设为规定：（一）机关之裁撤者，由主管机关代为编制；（二）机关之改组者，由改组后之机关合并编制；（三）机关之名义变更者，由变更后之机关，按名义变更之前后，分别编制；（四）数机关合并为一机关者，在未合并以前，各该分设机关之决算，由并存机关代编；（五）数机关之预算，先合并而后分立者，在合并期内，由原机关合并编制，分立以后，由分立之机关各自编制（第九条）。

暂行决算章程所规定者，仅有两端，其一为报告书格式，其二为编制之程序，两者皆为形式上之决算。至于各年度岁入岁出之划分，各年度出纳之整理，皆付缺如。以故各机关在编制时，大有伸缩之余地，可以在各年度之间，上挪下扯。而在一机关有剩余者，可以将全数用尽，其有不敷者，可以将属于本年度之支出，移入下年度会计中，如此截长补短，总可以获得平衡之决算，其内容紊乱不实，可想而知。此种决算之编制，既不足以表示财政收入支出之实在情形，实枉费劳力，毫无价值，故我国决算法极应补充，以免此种不良不备之事态延长。

及其缺点

第二　英国决算报告

英国决算报告　英国之决算报告有两种，其一为财政部之现计报告，其二为各机关会计所提出之收支报告。

国库账　第一　财政部之现计报告，称为国库账（Exchequer accounts），于每星期二发项表于《伦敦官报》（London Gazette），其发表之数，为财政部每星期六日之国库收支现情。账上分收方与支方，收方为各项岁收，分关统税、所得税、印花税、邮电之类，支方分为国债、道路、其他确定基金项下之支出及各类供应费之支出。在供应费中，只分海陆军、政事、征收局、邮政数栏，并非依各机关而分类。所载数额，皆为自会计年度开始以来，到每星期六为止之岁入与岁出累积数，若将本星期报告数减去上星期报告数，即可知本星期之实收实支数。每星期六所作结算，极为简单，每季之末之决算，较为详细，除报告财政部所管岁入岁出之外，又有资产负债目录。

财务账　每年度之末，又扩充此项国库账之内容，作更详细之记载，称曰财务账（Finance accounts of the United Kingdom）。其中分为五部：（一）国库账，（二）岁入，（三）岁出，（四）国债，（五）杂项。此项报告，大都于结账年之六月，印成蓝皮书发表，约百页左右。

财政部之国库账报告，皆为一年在各期限之收支情形，读者可取本年某日之报告，以与上年或上数年之数字相比较，以觇国家财政之大势，并可预测年度终了时，是否有剩余抑为不足。英人以此等数字，为国家财政状况好坏之寒暑表，亦犹私人营业在各时期之结算情形，可以预测一年终了时营业之盈绌。在私人营

第十八章　决算报告

业各时期尚不免于变动,而在国家财政,年年轮回,各年度之各时期变动情形,如出一辙,则其数字所表示之情况,更为确实。从各时季出纳情形,可以预测年度终了时岁入岁出之是否能够适合。英人之关心国家财政,考究一年中实在之收入与支出者,莫不对于此项报告,加以考察,国家亦以极廉价格发卖,期望人民之能普读。

财务账中所载之数字,皆为国库在年度终了时之现金出纳数,而非求合乎预算之数字。在岁入方面,则计其业经收到之数,其他依本年度财政法规应当征收尚未达于国库者。皆未计入。岁出方面,则以财政部之拨付数为限,其详已于上节述明。每年财务账结算余存,则拨于旧偿债基金,供偿债之用。财务账中岁入岁出之结算,既非一年度实收实支之数,又非岁入岁出之全部,其各机关收入,不交解国库,而经国会准许作该机关事业补助之用者,其收入与支出,皆未列入,故财务账仅为报告国库在会计年度终了时之情形。然英人重视之者,实因其有几项作用:

一　限期清理　各机关之必须支出者,不致拖延,以增进行政效能。

二　便于财政管理　财政部于结算前,检查各机关预算各编之数,分别其有无支出之必要,以免各机关之故意支出。

三　结算敏捷　预算年度终了时,即有报告,示予人民,以解除政府为国之责,并可以之供次年度编制预算之佐证,及决定财政政策之根据。

第二　准支账（Appropriation account）　为各机关依照预算所列准款之数,在一会计年度中经支付署手支出之数。当支付署依各机关所发支款单支付之时,领款人必须以收据或发票缴予支付 _{准支账}

署,再由支付署送回原支出机关,并分别记入该机关预算编内。各机关会计主任,在每年六月底,清理一年中及此后延长期三个月之间之支出数,作成清算账册,并汇集各项发票收据,经由财政部转送于审计部,以待审计。此项清册,由会计主任负责签字,并声明在其所知之范围内,无何错误,亦未受他人之挟制等字语。

此项准支账之内容,完全依照预算所列之细章目节而排列,一方列预算数,一方列支出数,以视执行数是否离去预算数。其有超过预算数者,会计主任必载明其原由。各机关支出之来源,无论出于国库拨款者,或出于本机关行政收入者,须详细列载。故此项报告,为各机关实收实支之数,即为一会计年度中国家经费执行支出之总数。各机关准支账,每编一帙,每帙有一总说明,复于每节说明离去预算之理由,由财政部汇集之成册。现在分为四册,即:(一)政事费,(二)征收费,(三)陆军费,(四)海军费。总准支账格式,见第一表,每编准支账格式,见第二表。

各机关准支账编就之后,送交财政部,财政部于九月末送审计部。海军之准支账,常延至十月底。审计部审计完竣之后,作为报告退回财政部,至次年一二月时,财政部印就,送呈国会公账委员会。

兹将英国决算书式列之于下

(A) ESTIMATES, CIVIL SERVICES, 1932–1933: CLASS IV

(4) NATIONAL PORTRAIT GALLERY

(i.) Estimate of the Amount required in the Year ending 31st March, 1933, to defray the Salaries and Expenses of the National Portrait Gallery, including a Grant in Aid for the purchase of Portraits.

Eight Thousand Five Hundred and Nine Pounds.

(ii.) Sub-heads under which this Votes will be accounted for by the Trustees of the National Portrait Gallery.

	1932–1933	1931–1932	Increase	Decrease
	£	£	£	£
A.——Salaries, Wages, and Allowances	6,304	7,366	——	1,062
B.——Purchase of Portrait (Grant in Aid)	1,063	1,033	30	——
C.——Warders	1,270	1,734	——	464
D.——Incidental Expenses	650	1,100	——	450
E.——Uniforms	107	326	——	219
Gross Total £	9,394	11,559	30	2,195
Deduct:				
F.——Appropriations in Aid	885	715	——	170
Net Total £	8,509	10,844	30	2,365

Net Decrease 2,335

(iii) Details of the foregoings.

A-Salaries, Wages, and Allowances: (a)

Numbers				1932–1933	1931–1932
1931–1932	1932–1933			£	£
1	1	Director, Keeper, and Secretary .... (£ 900)		900	900
1	1	Clerk .... (£ 200–£ 10–£ 300)		229	219

续表

				1932–1933	1931–1932
—	—	Clerk ...... (£ 60–£ 250)	85	60
—	—	Typist., Temporary (inclusive)	133	120
[Here follow details of the other salaries, etc borne on the Votes]
		Bonus	2,546	3,584
34	32	Total for Salaries, etc	6,304	7,366

B.-Purchase of Portraits (Grant in Aid):

Normal grant	750	750
Equivalent of amount derived from the sale of certain photographs and paid into Subhead F. Appropriations in Aid, in 1931–1932	313	283
Total for purchase of Portraits £	1,063	1,033

C.-warders:

[Details of Salaries of Warders]

D.-Incidental Expenses:

Cost of catalogues and picture postcards.	150	400
Cleaning pictures and busts; glazing, moving, and hanging pictures; cost of frames, gallery requisites, and descriptive tablets; purchase of prints and photographs; travelling and office expenses, etc	500	700
Total for Incidental Expenses £	650	1,100

E.-Uniforms:

For the attendant staff when on duty in the Gallery; to be supplied by the Controller, Post Office Stores Department	107	326

F.-Appropriations in Aid

	1932–1933	1931–1932
Admission Fees (formly paid over to the Exchequer as extra receipts)	250	315
Proceeds of sale of catalogues, photographs, and picture postcards	635	400
Total for Appropriations in Aid £	885	715

(B) APPROPRIATIONS ACCOUNT, 1932–33 : CLASS IV.

(4) VOTE FOR NATIONAL PORTRAIT GALLERY

Account for the Sum Expended, in the year ended 31st March, 1933, compared with the Sum Granted, for the Salaries and Expenses of the National Portrait Gallery, including a Grant in Aid for the Purchase of Portraits

	Grant	Expenditure			Expenditure Compared with Grant					
					Less than Granted			More than Granted		
	£	£	s	d	£	s.	d.			
A.—Salaries, Wages and Allowances	6,304	5,984	4	6	319	15	6	—		
B.—Purchase of Portraits (Grant in Aid)	1,063	1,063								
C.—Warders	1,270	1,224	4	5	45	15	7	—		
D.—Incidental Expenses	650	585	15	3	64	4	9	—		
E.—Uniforms	107	74	10	9	32	9	3	—		
Gross Total £	9,304	8,931	14	11	462	5	1			
F.—Appropriation in Aid	Estimated 885	Realised 1,100	0	10	Surplus of Gross Estimates over Expenditure, £ 162 5s, 1d. Surplus of Appropriations in Aid realised £ 215 0s 10d Total Surplus to be surrendered £ 677 5s 11d					
Net Total	8,509	7,831	14	1						

Explanation of causes of Variation between Expenditure and Grant.

A.—Saving were effected through the fall in the bonus (£ 170) and by suppressing one post on the attendant staff.

C.—Due te the reduction in bonus.

D.—The sum expensed on postcards and other reproductions was less by £ 20 than that provided.

E.—Due to unfilled vacancies on the Staff and the fall in the Cost of uniforms.

F.—Receipt from all sources were greater than estimated; admission fees were charged on two extra week days from 1st November, 1932, and the improved sale of publications was due to the increase in the number of visiters.

Extra Remuneration (exceeding £ 50)

The Director (£ 900) received in fees from the Inland Revenue the Sum of £ 230 15s for the inspections and reports.

10th October, 1933

James D. Milner,
Accounting Officer.

GRANT IN AID ACCOUNT

Balance on 1st April 1932	2,652 18 6	Portraits purchased during the year	1,082 18 0
Grant in Aid 1932–33	1,063 0 0	Balance on 31th March, 1933	2,633 0 6
	£ 3,715 18 6		

10th October, 1933

James D. Milner,
Accounting Officer.

I have examined the foregoing Accounts in accordance with the provisions of the Exchequer and Audit Department Act, 1921. I have obtained all the information and explanations that I have required, and I certify, as the result of my audit, that in my opinion these Account are correct.

Malcolm G. Ramsay,
Comptroller and Auditor General.

第三　日本决算报告

日本各机关决算报告书，汇集于各省，再总集于大藏省。大藏大臣有财务行政监督权，由省审查后，加以总编制。总决算之书式，与总预算并列对照，以便会计检查院之检查，及议会之审议。

　　总决算书前部为说明书、绪言、岁入、岁出、国库预备金、预备金外之临时支出、大藏省证券、延亘次年度之契约。下部分甲乙两号，甲号载岁入岁出各款项金额。岁入方面，分经常部及临时部，岁出方面分经常部、临时部及各省所管别之费用。乙号决算，岁入方面为事项之计算，即科目预算额、调定额、收入讫额、不纳缺损额、未收讫额，而别之以经常部及临时部。岁出方面，载列预算额、预算决定后增加额、支付讫额、转入次年度额、不用额，而别以经常部、临时部及各省所管部。

　　此项决算书之总编制，以大藏之主计簿为基础，主计簿分岁入主计簿，及岁出主计簿，而分列如下之账户。

岁入部分

　　一　岁入预算额　　　即岁入预算各科具之金额
　　二　调定岁入额　　　分为下列三项
　　三　收入讫岁入额　　调定岁入额中收到部分
　　四　不纳缺损额　　　调定岁入额中不能收得而作缺损处分者
　　五　收入未讫额　　　调定岁入额中尚未收得而转入次年度部分

岁出部分

　　一　岁出预算额　　　　　　　即岁出预算各科目之金额

（边注：日本决算报告　总决算书）

二　预算决定后岁出增加额　　如上年度剩余之转账预备金之动用及预备金外之临时支出额

三　支出讫岁出额　　即依预算规定而经支付之数

四　次年度转账额

五　不用额　　即依预算规定而不用支出之残额

岁出预算决定额，及预算决定后岁出增加额之和，再减去流用增减额之结果，是为一年度所使用之预算定额，称之为预算现额。故预算现额包括一年度实行支付之数，转入次年度之数，及不用数三者。

除上述总决算书外，又须添附下列三种报告书：

<small>岁入决算明细书</small>
一　岁入决算明细书　　此项明细书，由大藏大臣编制。其内容先有说明书，次有岁入经常门、临时门、款项目别、预算额、调定额、收讫额、不纳缺损额、未收讫额之类，皆与岁入预算明细书比照并列。其材料由岁事务管理厅供给，于次年七月末日送达大藏大臣。

<small>各省决算报告</small>
二　各省决算报告书　　又称为各省经费决算报告书，由各省各依其预定经费要求书，比照列载其执行岁出预算事务之结果，是为编制总决算之基础书类，于七月末日送达大藏大臣。报告书之内容，先有一般说明，如某年度某省某局主管经费之预算额，其岁出经常部几何，岁出临时部几何，合计几何，预算现额与预算额相比，有增加几何，此增加额之中，有几何为上年度转入之金额，几何由第一预备金之补充，几何由第二预备金支办，再依款项目别，记明预算决定额、决定后增加额、流用增减额、预算现额、支出额、转

入次年度额、不用额及备考之类。

三　国债计算书　由大藏大臣编制,列载下列三种计算: 国债计算书

1　当该年度末所有之国债种类及存在数,凡海军公债、整理公债、国库债券、铁道债券及其他社债借款之类,及其债额,皆包括在内。

2　当该年度各种国债本金利息之偿还或支付数。

3　最近五年间各种国债之增减情况。

上述总决算添附书,及各特别会计岁入岁出决算,及各特别会计之决定计算书,统由大藏大臣转送会计检查院。

第五编 财政之监督

第一章 监督之目的与类别

预算之施行,是否符合预算,国家属有之各种财产,有无变动,主管行政之官吏,既随时负责办理,国家为判别其责任,并考察财务行政有何可以改进之处,于是须有监督之制度。监督之目的,主要者为维护国家之利益,保障财政之秩序。行政上最易发生弊端者,厥为贪污。财政之监督,消极方面为防止贪污,积极方面则为增进财务行政之效能。 <small>财政监督之意义与目的</small>

财政之监督,有各种制度之不同,而各种制度,又有运用方法之不同,可以分类说明。 <small>监督类别</small>

一 事前监督、事后监督与随时监督 是为依监督之时期而分类,事前监督,如预算之议定、支出之限制、准款之发放,皆为执行前之预防制度。随时监督为主管财政之总机关,对于各机关之主办会计出纳官吏,随时就地查考其施行成绩,遇有不当之处,立即予以制止或纠正。至事后监督,为审计部所掌管,就各种岁入岁出之会计,国债与财产之目录,加以审核,审计行于预算施行之后,故曰事后监督。

二 立法监督、司法监督与行政监督 是为依治权之行使而分类。立法机关之议决预算与审查决算,是为立法监督。行政部之对于出纳加以管理,是为行政监督。司法机关对于出纳官吏之计算加以检查,并判断其责任,是为司法监督。英国之国会,兼有监察权,库管审计长对于国会负责,是英国审计属于立法监督。我国监察权独立,审计部隶属于监察院,是我国审计,为监察机关之监督。我国又设有中央公务员惩戒委员会,凡经审计部检举应行负责之官吏,又须经惩戒委员会加以裁判,然后执行处分,是为司法监督。是我国对于财政之监督,同时行使四种治权,至为周密。日本之会计检查院隶属于天皇,对于内阁议会,皆立于对立之地位,是为独立的财政监督。除此之外,行政部立法部仍有其监督权。法德两国之审计院院长,由大总统任命,可以终身任职,但法律上规定其职权,为检查出纳官吏之计算等事,其性质与法院相同,故为司法监督。

三 自力监督与他力监督 是为依监督者为标准而分类。凡由行政机关所示之指挥,是为自力监督,其由他机关所加之监督,是为他力监督。本书称前者为管理,而监察部之监督为监督,以资辨别。

四 财政监督与会计监督 是依监督之范围而分类。凡依法规对于簿据计算等审核其确误者,是为会计监督,因其单从书据之表现者着眼,又曰形式上监督。而财政监督除于会计方面而外,又复从财政、行政、经济各方面着眼,审查其成绩,范围较为广泛,故又曰实质的监督。

第二章 审计之职分

财政之清白,为澄清政治之起点,故各国对于国家资金之出纳,国有财产之变动,都必设专任审计机关,以资监督。国家岁出岁入,牵涉之方面极多,非有专任之审计机关,以专家治其事,实无从爬罗抉剔,发现隐藏。各国审计部之职权,各有不同,皆于法律上作明确之规定。为使此项机关能正心诚意行使其职权起见,皆保障其独立,不受行政部之牵制。又使此等官吏安心奉职起见,职位之进退,概予以保障,既经任用,非本人自愿退职,或有重大过失,不解其职,亦不许兼任他职。职责专一之后,庶可以独立地行使其职权。 审计之职务

审计部所应审核者,为属于国家所有之资金,保证金、邮政储金、信托基金,及国有产权,如动产不动产、各种国债等之出入与变动,并对于此等目的物从预算法规经济会计簿据保管利用等各方面,施以审计,若详加条举,有如下列各端。 与范围

(甲) 预算上之审计事项:

一 岁出预算是否违反预算之目的,各项支出是否得宜。

二 预算丰裕时,是否有不急不用或过当之工事施行,与物品购买。

三 预算规定之外,是否有何事业之举办,或物品之购买。

四 事业之举办,费用之支出,是否能达到预算之目的。

五　预算科目之流用,或科目之更正,是否得当。

六　预算之转账,是否得当。

七　预算超过,或预算外支出之有无与得当。

八　预算不用额发生之原因,与当否。

九　预算外国库负担之契约之有无与当否。

十　岁入之数,比之预算所列收入之数,有无出入。

(乙)　法规上之审计事项:

一　岁入岁出,有无混同之处,各年度所属,有无紊乱。

二　岁入之征收,是否确实,是否违背法规。

三　征收官吏之资格,是否符合规定,有无越职行为。

四　关于岁入岁出之契约,是否具备法定条件。

五　俸给旅费及其他给予,是否符合法规、定例或契约。

六　一般竞争契约,是否符合规定而执行。

七　契约保证金,是否依法规之规定数。

八　国有财产之出卖,是否缴纳代价,有无于偿价之前,作财产之交割或移转登记,财产之租赁,是否依法按期缴纳租金。

九　营造购物之类,是否依照法规或契约,偿付代价。

十　资金之预付,垫付,是否在法令范围之内。

十一　预算年度经过后之支出,是否为该年度所属预算之残额。

十二　时效之规定,有无违反。

十三　因过失而误付之资金,是否依法归还。

(丙)　经济上之审计事项:

一　国有财产之出卖或租赁,其卖价租价,有无低廉之处。

二　营造购物等价格,有无过高之处。

三　各种支出,是否奢侈,或无用,或过当。

四　无预定之计划,或违反预定计划,而有购买,或他种支出,是否于国家有利益。

五　工程制造之设计与施工,有无不经济之处。

六　事业施行之方法,有无因错误而使国家蒙受损失之处。

七　多量物品之购买,若为不用不急之物,是否经理失当。

八　不用物品是否作适当之处分,或有他法利用,不致废弃。

九　各种补助金之支付,其使用是否达到原定目的,或作适当之使用。

十　国营事业,其事业计划,实行方法,损益计算之类,是否适当,且于国家有利。

十一　一般竞争契约或随意契约,究依何法最为经济。

（丁）　计算上之审计事项:

一　账簿书据之类,其记载数额,是否正确。

二　现金物品之存数,是否与账簿书据上计算之数相符合。

三　各种岁出岁入之计算方法,有无错误。

四　契约总金额是否与内容之积算数相符。

（戊）　簿据整理上之审计事项:

一　簿书格式,是否符合规定,或得宜。

二　簿书之编纂及保存,是否适当。

三　簿书之繁简处,是否适当。

第三章 各国审计制度

第一节 我国审计制度

我国审计机关组织

我国在北京政府时代,设有审计部,国民政府成立之后,亦设有审计部,均直接隶属于政府,与其他行政机关独立。十八年五院制度成立之后,审计部隶属于监察院,行使其会计监督之职权,据监察院组织法规定,审计部掌理下列事项(第十三条):

一 审核政府所属全国各机关之决算及计算。

二 监督政府所属全国各机关预算之执行。

三 核定政府所属全国各机关收入命令及支付命令。

四 稽察政府所属全国各机关之冒滥及其他关系财政之不法或不忠于职务之行为。

审计部设有部长、副部长、审计九人至十二人,协审十二人至十六人,稽察八人至十人。此等人员在职中,不得兼任其他官职,或律师,会计师,或技师,以及公私企业机关之任何职务,非经法院褫夺公权,或受官吏惩戒委员会依法惩戒者,不得免职或停职,以资保障(二十二年修正审计部组织法第十四、十八条)。

审计部设三厅,各置厅长,其职务如下:

第一厅掌理政府所属全国各机关之事前审计事务。

第二厅掌理政府所属全国各机关之事后审计事务。

第三厅掌理政府所属全国各机关之稽察事务。

此外各省各市,在省市政府所在地,设立审计处,处理各省市政府之审计事宜,隶属于审计部,其内部组织,与审计部相似。

审计部职权之行使,根据于审计法之规定,审计法系十七年四月颁布,五权政府成立之后,亦未修改,至今沿用。职权之范围

我国审计部对于财务行政监督之权,有事前与事后两种。事前监督为主管财政机关之支付命令,须先经审计部核准,考核支付命令与预算案,或支出法案是否相符,前已说明。此项规定,为事后监督之依据,然其重要职分,仍在事后监督。应行审计之范围为:

一　国民政府岁出入之总决算,

二　国民政府所属各机关每月之收入计算,

三　特别会计之收支计算,

四　官有物之收支计算,

五　由国民政府发给补助费或特与保证各事业之收支计算,

六　其他经法律明定应由审计部审核之收支计算(第四条)

审计部之行使职权分为四步骤,其一为由各机关造具报告,送达于审计部,其二为审计部施行审查,其三为加以判别及处置,其四为编制审计报告。职权行使之四步骤

各机关所编报告,送达于审计部,以备审查者,有下列各种:各机关申送报告

一　各收入机关,于每月经过后十五日以内,编造上月收入支出计算书(审计法第七条)。

二　各机关于每月经过后十五日以内,编造上月收入支出计

算书,贷借对照表,财产目录,连同凭证单据,送达审计部审查(第八条)。

三　国营事业及有其他特别情形者,得因其便利或情形,将所有凭证单据,由各该机关保存,惟审计部得随时检查(第八条)。

四　国库或代理国库,应于每月经过十五日以内,编成国库收支月计表,及岁入金岁出金分类明细表,连同单据,送审计部审查(施行法第五条)。

五　财政部于年度经过后六个月以内,编造国库全年度出纳计算书送审计部审查(第六条)。

六　各机关于年度经过后二个月以内,编成岁入岁出决算报告书,送主管部查核,各部院等机关,于年度经过后六个月以内,编成所管岁入决算报告书,主管岁出决算报告书,及特别会计决算报告书,送主计处,主计处于年度经过后八个月以内,汇核各机关及财政部之决算报告书,国债计算书等,编成总决算,连同附属书类,送审计部审查(施行法第七、八、九条)。

七　经管物品官吏,于每月经过后十五日以内,年度经过后二个月以内,编成物品出纳计算书,送由主管长官核定后,转送审计部备查。

八　各机关应将出纳人员姓名履历及保证金额,录送审计部备查(第十六条)。

九　各机关长官或经管出纳人员交代时,应将经管款项及物品,详列交代清册,移交接管人员并送审计部备查(第十七条)。

第二步审计部之审查,除对于各种报告书作审查外,又有各种 审查方法
方法,使其充分地行使职权。

一　各机关收支报告书,如有疑义,得行文查询,限期答复,或派员调查(审计法第九条)。

二　因审计上之必要,得向各机关调阅证据,或主管长官证明书(第七条)。

三　各机关故意违背计算书或报告书之送达期限,及审计部所定查讯书之答复限期者,由审计部通知该主管长官,执行处分,或呈请国民政府处分之。其故意违背审计院所定之各种规则及书式者亦同(第十六条)。

四　审计部对于审查事项,认为必要时,得行委托审查,受委托之人或机关,须报告其审查结果于审计部(第十九条)。

五　审计部编定关于审计上之各种规则及书式,各机关簿记,审计部得派员检查,其有认为不合者,通知该机关更正。各机关会计章程,其有与审计法规抵触者,应通知各该机关停止执行,并依法定程序修正之(第十五、十七条)。

第三步审计部在审查上之判别与处置,依各种情形不同。 判别与处置

一　凡应送审计部审查之支付预算、收入计算、支出计算及其他书册报告,在未经审计部审核以前,各主管机关,不得准予核销备案,以解除其责任(细则第十一条)。

二　审计部审查各机关之收入支出计算书,及证明单据,认为正当者,则发给核准状,解除出纳官吏之责任(第十三条)。

三　在审计上认为不正当者,则通知各该主管长官执行处分,或呈请国民政府处分之,但出纳官吏得提出辩明书,请求审计院再议(第十三条)。

四　审计部认为应负赔偿之责任者,则通知主管长官,限期追缴(第十四条)。

五　审计部认定为某机关长官有违法令情事时,除拒绝核准支付命令外,并呈请国民政府核办(细则第十五条)。

六　审计部审查各项决算及计算时,对于不经济之支出,虽与预算案或支出法案相符,亦得驳覆之(第十二条)。

完成决算报告　最后第四步,审计部审查完毕之后,应编制两种报告书,其一为每年度审计之结果,呈报国民政府,并得就法律上或行政上应行改革之事项,附其意见(第六条)。其二为各种书据,审查完竣之后,须编制审计报告书,呈报国民政府者,有如:

一　总决算,及各机关决算报告书之金额,与国库之出纳金额,是否相符。

二　岁入之征收,岁出之支用,官有物之买卖让予及利用,是否与法令之规定及预算相符。

三　有无超越预算及预算外之支出(审计法第五条)。

我国审计制度之缺点　我国审计制度,近年来在逐渐推行之中,中央既设立审计部,各省政府,有设审计处者,有设审计委员会者,从此国家财政之收支,遇有弊端,因有人举发,此为极可喜之事。但数年以来,以我国财政支出之浩繁与紊乱,尚未见有何弹劾案发表。国家政治之清明,当以财政为起点,故吾人对于审计制度之完备,实具无穷之热望,对于现制,认为有可议者,略举数端:

一　现行制度,审计与各机关相隔阂,各机关按期将各种会计凭证,送达审计部,而审计部未尝派员进驻于各机关,随时执行其审计之职责。审计之站在行政机关之外,似可保持其独立性,然各机关之不按期以各种会计凭证送来,只可依法不为解除责任,各机关仍可迟延至数月之后送达。在此期间,如有弊端,可俟弥缝手续齐备之后,再行送来。假使能逐日实地加以审计,不仅可以容易发现各种弊端,且可免除审计工作之拥挤。

二　审计部依法有其职权,关于权一方面,殊欠明了。审计部隶属于监察院,对监察院负责,将审核结果及各种疑问,俱报告于监察院,由监察院转呈国民政府执行处置,合法者解除其责任,不合法者加以处分。然据审计法之规定,可以由审计院通知各该主管长官执行处分或呈请国民政府处分,各机关长官有违法情形者,得拒绝核准支付命令。支付命令之拒绝核准,势必阻碍行政之继续执行,此为空洞处置,不待烦言而解,不能以长官之过失,而阻碍行政。其二,通知长官对于负责者执行处分之一层,假使长官袒护,并不遵行,仍是无法。至转呈国民政府加以处分,然国民政府不负行政之责。此三层办法,都不能行通,是为现行制度无法求其实在。例如二十一年,有某高级长官,于同一日期内,报销到上海、广东两地旅费各千余元,非有分身术者,一人何能同时置身两地,审计部传为笑谈,然竟无法加以处分。其他弊端,当更仆难数。

三　现在我国财政之监督,端靠审计部之正心诚意,奉公守法,主张国家之利益,保持财政之秩序,然审计部犹不免受他机关劫持之处。例如民国二十一年国难期间,国府明令,公务人员自二月份起,停支薪俸,仅发生活费,而财政部仍发原薪,是于他机关有所偏枯,后经审计部力争,有同样待遇之后,始为财政部签署支付命令,审核支出,解除其责任。国家法令,如何保障其效力,审计尊严,如何维持,当亦为重要问题。

第五编　财政之监督

第二节　英国审计制度

<u>英国审计部组织与职分</u>　英国审计部组织,原根据于一八六六年《国库审计部条例》(*The Exchequer and audit department act of 1866*)设置库管审计长及副部长各一人。库管审计长之职务有二,其一为掌管国库之职务(As a controller general),依照国会之准款案,发放款项与财政部,前于第四编第六章说明。其二为审计长之职务(As an auditor general),审计各机关之支出,有无错误,以其结果,报告于国会之公账委员会。故其行使职权,乃对于国会负责,不受行政部之束缚。两种职务,比较起来,管库之事,仅为形式上之手续,究甚简单,而审计之事,至为殷繁,又较重要。

<u>职权之行使方法与范围</u>　从前说明支付署代各机关付款之后,所集收据,仍分交各原支出机关配账,各机关会计员,每日每月每年按期作成会计报告,审计部为增进审计行政之效能起见,在全国各机关,皆派有审计员驻在办事,以便逐日就地审核各种报告与收据,庶工作不致堆积。遇有疑问之处,可以询问主办事务之会计员,及决定支出之官吏,如认为错误,即报告审计部,转报告于公账委员会。审计时特加注意者,为(一)每编支出,是否未超过预算之规定。(二)行政收入,是否遵照法令办理。(三)支出款项,有无确实之收据。(四)经费用途,是否依照法令或国会意见之规定。(五)支出有无浪费。(六)各科目间经费流用,是否获得财部及国会之许可。(七)支出情形,有无违反财部之核准。审计工作,继支出之后,终年不断,与他种行政机关相同。遇有错误,可以及早设法救济并制止,以免同样弊端之重复发生。凡审查时发现不法之支出,则会计员应负责任,经主管长官核准者,则由长官负责,审计部将此项情形注明,报告于

国会,听凭处理。

审计长所审计者,不仅限于支出,各种收入,亦在审计之列。各机关有行政收入者,即与支出同时审计,至其他税收机关,如关统税局,内地税局之收入,从全国各地方各纳税人收来者,是否确实,极难征证审计部常派人至各地方征收分局,于考核其支出之外,又复逐项审核其收入,如有涉及疑问,并可向纳税人查询实情。有此办法,则征收员与纳税人为尊重其名誉计,自不敢舞弊。

审计部除执行其主管职务之外,又间接地可以增进财务行政管理之效能。审计各机关之收入支出时,凭其独立之地位,作诚实之审核,遇有弊端,由人事关系发生者,即由经手人负责,如由于制度上之弊端,并可向国会建议,改良制度。凡财政部在行政上之管理有不周备者,经其指出,财政部亦当施以改革。

英国之审计制度,国会兼具司法之权,凡关于财政上之过失,对于国会负责均由公账委员会决定,而审计长成为财务行政之检查官。其所审计,为对于国会负责,对于违法者并不直接处罚。表面看来,审计长之权力似甚薄弱,但其审查之结果,一入国会之手,即发生效力。行政部既须对于国会负责,审计部即从行政部对于国会之负责上,而行使其职权,其不对于行政部作何直接行动者,正可以避免冲突,而保持其独立的地位。

第三节 日本审计制度

日本之会计检查院,不隶属于内阁,亦不属于议会,而直隶于日本制度日本天皇,以保持其独立行使法律上规定之职权。设院长一人,部长三人，检查官十二人，皆有保障，得为终身职，并不兼任其他官吏。父子兄弟，亦不得同时为会计检查官。关于检查事务之处决，以合议制行之。

各机关之会计书据之类，按期送达会计检查院，以待检查，检查之范围，有下列五端：

一　总决算，即一般会计及特别会计之决算。

二　各官厅及官立营造物之收支决算，及官有物之决算。

三　政府给予各团体及公私营造物之补助金，或特约保证，之收支决算。

四　日本银行所管政府属有之现金及有价证券之出纳决算。

五　依法律命令指定会计检查院检查之决算。

<small>检查方法</small>　检查之方法，有直接检查与间接检查两种。前者为书面检查，及实地检查，各机关以簿据之类，送交检查院，遇必要时，由院派遣主任官吏，至各机关实地检查。间接检查有委托检查及委任经理两种，遇有不关重要之事项，始委托各机关就近办理。而委托经理，如各学校所设奖学金，大都有章程规定，于是委托各校校长，直接经理其事。

<small>审计之效力</small>　会计检查院对于各项会计，纯居于第三人地位，作严正之检查，而所检查者，并无何直接法律上之效力，仅作成检查成绩书，上奏于天皇，又作成检查报告书，提出于议会，其责任即为终了。

第四节　美国审计制度

<small>美国之新审计部制度</small>　从前美国之审计职务，隶属于财政部，一九二一年预算会计法

之规定,于政府中设立审计院,称为General accounting office,始经独立院中设有审计长及副审计长(Comptroller general and the assistant comptroller general)各一人,综理审计部之一切行政事务,由总统获得参议院之同意后任命。两人薪俸有定额,任期为十五年,不得连任,其因衰老或重大过失经两院协议通过之后,方得去职,年达七十岁时退职。

审计部之职务范围,为凡属美国政府之一切所入与费用,权利与义务,债权与债务,皆须由审计院清算审核。此项经审计院审核之支出,各机关准予照付,不必再发支付命令。各机关须以其职权、工作、组织、财政收支、营业方法之类,按时报告于审计长,审计长并得派员查阅各机关之簿册凭证记载文件之类。凡属政府之收入与支出,国库之发款,各种基金之运用,皆须经审计院审核,作成报告,晋呈总统。其对于国会之责任有:

一 每年于国会常会之初,须向国会提出每年报告,以其考察,说明会计整理,公共收支发款及基金之运用,须有之立法规定作为建议,凡有可以节省支出增进效能者,并得随时提出报告。

二 凡两院或其委员会遇有关于岁入岁出预算等须行检举之事项,得命令审计长加以检查并作成报告。

三 每年各机关有违背法律之支出或缔结契约者,审计长须向国会提出特别报告。

四 审计长须向国会报告各机关会计之行政稽查,是否完备与有效,各机关出纳官吏之办公与记账,是否有充分之稽核。

审计与预算局亦有关联,遇有各项咨议,当予以答复。

第五节　法国审计制度

法国制度　　法国审计公账,设有会计检查院(Cour des comptes),其性质与司法机关相同,所有职权,经一八〇七年拿破仑时代以法律规定。审计院有院长一人,庭长三人,审计官二十一人,协审九十八人,审计员三十一人,皆由大总统任命,任职终身。凡国库出纳、国有财产、各机关会计,均在审计范围之内,每年由财政部汇齐送交会计检查院。各种会计凭证,先由协审及审计员作初步审计签注意见,次分由各庭审计官复审,并可召唤证人及负责者询问,最后由庭长、院长决定,即为会计检查院之判决。负责人尚可于一定期内,上诉于最高法院,经其判决,即成为定谳,与普通诉讼程序相同。

除此之外,每年会计检查院作成三项报告,送呈总统,并提送国会,分配予全体议员,以待财政委员会审查,报告大会通过,解除行政部之责任。但是国会议员,常对于审计报告,束之高阁。

第四章 审计之效力

在事前之监督,如立法部之决定预算,为规定财务行政之程序与限制,行政部在执行时,虽依行政权而有管理之制,终欠周到,遇有不确实之收入与支出,仍可漏网,审计部从巨的细的各方面,彻底施以检查,则监督之效力,弥为宏著。财务行政官吏之合法行为,经证明后,得以解除其责任,如有错误或过失,为维护国家之利益起见,自当依法分别加以处分,或责令赔偿损失。

审计部之审计,有两方面之效力,在消极方面,可以使财务行政人员知所警惕。各国规定财务行政上之责任,并无底止,不因决算完成或国会通过决算后,即行终了。我国审计法第十八条之规定:"审计部对于审查完竣之事项,自决定之日起,五年内发现其中有错误、遗漏、重复等情事者,得为再审查,若发现诈伪之证据者,虽经过五年,仍得为再审查。"则是凡舞弊者,其所负责任,将无穷期。财务行政人员对此规定,自不敢不慎重将事。在积极方面,审计报告可以作为将来立法部议定预算之参考资料,以免弊端之重复发生,或改革前制,增进国家之利益。

两方面之效力

单以审计部之审计本身而论,审计部有独立之职权,不能对于行政部官吏之不正当行为,立予处分,又其所审计者,在财务行政之后,即或发现不正当行为,致国家蒙受损失,此时为期已迟,在可以金钱弥补者,当可责令负责者赔偿,此外尚有非赔偿金钱所可弥

与行政管理之关系

343

补者,则是审计之效力,究不充分。然要知财政上不正当行为与增进国家利益之各种方法,须从各方面讲求,行政上之监督,由长官可以随时制止,其效力之发生,固极迅速而显著,但若长官因有连带负责关系,加以隐瞒、优容或袒护,仍可不受处分。审计部之监督不然,对于任何人无所曲徇,即地位甚高之长官,同须奉公守法。有此事后检查,乃可以增进行政上之管理,平时行政管理之不敢懈怠,端赖有此最后之审计。

补助制度　　各方面之监督,常恐不能周密,于是又有官吏保证制度,以为补助。其法为法规上规定,凡任国款出纳之责者,须缴纳一定数额之保证金,以备赔偿国家所蒙受之损失。如日本规定身元保证金制,否则须由有资产者二人作人的保证。保证金可以公债土地为之,遇须赔偿时,由国家拍卖,以偿损失。

我国审计效力,除具有英日两国之一般审计效力而外,复可对于行政官发送通知,执行处分,则收效较为敏速,此种权力,如能充分行使,更可以补助他方面监督之所不及。

第五章 决算之审议

财务行政最后之归宿,为决算之审议,各国通列之为立法部之职权。立法部议定预算之后,行政部执行之结果如何,立法部尚须作最后之考察,以判别财务行政之责任,并以国家财务行政之实况,布告国民。各国审议决算之制度,有大同小异之处。

我国决算,依审计法第八条之规定,各部院会等机关,于年度经过后六个月以内,编成(一)所管岁入决算报告书,(二)主管岁出决算报告书,及(三)特别会计决算报告书,(四)财政部编成国债计算书等,送达主计处,由主计处加以核算后,编成总决算书,经审计部审计之后,由国民政府公布,至此了结。至立法院审议决算报告一层,并无规定,盖我国监察权与立法权分而为二,审计部隶属于监察院,审计部对于监察院负责而非对于立法院负责。故立法者为一机关,监督者为又一机关。我国制度

英国制度,国会设有公账委员会(Public account committee),为国会审核国款之专任组织。自一八六一年始设立,委员十六人,每年一二月间改选一次,主席必为反对党之议员,其他委员,多为对于财政富有经验学识之议员。委员会受理审计长提出之报告,除于报告中经审计长认为有疑问者之外,复可任意提出其他问题。凡经委员会决定认为不法之支出,财政部即运用其财务行政管理权,通知负责人员,加以训斥,毋得再犯。每年度决算报告,至迟须英国制度

于次年一月十五日以前，军事费报告至迟须于一月底以前，送达国会。此时国会忙于新预算之审查，公账委员会之审查决算，每至是年秋后始能竣事，报告大会，于是每年度预决告竣。例如一九三三至三四年度预算，自一九三二年十月开始编制，至一九三五年秋后决算通过，共须经过三年之久。

日本制度　　日本制度，每年会计检查院作成岁入岁出决算检查报告书，及会计检查成绩书，上奏天皇，再提交议会。报告书列载每年度岁入岁出及国有资金财产之实情，成绩书则为从法律行政经济各方面观察，视为有改正必要之事项，改革之意见，及经院会议决行政官吏对于其所处理事项应负之责任。

政府每年以下列各件，提出议会：

一　岁入岁出总决算，

二　会计检查院之检查报告，及政府之答辩书，

三　岁入决算明细书，

四　各部决算报告书，

五　国债计算书，

六　特别会计决算书。

议会两院之中，各设有决算审查委员会，审查此等报告书成绩书，再报告大会，议决各点。议会所议决者，并不能拘束政府之行动，又不能命令政府变更，唯于议会辩难之中明了政府之责任作为以后议定预算之资料。

附　　录

预算及财务行政之参考书甚多，除具见于一般财政学书籍之外，兹举若干种。

我国出版书

吴　琼　　《比较预算制度论》，宣三商务出版，译自日书。

贾士毅　　《民国财政及续财政史》，商务出版。

吴贯因　　《中国之预算与财务行政及监督》，二十一年建华书局。

黄凤铨　　《预算概论》，二十年中华书局。

谭　平　　《国库制度之研究》，十八年民智出版。

卫挺生　　《财政改造》，太平洋书店。

常乃惠　　《中国财政制度史》。

李权时　　《财政学原理》，二十年商务，其中大部分述英美财政法制。

罗介夫　　《中国财政问题》，二十二年太平洋书店出版，议论精审，为极有价值之书籍。

潘序伦　　《政府会计》，商务出版。

雍家源　　《中国政府会计论》，二十二年商务出版。著者于政府会计极有经验，故所论极切实。

杨汝梅　　《近代各国审计制度》，中华书局。

主计处	《岁计法令汇编》,现行财务行政法律具备于此。此外关于各部者,散见于各部法规汇编。
《二十年度国家普通岁入岁出总预算》。
《二十年度地方岁入岁出预算及概算》。
《二十二年度国家岁出十三类假预算》。
财政部	《十四年国家岁入岁出预算表》。

英国制度之参考书

Buxton,	*Finance and Politics.*
Durell, A. J. V.,	*The Principles and Practice of the System of Control over Parliamentary Grants*, 1917.
Hawtrey, R. G.,	*Exchequer and Control of Expenditure*, 1921.
Heath, T. L.,	*The Treasury*, 1927.
Higgs, H.,	*The Financial System of the United Kingdom*, 1914.
A Primer of National Finance, 1919.
Financial Reform.
Higgs, Rihard,	*The Control of Public Finance and Officials*, 1919.
Hills, J. W.,	*The Finance of Government*, 1925.
Locke-Lampson,	*An Outline of Financial Procedure in the House of Commons*, 1924.
Mallet, B.,	*British Budgets 1887-1913*, 1913.
Mallet and George,	*British Budgets 1913-1921.*
British Budgets 1921-1933, 1933.

Stamp, J. C.,	*Current Problems in Finance and Government*, 1925.
Sykes, J	*British Public Expenditure*, 1933.
Willoughby, W. F.,	*The Financial Administration of Great Britain*, 1929.
Young, H.,	*The System of National Finance*, 1924.

Annual Financial Statement.

Annual Finance Act.

Annual Finance Accounts of the United Kingdom.

Budget Speeches in Hansard.

Report from the Selected Committee on National Expenditure, 1918.

美国所出及论美国制度之书籍

Adams, H. C.,	*The Science of Finance.*
Cleverland,	*National Expenditure and Public Economy.*
Dawes, C. G.,	*First-year of the Budget of the United States*, 1923.
Thomas, A. G.,	*Principles of Government Purchasing.*
Willoughby, W. F.,	*The National Budget System*, 1927.
	The Problem of a National Budget.

Annual Report of the Director of Bureau of the Budget.

Annual Addresses of the President of United States.

法国所出及论法国制度之书籍

Allix, E.,	*Traité élémentaire de science des Finances et la Legislation financière française.* 1931.

附 录

Colson, C.,	Les finances publiques et le budget de la France.
Lèze, G.,	Le Budget 1910.
J□ze, G.,	Cours de science des finances et le legisation financière française the rie générale du budget, 1922.
Sourm, R.,	Le Budget, 1909.
Say, L.,	Pictioraire des finances, 1894.

Revue de science et de legislation financière.
Revues financières.

Schwarz, O.,	Formelle Finanzverwal ung in Preussen und im Reich, 1907.
Blachly and Oatman,	The Government and Administration of Germany, 1928.
Michel, Andre,	Le régime fisaal de L'allemagne Contemporaine, 1923.

日本制度散见于各种财政学书籍中而外尚有一专书

武藤荣治郎　　《会计法规通论》。

胡善恒学术年谱[*]

胡善恒(1897—1964),字铁岩,湖南常德人,历任中央大学、北平大学、中央政治学校、中南财经学院(湖北大学)等校教授。1949年前历任湖南省财政厅厅长兼湖南省银行理事长、财政部财政整理委员会主任秘书、行政院会计长、广东省财政厅厅长等职,1949年参与湖南和平起义,1950年任中南区财经委员会委员、中南区财政部专员。

1897 年(光绪二十三年)
　　2 月 8 日,生于湖南常德
1913—1914 年
　　上海复旦公学学生
1914—1917 年
　　上海南洋公学学生
1917 年
　　9 月—10 月,东吴大学法学院学生
1917 年
　　11 月,日本东亚学校,学习日语

---

[*] 关于生平介绍,参考胡庆超:《怀念父亲胡善恒——民国著名财政学家胡善恒的一生》,香港边缘出版社 2014 年版。

1918 年

4月—1919年8月,日本庆应大学理财科学生

1920 年

8月—1922年7月,北京大学经济系(毕业)

1921 年

在《社会主义研究》发表文章"产业管理问题的杂评""'劳动之世界'译成后杂谭";在《改造》发表文章"克鲁泡特金经济思想的研究"

1922 年

10月,任湖南群治法政专门学校讲师

译著《英国劳动组合论》(An Introduction to Trade Unionism)和《劳动之世界》(The World of Labour)由商务印书馆出版,原书作者均为英国的柯尔(G. D. H. Cole);在《社会主义研究》发表文章"社会改造前途之社会应如何?"

1923 年

5月—1924年7月,上海自治学院讲师

1924 年

8月—1927年1月,英国伦敦经济学院,研习

1925 年

在《东方杂志》发表文章"英国之预算案及其经济政策";在《现代评论》发表文章"关于沪案的伦敦通信"

1926 年

在《东方杂志》发表文章"原富一百五十岁寿言"

1927 年

5月—1931年7月,中央大学法学院教授

在《东方杂志》发表文章"在华之外国经济势力问题"

1928 年

在《社会科学杂志》创刊号发表文章"租税制度与国民经济生活";在《现代评论》发表文章"关于劳资争议处理法草案之商榷"

1930 年

在《国立中央大学法学院季刊》发表文章"土地增益税及英德两国施行之经验"

1931 年

8 月—1932 年 7 月,北平大学法学院教授

在《国立中央大学半月刊》第 2 卷第 7 期发表文章"澳洲规定工资之制度"

1932 年

8 月—1939 年 10 月,中央政治学校教授

1933 年

在《时事月报》发表"世界经济会议开幕前之列国经济状况""如何提高公债价格并调剂金融""五年来我国财政之考察"等文章;在《政治季刊》发表文章"劳动所得不平等之探讨";在《生路月刊》发表文章"统制经济与财政改造"

1934 年

《财务行政论》《赋税论》由商务印书馆出版,均列入"大学丛书";在《时事月报》发表"战时财政金融之准备""平衡预算问题"等文章;在《计政学报》发表文章"岁入岁出之意义";在《复兴月刊》发表"个人主义思想之嬗变与没落""有机的社会观与新国家之建立"等文章

1935 年

在《东方杂志》发表文章"平衡地方预算之方策";在《国衡》(创刊号)发表文章"白银外流与金融统制";在《时事月报》发表文章"所得税之课税范围";在《外交评论》发表"中英经济关系前途之展望:为李滋罗斯爵士来华进一解""中英经济关系前途之展望""国际对华贷款问题之检讨"等文章;在《半月评论》发表文章"读财政报告书感言"

1936 年

《公债论》由商务印书馆出版,列入"大学丛书";在《东方杂志》发表文章"财务行政职权之完整与脱节";在《外交评论》发表文章"我国法币政策与对外贸易之展望";在《政问》(周刊)发表文章"统一公债之效果""统一公债与复兴公债之利息问题""中美币制协定与法币之再铸""评本年度国家总预算";在《时事月报》发表文章"我国国债消化量之考察""战时财政之调度"

1937 年

在《边疆》发表文章"一年来之西北概况";在《新中华》发表文章"中国公债制度";在《时事月报》发表文章"论法币价值"

1940 年

在《九政月刊》发表文章"湖南之粮食管理";校订的蒋方正翻译的《赋税的归宿与效应》(Taxation: It's Incidence and Effects)由商务印书馆出版,原书作者是英国的薛尔弗曼(H. A. Silverman),该书列入"中央政治学校研究部丛书"

1942 年

在《经济汇报》发表文章"目前建立后方证券市场问题:现时证券交易所设置问题"

1947 年

2 月—10 月,中央大学法学院教授

1955 年

1 月—1964 年 11 月,中南财经学院(1958 年更名湖北大学,今中南财经政法大学)教授

1964 年

11 月 10 日,逝世

中国财政治理现代化的早期探索成果

——胡善恒先生的《财务行政论》导读

杨志勇

胡善恒先生(1897—1964)所著的《财务行政论》1934年由商务印书馆出版。它与《赋税论》《公债论》构成胡先生的"财政三论",较为系统地阐述了财政问题的几个主要方面。①《财务行政论》入选"中南财经政法大学经典文库",作为"先贤文集系列"的一种,2018年由经济科学出版社影印出版;此次由商务印书馆再版,可谓著作的回家之旅。"财政三论"在1930年代均列入"大学丛书"出版,既是大学教科书,又是专著,代表了中国财政学者对财政治理现代化早期探索的成就。

第一部分 总体看法及所涉及的主要问题

《财政行政论》所涉及的问题属于财政实务问题②,相关主题的

---

① 胡善恒先生有撰写《支出论》的设想,可惜未能实现。
② 英国财政学家道尔顿认为,财务行政不适合作为财政学原理的内容,而更适

研究成果极易停留在实务描述的表层,从而缺乏深度。但是《财务行政论》既有实务的内容,更有理论的阐述,做到了理论与实践的有机结合。《财务行政论》还有大量的各国制度比较的内容,甚至可以视为一部比较财政制度的著作。作为教科书,体系完整,且对较为成熟的理论和做法作了综述;作为论著,又有对合理的财务行政制度的探索性研究成果,特别是在关于超然主计制的分析上,有着鲜明的特色。

《财务行政论》作为1930年代出版的专著类教科书,如今再版有多方面的意义,兹列四条如下:一是记录当时的事,对于研究民国财政史有重要的参考价值。二是回应当时的重大财政问题,这对当今相关问题的解决仍有借鉴意义。三是综合运用国别比较研究方法,对合理的财务行政制度提出看法。四是通过财务行政原理的探索,促进财政学理论体系的构建。

民国时期的专有名词的用法与当今社会可能不同。随着时代的演进,具体制度或多或少发生变化,概括这些变化显然是一件浩大的工程,并非一篇导读就可以做到的。读者在阅读中,难免会将比较晚近的研究论著以及制度安排与本书的描述进行比较分析,在比较中一定会有新体会。

时光流逝,著作和制度不见得就过时。理论之树长青。制度合为事(时)而作。不同时间,不同事情,需要不同的制度。选择什么样的具体制度,需要考虑时代背景以及当时的约束因素。理论

(接上页)合作为现实研究。参见道尔顿:《财政学原理》,杜俊东译,商务印书馆1933年版,第5页。在汉语世界中,早期财政学教科书多数包含财务行政的内容。例如,何廉、李锐的《财政学》(国立编译馆出版,商务印书馆印行,1935年)分五编,第五编即为"财务行政与立法",参见何廉、李锐:《财政学》,商务印书馆2011年版。

逻辑和分析方法在新时期仍有价值。具体制度发生变化,但变化的逻辑分析仍在,后来人就有进一步阅读研究当时著作的必要。一部著作能否历经时代的考验,这是一个重要的判断指标。有一种说法是人文社会科学著作 40 年后还有人读,就算成功。这么说来,《财务行政论》初版至今近 90 年,意义就是显而易见的了。

现就其中的几个方面谈些初步的看法,供读者参考。

关于书名

关于书名中的"财务行政","序"的解释已经很到位。"政府财政"太宽泛,"预算"太狭窄,"财务制度"容易和私经济混淆,所以用"财务行政"。财务行政论,包括国家财务处理制度的全部,其他经费收入赋税、公债的讨论另有专著。如果按照现在的说法,那么这就是一部关于财政管理的论著,适应语言演变的现实,书名如改为"财政管理论",可能更适合时下读者的阅读习惯,毕竟"财务行政"在中国大陆已经很少用。不过,"财务行政论"的书名倒是提醒读者,这不是新著,而是一部带有民国时代特征的著作。

道尔顿(Edward Hugh John Neale Dalton,1887—1962)是对胡善恒先生有重要影响的人。① 道尔顿的《财政学原理》认为:"有的把

---

① 道尔顿是英国著名财政经济学家和杰出的工党领导人,其专业兴趣是在税收工具在收入和财富再分配中的运用。1923—1936 年在伦敦经济学院担任高级讲师,著有《财政学原理》。他是 A. C. 庇古和凯恩斯的学生,曾经担任英国的财政大臣。参见:Peacock A. (1987) Dalton, Edward Hugh John Neale (1887—1962), in Palgrave Macmillan (eds), *The New Palgrave Dictionary of Economics*. Palgrave Macmillan, London. https://doi.org/10.1057/978-1-349-95121-5_372-1。

财务行政(financial administration),视为财政学中一个单独的分支。本书并不讨论这个问题。因为可以应用到那问题的普通原理,比较少;而且在未讨论那个时,读者必须对于已存之财政制度,各方面都有深切的了解。所以如将财务行政并于财政学原理中,毋宁使之属于财政学之写实的(realistic)研究中为愈。"[1]财政行政论,比一般的财政学原理更深入,更接近财政实际业务。我们还可以作此理解,财务行政论是财政学原理重视不够的一个领域,它是理解财政活动不可或缺的组成部分。按此,财务行政论的基本原理应该在财政学原理中得到体现。道尔顿的《财政学原理》也提到,英国研究公共支出偏少,因为限制支出范围和数量,这是事实,但这不应该影响公共支出研究的现实意义。一方面,公共支出的范围在不断扩大,数量在不断增加,现实已经对支出研究有需求,另一方面,公共支出本身也需要深入研究,寻找其运行规律,从而提高财政资源的配置效率,促进公共服务水平的提升,推动国家治理的现代化。对于公共支出管理的研究,必须加强预算研究,加深对预算管理研究重要性的认识。

《财务行政论》从总体上看,研究的是财政管理的全部,但主要研究的还是预算管理问题。财政收入管理,特别是其中最主要的税收收入管理,税收理论研究论著会涉及;公债管理,公债理论研究论著会涵盖。当然,财政管理还应该包括宏观财政管理,这主要涉及财政政策。在胡善恒先生写作《财务行政论》的年代,宏观经济意义上的财政政策刚刚开始使用,财政学大规模引入财政政策的内容,还要等到20世纪50年代末马斯格雷夫的巨著《财政理

---

[1] 道尔顿:《财政学原理》,杜俊东译,商务印书馆1933年版,第5页。

论》的出版。因此,那个时代的财政管理论著,不涉及宏观财政管理是正常的。

关于结构安排

《财务行政论》全书除序和附录外,分五编四十一章。需要注意的是,第四编的标题是"财务行政"。作为编题的"财务行政"的内涵显然要小于书名中的"财务行政"。该书的"财务行政"只能作广义与狭义之分。狭义的"财务行政"还是广义的"财务行政"之最主要的内容。第四编"财务行政"有18章,160余页,几占全书一半篇幅。

第一编"绪论"阐述一般理念、预算的本质、预算语意的来源、岁入岁出的意义、财务制度与宪政的发展以及民国预算决算史。第二编"预算之编成"分别介绍预算编制机关与程序、预算种类、预算时期、预算数额的计算方法和预算书式。第三编"预算之议定"的内容包括设定预算的意义、审议时期、预算议定程序、预算议定范围、准款程序、两院的议定权、预算的成立与不成立。第五编"财政之监督"共五章,分别介绍监督的目的与类别、审计的职分、各国审计制度、审计的效力以及决算的审议。前三编基本上都可以算是预算的内容。第四编的内容以预算为主,偏重预算执行,涉及预算执行相关的具体问题。由于审计的对象仍然主要是预算的执行情况。第五编的重点是审计(国家审计、财政审计)。

"序"对每一种制度分析的结构安排都作了说明,先讲原理,再用各国制度施行效果作为佐证,通过各国制度比较以辨别其臧否,同时对中国制度的问题一一详加说明。"各国"主要是发达国家,以英国、美国、法国为主,也涉及日本、德国、比利时等国。英国是比较和借鉴的最主要对象。胡善恒先生留学英国对英国了解更多的因素不可忽略。胡善恒先生在"序"中介绍与本书相关联的两位英国人,一是拉斯基教授,[①]十年前拉斯基教授交待作者比较各国财务管理,并说财务行政是英国特产值得介绍;另一是前述的著有《财政学原理》的道尔顿博士。当然,他对英国制度的长处也作了相应的剖析,也就是说,他并不是唯英国马首是瞻,而是在提出某种观点的同时给出证据。对于各个比较对象,他均进行分析,虽详略不同。各国预算制度研究所用到的比较研究方法,不仅在当今的财政学研究中得到广泛重视,而且从中国财政学发展史来看,几乎每一部财政学论著都涉及财政制度和理论的比较研究。比较研究常见的同时却是现实中直接以比较财政为主题的教科书极为少见,[②]这种奇特的现象显然值得关注,到底是比较财政学研究没有价值,还是比较财政学研究缺乏应有的深度?

关于主计制的争论

民国时期的主计处成立于1931年4月,直接隶属于国民政府,

[①] 拉斯基(Harold Joseph Laski,1893—1950),政治学家,民主社会主义者,1920年担任伦敦经济学院讲师,1926年起任伦敦经济学院政治学教授。参见 1. Britannica,The Editors of Encyclopaedia. "Harold Joseph Laski". Encyclopedia Britannica,26 Jun. 2022, https://www.britannica.com/biography/Harold-Joseph-Laski。2. https://www.jewishvirtuallibrary.org/laski-harold-joseph。

[②] 如邓子基主编的《比较财政学》(中国财政经济出版社1987年版)、张馨著的《比较财政学教程》(中国人民大学出版社1997年版,2004年第二版)、杨志勇著的《比较财政学》(复旦大学出版社2005年版)等寥寥数本,比较财政学论著屈指可数。

对于五院(立法院、司法院、行政院、监察院及考试院)立于对立地位,设有主计长一人,其下分设岁计、会计、统计三局。

凡属计政,都由主计处办理。岁计局与会计局的职权,都和财务监督有关。主计处接管之前财政部会计司主管的事务以及各机关关于办理预算决算会计的事务,总揽全国计政。财政监督不仅从形式上监督,而且必从实质上监督。主计处关于监督的工作,包括统一会计制度、会计独立的实施、收支报告的编制。

1932年5月,立法院通过全国财政委员会条例,这是一个特别有力的监督机关。对于主计处的设置,胡善恒先生本来就持反对态度。他认为,在主计处存在时,设立这一委员会,是因为主计处太软弱不能履行职权。

关于会计独立,胡善恒先生有四个疑问:第一,会计主任管理各机关支出,都根据预算,但预算编制极不确实,难于作有效管理。第二,会计主任管理,必须有权力贯注,但主计处不对此安置负责,且不知对谁负责,会计主任不敢拒绝支出开罪同事。第三,支出能否节省、增进效能,都和支出方法有关,但方法由政务长官定,会计长没有这职权。第四,设置主计处造成浪费。(第243—244页①)

胡善恒先生认为,会计独立有必要,但应当划作财政部的管理权。"若使主计处存在,将置财政部于何处?考原来主张计政独立者,或出于个人之偏见,或出于不理解此制之运用,必欲剥夺财政部之理财权而后已,铸成大错,遂使我国全部财务行政,至于支解。表面看来,会计独立,似若可以管理财政部,而不知叠床架屋,无裨实用,而其为害之烈,益使我国财务制度,不能作有效之整理。近

---

① 只注页码的,为本书页码。下文同。

来群以扩大政府组织为骛,不对于国家国民负责,无可置谈,徒若吾民之事小,而不能产生健全之政府,其罪甚大也。"(第244页)

"主计处之职权方在逐渐推行之中,至将来究能有何实际效果,此时殊难逆料,倘使主计处能澄清财务行政中之各种弊端,实国家之厚幸。然揆之英美各国之制度,与其成绩,不禁令人悾然心忧,至今使主计处之职权,不能充分行使发生若何效力者,则为权力之机构,配置错误。……主计事业之独立行使,在根本上即有错误,以故数年来主计处所努力者,都为形式上之工作,即形式上之工作,亦未能依法做到,至于财务行政在实质上之改革,仍付阙如。""财务行政上之管理权,俱当交还财政部,并使财政部能充分负起此责,若是从中多置机关,不仅增加行政上之麻烦,且使各机关互相推诿,财政部亦不能指挥全部财务行政。"(第245页)

显然,在胡善恒先生看来,设立新机构不一定能解决问题,反而浪费金钱。对于超然主计制,何廉、李锐在《财政学》中持支持态度。他们认为:五权分立下,编制预决算与实行行政监督的职权,应属一超然主计机关,此为事实上之需要。理由是,编制预决算及实行行政监督的机关,如为行政院内的财政部,则是行政院有控制及监督其他四院之权,似与五院各自独立之精神相径庭。主计机关,应处于超然地位,直属国民政府,而不宜属于任何一院。①

马寅初先生的《财政学与中国财政——理论与现实》(商务印书馆1948年初版)的第一篇"超然主计与联综组织"的内容包括预算之编制、核定与审议,联综组织与超然主计、公库制、审计监督②,

---

① 何廉、李锐:《财政学》,商务印书馆2011年版,第486页。
② 参见马寅初:《财政学与中国财政——理论与现实》,商务印书馆2001年版。

所涉的都是胡善恒先生的《财务行政论》所对应的内容。关于预算编制,马寅初认为,主计处或财政部编制预算都各有理由。从编制技术上看,他主张"兼采内部编造主义和外部编造主义"。他指出,预算是事先提出估计数字,问题不在估计,而在谁负责估计。所谓内部编造主义,指的是机关内部编造估计数字;而所谓外部编造主义,指的是外部的专家编造估计数字,他主张维持现状。① 与此同时,马寅初也看到超然主计不能完全实现的问题,并分析了原因。② 马寅初对主计处运行十几年的情况所作的评价并不高。由此可见,马寅初先生至少对超然主计制的效果并不满意。这也进一步说明超然主计的落实是有条件的,至少在当时不能适应中国现实。

关于主计制,这是胡善恒先生与卫挺生先生③争议较大之处。胡先生甚至认为主计无法超然,卫先生作了解释和回应。《东方杂志》曾刊发一组争论文章。④ 今天我们回顾这场争论,不在于结论是什么,而在于什么样的机构设置最有利于公共服务效率的提高,最有利于财政资金效率的提高,最有利于国家治理体系和治理能力的现代化。条条道路通罗马,或许两种说法都有道理,问题取决于在什么条件下怎么办。遇到什么事就要成立机构,机构林立,问

---

① 马寅初:《财政学与中国财政——理论与现实》,商务印书馆2001年版,第32—38页。

② 同上,第90—92页。

③ 卫挺生(1890—1977),湖北枣阳人,联综组织建设的主要倡导者,1928年10月担任立法院立法委员,参与起草一系列财政法规。1934年,与潘序伦等人发起成立中国会计学社。

④ 参见卫挺生:《主计制度释疑》,《东方杂志》第33卷第5期,1936年;卫挺生:《主计制度再释疑》,《东方杂志》第33卷第13期,1936年;胡善恒:《财务行政职权之完整与脱节》,《东方杂志》第33卷第11期,1936年。

题不见得就能解决。或许先依赖现有机构,再作延伸更合适,毕竟这可以节约行政成本。

制度很重要,但如果制度不能得到有效的执行,那么也无济于事。财政困难,财政秩序紊乱,最后结果可能是亡国。《财务行政论》强调财务行政的健全,一靠制度,二靠运用制度的人员,且二者相互为用。这里可见制度与人两个因素缺一不可。《财务行政论》专论制度,但在序中也列举了若干整理财政见称者。好的制度,得有称职的人来执行。一种制度如果不能适应实际情况,无法找到落实的人,那么这样的制度也不是好的制度。今天,随着现代国库制度管理制度的建立,随着政府采购制度的健全,随着信息技术的应用,财政管理理论需要与时俱进,但这不等于这部书已经过时,为了解决问题而设计制度的探索,所提供的的经验启示,将继续帮助当代人。

第二部分　编章导读

《财务行政论》编章安排不同于现在的著作,除了前述的各编篇幅不均衡之外,各章的篇幅差别很大,有的章实际上就是节。各章可以理解为各个不同的知识点。下文依各编次序,略作导读。

第一编

第一编为"绪论",分六章,对理念、重要性、基础知识及历史作了概括。读者由此可以从总体上把握财务行政问题。

第一章为"一般理念",从财务行政之于国家的重要性入手进行说明。"近代国家,皆以稳定财务行政之秩序为急图,而财政秩序之是否稳定,俱可从预算观察出来。国家行政俱按照预算执行,则百政之施行,有条不紊,国家信用,亦以之增高,故预算与财务行政之研究,在财政学中占重要地位。"(第1页)"近代文明国家,皆有预算制度"(第1页)。预算制度施行有经济和政治的两个前提。货币制度发达之后,才有预算编制。政治文明达到一定水平,预算的效力才能体现。否则,预算就会"实等于无"。预算的重要性,可以从六方面来看:第一,维持财政秩序。第二,便于财政的整理。第三,使财政公开。第四,表明财务行政上的责任。第五,证明国家的信用。第六,便于监督。总之,只有理念确立,财务行政才可能按照国家的发展需要进行。

第二章为"预算之本质",从财政统制、法理、政治、行政四个方面对预算的性质(本质)进行阐述。第一,预算在财政统制上的性质。预算是国家会计账本,是财政统制(控制)的根据。第二,预算在法理上的性质。从法理上看,有三种观点:预算是法律;法律有时是法律,有时是行政;预算不是法律。三种观点各有依据,但作者认为,如按照一般法律的性质来度量预算,那么预算实不能算作法律。当然,预算自有其法理性存在。第三,预算在政治上的性质。从政治上看,国家预算必须经过立法机关议决后,才能成立。第四,预算在行政上的性质。从行政上看,预算在执行时,免不了随时变动。预算只能作为财政的预定计划,不能认为是必然的计划。

第三章"预算语意之来源",介绍预算一语英文、法文 Budget 的来源,最初来自拉丁语 Bulga,传于法语,有 Bouge 和 Bougette 等字,意义都是皮袋钱囊,后来传到英国,英语才有 Budget,意义不变。Budget 是皮袋钱囊,或皮包。英国财政大臣出席大会,带着皮袋,内有各种财政法案文件,故后来预算制度确立时,直接将皮袋当作现在的预算。预算的意义称之为公共团体之收支提案,源于法国。

第四章"岁入岁出之意义"。国家岁入就是一个会计年度的各种收入。一年中所列岁入,供一年度预算中所列岁出之用。岁入类型包括强制收入、公价收入、两性收入(强制兼公价)、自由收入和信用收入五类。岁入与财政岁入的关系,经济岁入、财政岁入、会计岁入,预算法上的岁入,需要比较。预算法上的岁入,既不是经济岁入,也不是会计岁入,而是财政岁入。岁入,是一会计年度一切收入总额,与应退还的收入,及其上年度的结存。上年度结存,归于本年度的,应作为本年度岁入。应退还的收入,不是财政收入,而是会计收入。

国家岁出,是属于一会计年度充国家需要的各种费用,可以分为四类:关系国家福利政事的支出、关系国民福利政事的支出、关系国族福利政事的支出和关系各政事尚未摊定的支出。各类支出,也有必要从经济、财务、会计的意义,加以辨别。预算上的岁出,以财政岁出为主,但有不实不尽之处。预算法,岁出是一会计年度一切费用的总额,与退还金,及预算准备金。岁出包括预算准备金、退还金和费用总额。

第五章"财务制度与宪政之发展",从政治视角分析财务行政制度的演变,所涉外国包括英、法、美、德、日,最后再介绍中国的情况。这几个国家预算制度的成长,与国家的近代化有着密切联系。没有政治上的变革,就不会有近代意义上的预算制度。通过比较,我们可以更清晰地看清中国的财务行政制度。中国在专制时代,无所谓预算制度,一直到晚清才开始编制预算。宣统二年(1910年)是中国第一次办理预算。民国成立后,随着政治制度的变化,预算的编制至少从形式上是不可或缺的。

第六章"我国预算决算史",介绍民国成立以来预算决算的发展史,仅二十余年,但这是近代意义上的预算决算在中国的系统展开,有着特殊意义。预算决算的推行绝非易事,受经济政治军事等多因素的制约,形式上的预算决算相对容易做到,但预算决算效能的真正实现,需要各种条件的配合。在这二十余年间,1920至1924年预算的编制甚至都中断,可见预算决算成长的曲折;预算编制主体从财政部会计司变为主计处,这是一个重要的改变。

第二编

第二编为"预算之编成",共五章,为预算编制的基础知识。预算程序有四:编制、议决、施行与监督。预算编制,就是将国家的岁出和岁入,编成一本文书,送交立法部(人民代表机关)议决。在立法部通过之前,都可以说预算在编制期中。预算的编成,是预算程序的第一步。预算制度要达到良好的要求,首先要编好预算。这里涉及三点:一是编制机关。二是编制时期。三是如何编制。

第一章为"预算编制之机关与程序"。预算编制机关有两种类型:一是行政部独立编制;二是行政部与立法部共同编制。行政部独立编制优点突出,具体编制中又有总编法(由行政首领或财政部长监督各行政官厅编制预算,汇集成册,提交立法部)和分编法(由各行政机关各自独立编成预算,提交立法部)。作者认为总编法较优。分编法容易导致经费膨胀。

关于预算程序,该章介绍行政部编制预算所涉步骤:第一,一国施政方针和政策,经内阁商决,其有应行变更或增办的建设事业,须遵照立法院通过法律办理。第二,行政部在全国各有各种大小机关,履行各种职责,所需经费,本机关知悉详细;各种事业如何办理,可以节省经费,效益最大,也是行政人员了解最多。各下级机关编制好,送呈上级机关,再转呈主管部院,各部院再审查是否有违背行政方针。各下级机关预算,汇齐审定之后,经各主管部院行政长官许可,就可以认为这是根据长官的行政方针而编制,由行政长官负责。通常各部院长官忙于政治问题,预算事项都由常务次长负责。第三,总预算编制的责任在财政部,或其他特定机关。如在财政部,财政部对于编制预算所负的责任有三:一是编制总经费预算;二是编制全部收入预算;三是代表内阁向立法部提出总预算,并加以说明。各国政治制度和权能分配,各不相同。行政部编制预算程序,大都相同,但预算创制权,有三种情形,英国完全属于行政部;美国以前属于立法部,后改为行政部;法国及大陆各国,由行政部和立法部共同编制。该章还对英、美、法、日、中等国的预算编制程序作了详细说明。

第二章为"预算种类",详细介绍总额预算、特别会计预算、追加预算、非常预算、继续费和纯计预算。所谓总额预算(comprehensive budget),是全国各项岁入岁出之数,无论大小,都编制在一部预算书内,成为一部整备预算,让读者对国家财政的全部情形一目了然。总额预算又称一般会计预算(universality)。所谓特别会计预算(specialization,special funding budget),为某种事业就其范围内所有收入和支出,成为一部预算,将该事业的损益,披露出来,让世人明了该事业的经营状况。对于特别会计预算,作者认为有破坏统一预算之弊。

追加预算(additional budget)，是补充前次编制预算的不足，以维持新的收支平衡，成为新的总额预算。追加预算要避免滥用。

非常预算(extraordinary budget)与平时预算(ordinary budget)相对。非常预算是解决未能编入平时预算的支出问题，非常事故所致经费突增，不能不与岁入方面求增加之外，还必须裁减平常原定的经常与临时经费，以维持新的平衡。

第三章为"预算时期"，涉及预算期间、预算年度之起讫、预算编制时期等内容。预算期间，有一月的，有半年的，有一年的，也有数年的。一般都为一年，成为预算年度(budget year)或财政年度(fiscal year，会计年度)。一年制的预算，便于预测，便于计划，合乎季节，合乎民情，因此较为流行。预算年度有历年制(自1月1日开始，12月31日结束)、四月制(自4月1日开始，3月31日结束)、七月制(自7月1日开始，6月30日结束)和十月制(自10月1日开始，9月30日结束)。预算年度的形成有惯例因素，有特殊因素。作者认为四月制最合理。但是，预算年度的更改，所涉问题太多。

预算编制时期，当与预算年度开始之期，相距不远。该章介绍英、法、美、日、中等国的做法。

第四章为"预算数额之计算方法"。各项岁出岁入数额，必须预算正确，收支双方，俱能适合，执行时才不会困难，预算才有效力。正确的数额，涉及计算标准和计算方法问题。各国通用的岁入计算法有：第一，以前年度实收数额为标准而计算的方法。第二，就前年度实额为标准加以增减的方法。第三，以前数年度平均实数而加以增减的方法。第四，直计法。观察上年度决算，推测本年度的变动,而酌量决定各项收入的数额。前三种方法实际上都是基数法。第四种方法需要推测。

岁出预算所采用的标准有三:第一,前数年岁出实计平均额。第二,本年度所需新事业费的据实计算。第三,预测本年度物价变动与工资趋势,或涨或跌,对于各项数额,作相应增减。

该章指出,预算编制责任,非托付给行政部不可,而且非行政部负起此责任不可,若行政部不肯节约,则立法部监督再严密,终归无效。

第五章为"预算书式"。预算书式,即预算书的格式,必须明确,让岁出岁入内容完全披露。该章介绍这样的预算书式需要具备的条件,还介绍英国、美国和中国的预算书式。预算书式随经济社会发展而变化,但相关内容可以作为历史资料参考。

第三编

第三编为"预算之议定"。预算的议定是预算管理的一项重要内容。第一章"议定预算之意义"就对议定的重要性进行阐述:预算不经人民代表议定,只是行政预算,而不是法定预算。议定预算一方面尊重人民代表的议定权,另一方面也为各种方法得到完善。该章还指出,最健全的政治制度,当以民意机关为一切政治的策源地,但人民所选出的代表,不必明了一国的政治情形与对于各方面之运用。因此,预算之议定,是为行政部根据政治实情拟定计划而编制的预算,由立法部予以核准。

预算议定涉及许多具体问题。第二章为"审议时期",指出:以财务行政之秩序而论,先有预算的议定,而后行政方有所根据,故议定必须在预算年度期开始之前,立法部审核预算,需有相当时日,若遇有重要案件,则期间且须延长。该章指出各国不同的做法,并以中国、日本、美国、英国为例作说明。英国的做法比较特殊,预算年度开始后五个月才能全部通过。

第三章为"预算议定之程序",介绍中、英、法、美、日等国的做法。各国国会组织不同,立法部议定预算的程序也有差异。预算通过,必须经大会表决。大会讨论预算,必须明了其详细内容,作为讨论依据,这就要对预算进行审查。审查可以通过预算委员会,而预算委员会的组织有两种:一是全院议员开会讨论而称之为委员会的;二是另设常置委员会。这两种组织各有利弊。前者全院议员都可以发言,但容易引起纷争,审查不能得出结果;后者容易为多数党操纵,但少数委员常能作有效审查,关键在于委员会人选是否得宜。

立法部议定预算,在审查之后,有一次总议定与分议定两种方法。前者预算可以早日成立,后者预算成立需时较久。对国外做法的介绍,唯英国较为详细。英国审查预算,为全院委员会,通过预算,又逐编通过,通过虽似简捷,但手续甚周祥。

第四章为"预算议定之范围"。预算以通过为原则,这是预算法案与其他法案不同之处,其他法案或可延缓或取消,但政府财务行政,一日不可中断。议会之议预决算,包含收入支出的全部,以实现事前监督。岁出预算议决范围,虽然包括全部预算,但实际上分两部分,确定性部分成为长期间的预算,每年审查议决的,只是有变更伸缩性的部分。

岁入预算,也要经过立法院通过。各种收入中,有永久和暂时两种性质的收入。永久部分,不必年年通过,而暂时部分,如赋税税率变更、新兴赋税及征收方法的变更,则必须通过后才能执行。国家所需经费,年年不同,岁入之数,以适合岁出为度。

第五章为"准款程序"。立法部通过预算,与准许行政部从国库动用资金不是一回事。预算通过之后,必须立法部准许行政部按照预算通过的数额,从国库拨用,行政部才能领款。否则预算虽然通过,但是行政部仍然无领款之权,也无从执行预算。这就是说,预算通过之后,还得下达预算,否则拨款无法进行。由于各国国库体制不同,具体操作上有差别。国库由行政部掌管的,则国库的出纳,不必经立法部核准,行政部有自由动用之权。多数国家如中国、日本等,都是如此。英国情况不一样,国库由国会掌管,必须有准款这道手续。该章对英国的情况作了具体介绍。

第六章为"两院之议定权",涉及议会体制。在一院制下,一院有决定预算案的最后权。在两院制下,预算议定涉及两个问题:一是预算的先议权归属;二是两院的议定权是否有差别。先议权都属于下院。议定权有两种:一是英、法、日等国的做法,下议院通过的预算,转送上院,上院不同意,可以修正,退回下院,征求同意。如下院同意,即为通过。如下院不同意,再折中,成立预算案。如两院意见始终不一,则预算不成立,退回行政部重编。二是英国的做法。议定权完全归属下院。

第七章为"预算之成立与不成立"。预算案经立法部通过,经一国元首公布,从会计年度开始之日生效,预算案成立,但也有预算不成立的,主要原因有:立法部不存在(因故解散,无从行使职权);立法院没有讨论预算;讨论而没有议决。对于专制国家,预算不成立,无足轻重。对于宪政国家,这是国家重大问题,收支缺少法律依据,必须有救济之法。主要有:一是通过信用准款;二是动用准备金;三是照前年度通过预算施行。在当时的民国,预算如不成立,还涉及假预算问题,假预算经国民政府公布后,与法定预算有同等效力。

第四编

第四编为"财务行政"。书名为《财务行政论》,书中又有一编以"财务行政"作为标题,总有点蹊跷,由此衍生出财务行政的狭义和广义。若不细究标题,只就内容而言,本编当为全书的核心内容。

第一章"财务行政之职权"还是首先界定"财务行政"。据此,财务行政即"行政机关按照预算规定之岁入岁出,执行收入与支出因谓为财务行政。"(第163页)政府的财务行政权和一般行政权都是人民代表机关所授予,但财务行政权有自己的特质,包括三点:第一,财政管制权是人民奋斗而来。第二,"各种收入和支出,无一不与国民经济生活,息息相关,又为全国一切行政之所由系,从财政所加之统制,可以及于全般。"(第163页)第三,国家之职分,必须推广范围。许多公共生活事业,有由国家办理的必要,规模宏大的更是如此。国民经济生活以国家为单位,这样,"国家如何以财政力量,运用全国国民之经济能力,以发展国家经济,是今日立国之极大问题"。(第164页)财务行政的重要性由此可见。那么如何才能让政府胜任而有效地履行财务行政职责?

财务行政要严守两个原则:一是充实财务行政力量;二是节用财务行政力量。他认为,财务行政可分为四项职分,即计划财政、经理财政、管理财政和清理财政。关于计划财政,书中是这样说明的:"计划财政之事,大部分皆用在编制预算之时,谋岁计与现计之适合。"(第164页)所有财政计划,当根据政府行政方针制定,而行政方针由行政部和立法部共同决定。行政部根据国情需要,拟定计划,经立法部审查后,予以许可通行(第164页)。为什么要一年规定一次?目的在于适应现情,在一年度的短期间内,可以贯彻而无缺。即使有变化,如紧急变故发生,财政政策变更,也可以从容应付。战争发生,其他支出压缩,转移为军费。国内发生灾难,国民生产力减损,收入减少,而补济人民的经费增加,要谋收支之新适合,需谋新的税收,或发行公债(第164页)。

关于经理财政,所指的是:为征收赋税及各种收入,发行公债,管理国库,发放经费,及举办与财政有关系的事业,如造币印刷,公共建筑之类(第165页)。

关于管理财政,所指的是:对于征收机关,考核其是否确实,各机关支出,是否符合预算规定,还需斟酌实情(第165页)。

关于清理财政,所指的是年度终了结算一年度各项收支账目,以便送审计部审核之后,转达监察机关,解除施行的责任(第165页)。

在胡善恒先生看来,"财政部为经理财政之机关,当同时以计划管理清理三项职分,俱责其负责执行,财政部的行政能力加大,是谓充实财务行政力量"(第165页)。财政部需要同时具有计划财政、经理财政、管理财政、清理财政四项职责(具体论述详见第165—167页)。这一章是理解胡善恒先生的预算编制权归属的重点。四项职责不可分,是其主张的理论基础。

四项职责集中在财政部,事情多,财政部是否有能力都照顾到,也是一个问题。因此,财政部必须节用力量,增进财务行政的效能。这取决于两件事是否做好。其一为制度之关系,其二为人事之关系。关于前者,财务行政制度的健全敏活,必须具备四个要件:1.财务行政组织之统一,与责任之贯注。2.各项职务之分划,必须合理化、简单化、整齐化、敏捷化、专责化。3.严守预算及各项财政法规之规定。4.各部分须有适当之管理机构,不重复而又易发生效力。关于后者,服务者必须忠于其事,人人忠诚廉节自矢(立志不移),以增进财务行政效能为信条。(第167—168页)

《财务行政论》谈论的是民国时期的问题,读者欲加深对具体问题的理解,有必要适当了解民国政制。①

好的制度,还要用好。针对当时消磨财政部精力最多的是经理收入问题,胡先生认为,征收机关,可置于财政部本部之外,隶属于财政部,使其稍得独立,不以征收机关为财政部长荷包中物,同时税款公开,从而减少各方面对财政部的怀疑和猜忌,这样,财政部从上加以指挥管理,与管理全国各机关的支出相同,左手管理支出,右手管理收入,全国财政,方可作适当之统制,比之两手紧抱征收机关者,其效能当大不相同(第168页)。关于财政部本部的机构设置,他认为,只须设财务司(主管关于一般财政与国民经济事项)、经营司(主管对于各机关收入与支出事项)、清理司(主管各机关会计报告与人事事项)三司,即可处理财政全部事项。财政部之外,又须有几个经营财政事业之机关,受财政部指挥,包括间接税局、直接税局、支付署、造币厂、中央银行之代理国库部分、印刷局、国债基金保管委员会(第168—170页)。

总之,财政部要成为统制全国财政之机关,就必须充实财政部力量,节用其力量。那么具体又应该怎么做呢?

---

① 参见钱端升等:《民国政制史》,商务印书馆2018年版。

第二章介绍各国财政部之机构与职权,涉及的国家有中、英、美、法、德、日,其中,又以关于英、德、日的制度介绍较为详细。第二章介绍的是总体,在财务行政的具体内容部分,仍有更进一步的说明。理解《财务行政论》,需要对财政部的机构与职权有充分的理解。

第三章至第六章都属于经理财政方面的内容。

第三章介绍收入行政,重点是收入程序,着重介绍中国和英国的情况。作为中国的论著,问题是中国的,自然要着重介绍。本国问题如何解决?英国具有最重要的参考价值,因此需要重点介绍英国。当时中国各种收入,一向由各部分别主管,数额较大的有代价收入[①]与赋税收入。结合现实,重点介绍关税行政(关税署负责关税税务之事,海关总税务司办理征收行政之事)、盐税行政和税务署。不仅仅是介绍现状,而且对历史作了全面的回顾,这有助于从历史的视角理解现状。

第四章介绍支出行政,重点是支出程序,着重介绍中国、英国和日本的情况。经费支出的重要性,在于偶有不慎,就是国家的损失。为此,经费支出通常要严守三原则:一是各种支出,必须符合预算的规定与目的,不得有流用或超过;二是各种支出,必须属于会计年度者,其有补发上年度的支出,或预付下年度的支出,也必须符合预算的规定;第三,各种支出必须付给正当的债主或代理人

---

① 英国经济学家道尔顿将公共收入分为租税收入和代价收入(selling price)。公共机关对其所供给的特种服务或货物所收的代价(price)(包括对于使用公共产业所加之代价)。代价是私人因其与公共机关的契约而自动缴纳的,而租税是强迫缴纳的。参见道尔顿(H. Dalton):《财政学原理》,杜俊东译,商务印书馆1933年版,译者序第4页和正文第26页。

而无误。支出必须遵照一定程序办理,并有管理和监督。支出管理有事前和事后之分。支出有两道手续,一是决定支出,二是实行支付。各行政机关决定支出权。在预算规定范围内,各行政机关斟酌情形,决定何时支出及数额之多少。支出制度分为两种:一是统一支付制。各机关有决定权,而实行支付权由财政部设立一专营支付的总机关掌理。二是各机关自任支付制。各机关按期照预算规定的总数额,向国库或其上级机关领款一次,款由各机关保管。比较二者,对于前者,支付总机关可以对于任何一项支出,逐项稽核,稽核较严。对于后者,各机关自主权较大,但也有弊端,包括执行预算没有稽核,财政部失去支出之管理,财政部未能履行国会所赋予的职责各机关活款难免有浪费与错误,各机关保管活款,数额大,对国家不经济,等等。

在当时,统一支付制,只有英国实行,而其他各国都采用第二种制度。因此第四章重点介绍英国支付制度。英国支出有两种,一是公债本息之偿付;二是各机关经费的支出。财政部从国库领到国款,并不经手偿付。公债本息偿付由英兰银行(现在通常译为"英格兰银行")代为偿付。各机关经费支出由支付官署(Paymaster general office)负责。

中国支出行政,沿用各机关自任支付制,第四章有较为详尽的介绍。日本支出制度介于中国和英国之间,但相关介绍较为简略。

第五章是"国库制度"。国家收支由各机关官吏执行,但现金保管必须另外有一专营机关负责,使收支与现金保管分开。这就要求设立国库。本章介绍三种国库制度:第一,统一国库。国家各种收支都由一个国库掌管。第二,行政局部金库。各行政机关收支任各机关自行设立金库保管。第三,各官厅金库。各官厅各自为政,各设立金库,掌理本机关出纳。

国库应当统一,这又有三种不同制度:第一是独立国库。第二是委托银行代理制。第三是银行存款制度。三种制度各有优缺点。本章介绍英、美、法、日以及中国的国库制度。独立国库制,行政成本高,私藏国家资金。委托银行保管国库制,行政成本高问题解决,但私藏资金问题没有解决。银行存款制,不仅可以免除财务上的繁杂,又可以收调剂金融的效果。英国采用银行存款制。美国开国后,国家收入存美国各银行,各银行竞存,1837 年大恐慌,银行倒闭者多,国家不免于损失。1846 年改行国库独立制度。1861 年,国家银行成立后,银行代为汇付。法国的情况与英美不同。财政部收到各种收入之后,预计各时期各机关各项支出数,如数准备,到期或指定征收机关拨付,或由财政部直交,或由银行汇交,如有余存,则存款于法兰西银行。需要注意的是,法兰西银行是官商合办,但财政收支,并不是全部委托办理。日本采用统一金库制,1921 年改行存款制,由政府命令日本银行处理国库金之出纳。中国在中央银行设立之后,1927 年颁布金库条例,总金库及各分金库事宜,由中央银行掌理,由中央银行总行总其成。

第六章是"国库之掌管"。预算制度能否完全施行,国库掌管,除英国外,很少有完备制度,因此本章详细介绍英国的做法。

第七章至第十四章属于管理财政方面的内容。

第七章和第八章分别是"财务行政之管理"和"各国财务管理制度"。国家预算,表面上是在维持收支平衡,以便整理财政,而实质上是在求国家的财政信用,及增加行政效能。预算能得到执行,不仅本国人民对政府信任,人心安定,社会经济得以和畅,而且国际地位因财政信用很好,也得以提高。

执行预算能力,可以通过行政效能来度量。预算通过之后,关键在于执行。预算不能有名而无实。财务行政管理必须有一中枢机关,才能比较各部各机关的效能。财务行政管理的中枢组织,其组织是否健全,是否适合于管理支出,是否能收管理之效,与组织本身有关。这有三种情形:一是财政部管理制(以英国最有成绩)。二是行政首领管理制(以美国为典型)。三是委员会制度(不合于实际用途)。

就当时中国的财务行政管理问题,常归结为太穷,但其实不然,浪费问题很严重。

第八章比较中国、英国、美国的财务管理,指出中国的管理是无能力的管理,英国的管理是有效管理,美国的管理是进步的。该章称英国的各部间之部务会议是一种好的制度,可以促进行政效能,没有固定组织,各部遇有组织上或财务上之问题,则由财政部于主管机关之官吏开会讨论,作为报告,以供财政部及各部之参考。该章还介绍法国和比利时的财务管理制度。

第九章为"人事费与物品费之管理",分述人事费管理和物品费管理。各机关人员之任用,皆须经铨叙部核准。审核大多为人员资格等问题,是表面文章。物品费管理有集中制与分散制之分,各有优缺点。英国采用集中制。

第十章为"科目流用",第十一章为"预备金",第十二章为"非常准备金"。三章之间关系密切,都涉及经费不足时的应对问题。科目流用(virement)是"将一项事业规定之经费,因不得已事故,或由于物价之腾涨,或由于新生事故,原来规定之经费不够用,于是将他项或他数项经费之支出,节省下来,或停止他项经费之支出,以弥补此项事业经费之不足,务使一机关或一事业之总经费数额,不致超过预算数。预算书中,依经费之性质,分为门类纲目。于是有各目间之流用,有各纲间之流用,而称为科目流用"(第263页)。这里的关键点是,经费的调剂使用必须在一个机关或一项事业总经费预算数额内进行。

科目流用的好处是适应情况变化,特别是重大事项发生,非支出不可的情形。守经达权,坚持原则而能变通。有必要时,财政部审查核准,流用机关长官,得以表面责任,并非一意孤行,破坏预算。(第265页)财政部核准流用,情形有:原定预算数不够,举办新事业之用,军费,补助费。有流用办法,不必在各项目均估定较高数额,分作准备。(第266—267页)科目流用,最会破坏预算,非不得已,不宜使用。滥用,足以破坏预算,限制。

英国集中财务行政制度,各机关之流用,须经财政部核准,且不得超过一机关或一事业之总经费数额以为限制。其他各国,无中枢管理机关者,各机关可以自由流用,无从限制,难免不有弊端发生。

预备金是预算上特别设置的一项基金,但未明确用途。国家遇有临时发生的紧急事故,需要支出,但未列入预算,或列有预算而原定数额不够,依靠一定手续,可以动用此项基金。预备金与科目流用有异同。同在于二者都是为解决预算不足的困难。异在于用途上,科目流用的用途范围已经规定,预备金却未规定用途。从数额上看,科目流用可大可小,预备金则限于一定数额之内。从程序上看,科目流用在先,科目流用不够,才可以动用预备金,预备金是第二道防线。从动用手续上看,科目流用属于平时行政上的处分,而预备金的动用,属于紧急处分。国会之议决,科目流用,违背国会之议决;预备金在国会议决范围之内。

预备金制度有三种:集中制,于总经费之外,另置预备金;分散制,为各机关各于其经费预算外,另置预备金;两制并用,即各机关分置预备金之外,再在总预算上另置预备金。

预备金的性质,有规定用途的,有不规定用途的。中国的预备金有三种,包括常备金、预备金和后备金,均属于岁定经费,必须在预算中编制。英国预备金实行的集中制,设有紧急事业预备金(the civil contingencies fund)和财库箱基金(the treasury chest fund,国库基金,财库基金)。日本的预备金采用集中预备金制,分两种,第一预备金(作补充预算上所列经费不足应用之用)和第二预备金(限于预算上未列入之新生紧急事项)。

关于非常准备金的讨论从预备费开始。预备费供弥补平时预算不足之用,数额大都很少。一旦发生战争或其他重大事变,预备费不够用,因此,设置非常准备金。非常准备金以现金现银为之,事变发生,即移置中央银行,作为加发流通券的准备金,以供动员作战或救急所需之费用。非常准备金通过窖藏现金来实现,缺点明显。如用有价证券代替,可克服窖藏现金之弊,但从人民那里多取的弊病仍在。设置非常准备金的唯有德国和日本这两个黩武之国。第十二章对两国非常准备金设置的情况作了介绍,对德国的介绍更加详尽,且带有历史的视角。关于日本,虽然无非常准备金之名,但各特别会计资金,战争发生时都可以动用。这样的制度安排比德国更巧妙。

第十三章为"特种基金",篇幅仅有两页。特种基金,有的是国家所有的财产,有的是寄托金,由各官厅管理,未编入总预算中。

第十四章为"预算盈绌之处置"。预算有余或不足,怎么办?不足前已述及。多余呢?该章介绍英国、日本和中国的情况。余存处置方法包括:第一,各机关保存其余存,视为收支之利益,任其自由处置。这种方法可以激励各机关节约,但余存各机关非用完不可,仍然是浪费。第二,所有各机关余存,概退还国库,滚存于下年度收入账内。中国实行这种方法。第三,一切余存拨作特种基金,以偿还国债。

第十五章至第十八章属于清理财政的内容。第十五章为"会计整理期限";第十六章为"各年度岁入岁出之划分";第十七章为"年终出纳之整理";第十八章为"决算报告"。预算年度加上整理时期,为会计时期(fiscal period)。各国会计时期的长短不一。设置整理时期,让每年度的收支之数,成为一部会计,优点有:第一,预算中的规定,可以力求实现;第二,作为预算的依据,较为确实。但是其弊端也存在。

第五编

第五编为"财政之监督",包括五章。这五章除"各国审计制度"篇幅略长外,其他篇幅较短。

第一章"监督之目的与类别"在介绍财政监督的意义和目的之后,重点介绍分类。监督的目的主要为维护国家利益,保障财政秩序。财政监督的目的,从消极方面上看为防止贪污,从积极方面上看为增进财务行政之效能。财政监督根据不同标准可以分为:第一,事前监督、事后监督和随时监督。第二,立法监督、司法监督和行政监督。这里还对英国、中国、日本、法国、德国的制度作了简单比较。第三,自立监督和他力监督。第四,财政监督和会计监督。

第二章"审计之职分"。各国要让审计部能正心诚意行使职权,都保障审计部独立,不受行政部牵制。审计部所应审核者,包括国家所有的资金,保证金、邮政储蓄金、信托基金,及国有产权的出入与变动,并对于此等目的物从预算法规经济会计簿据保管利用等各方面,进行审计。

第三章为"各国审计制度",介绍中国、英国、日本、美国和法国的审计制度,其中,中国制度介绍最为详细。

第四章为"审计之效力"。审计监督与立法部决定预算时的事先监督不同。审计监督可以查找行政部执行时的纰漏。审计部的审计,有两方面效力:在消极的方面,可以让财务行政人员知所警惕;在积极方面,审计报告可以作为将来立法部议定预算的参考资料,以免弊端重复发生,或改革前制,增进国家利益。

第五章为"决算之审议"。决算审议是财务行政的最后归宿,各国通常列为立法部的职权。各国决算审议大同小异。该章介绍中国、英国、日本的做法,均较为简略。

总之,胡善恒先生的《财务行政论》代表中国人对财政治理现代化的早期探索成果,立足国情,具有广阔的国际视野,理论与实践有机结合,留下了宝贵的财富,值得我们精读。